中華的崩潰與擴大

魏晉南北朝

中華の崩壊と拡大　魏晉南北朝

川本芳昭—著
李彥樺—譯

第四章 江南貴族制社會……118

第七章 北魏孝文帝的改革……203

第八章 北朝後期的政治與社會……234

導讀

魏晉南北朝史的基本認識

臺灣師範大學歷史學系教授　呂春盛

一

魏晉南北朝是中國歷史上夾在秦漢帝國與隋唐帝國之間，一段動盪不安的年代，常被形容為歷史曲線兩次高峰間的低潮，在傳統的治亂史觀之下，甚至被認為是一個黑暗的分裂時代，好像是一段只有戰亂、複雜難懂又沒有光彩的年代，因此在一般大學的歷史課上，不是完全被漠視，就是被三言兩語簡單的帶過。然而，歷史畢竟是連續不斷的，每一段歷史都是承先啟後的，換言之，要瞭解全體而完整的中國歷史，無論如何是不能忽略魏晉南北朝的，何況真實的魏晉南北朝史，其實是多彩多姿的。

日本出版界經常規劃推廣學界研究成果的系列叢書，其中堪稱出版界巨擘的講談社，已數次邀請學界名家，撰寫一系列深入淺出的中國歷史全集，如一九七四年出版的《中國の歷史》全十卷，一九七七年出版的《新書東洋史》全十二卷，都廣獲各界好評。二〇〇四年至二〇〇五年間，講談社為慶祝創立一百週年，又籌畫出版了《中國の歷史》全十二卷，由專業史家執筆撰寫面向一般大眾讀者的中國史讀物，本文要導讀的即為其中第五卷，由川本芳昭教授執筆的《中華的崩潰與擴大：魏晉南北朝》，這本書可以相當程度的改變過去對魏晉南北朝史的刻板印象。

川本芳昭先生為九州大學的教授，是已故九州大學教授越智重明先生的得意門生。越智先生曾受邀來臺灣大學歷史系任客座教授，當時筆者為博士生，親受聆教，也因越智先生的介紹，認識川本先生，至今已是三十年的老朋友，現在川本先生的著作要在臺灣出譯本，筆者試為之導讀，深感與有榮焉。

川本先生的專業為東亞古代、中世的民族問題、國際交流、政治史，已出版數冊專著，其中最具代表性的學術著作為《魏晉南北朝時代の民族問題》[1]、《東アジア古代における諸民族と國家》[2]，本書作為面向日本讀者的大眾性讀物，一方面要廣納各方研究，儘量兼顧全時代各領域的歷史發展，另一方面又以深入淺出的方式，呈現其自己在專業領域上的研究成果。整體而言，誠如閻步克先生在本書簡體中文版的「推薦序」中的評語：「深入淺出，文筆兼平實與活潑之致，頗具可讀性；其對魏晉南北朝史的敘述和解說，來自川本先生長期研究的個人心得，也能反映日本學界對此期歷史的許多看法」。[3]

本文做為臺灣繁體中文版的導讀，一方面希望儘量符合原著本意，以一般大眾為對象，介紹全書要旨，避免學院式的理論爭議，另一方面為讓讀者擺脫以往教育所留下的刻板印象，介紹筆者所思索的幾點「基本認識」，希望有助於讀者理解本書要旨。最後再列舉數點本書精彩論點，與讀者共享。

二

首先，關於魏晉南北朝是黑暗的分裂時代問題，這一種觀點，雖然不能完全說錯，但至少是相當偏頗的。相較於秦漢與隋唐為統一大帝國，魏晉南北朝可以視為是「分裂的時代」，問題是這種思維背後可能是受《三國演義》所述「天下大勢，分久必合，合久必分」的影響，預設有個固定領域的「天下」，進而認為中國歷史演變是依循「統一」與「分裂」而循環，而成為一種以大一統為常態的分合史觀，這種史觀只囿於形式而完全忽略歷史的實質內涵（如國家形態之差異等），進而掉入「歷史宿命論」或「歷史循環論」的錯誤之中。

至於把「分裂的時代」，進一步認定為「黑暗的時代」，則可能是受孟子「一治一亂」說法的影響，或是因這個時代常被視為是中國的中古時代，而被比擬於西洋的中古黑暗時代，事實上西洋的中古時代，早已不再被視為是黑暗時代，而孟子「一治一亂」之說，也未必妥當。不論政治體制是否維持統一的秩序，或政治權力是否一元化，都不必然決定歷史其他方面的走向。換而言之，政治上的動盪不安，不必然會導致文化上的黑暗。譬如孟子自認所處是周道衰微（封建體制瓦解）的「一亂」時代，但當時在文化上卻也同時是中國歷史上「百家爭鳴」的古典黃金時代，同樣的，魏晉南北朝雖然在政治上確實是動亂不已，但也是中國歷史上繼春秋戰國之後，又一次在文化發展上輝煌燦爛的時代，不論是學術上玄學興起，突破僵化的經學，宗教上道教、佛教的廣泛而深入的傳播，乃至文學、史學、書法、繪畫、彫刻藝術等方面，都有畫時代的成就。文學上，曹丕《典論・論文》一句：「蓋文章，經國之大業，不朽之盛事」，無異是文學獨立宣言，陶淵明的田園詩，更是流傳千古；史學上，陳壽《三國志》、范曄《後漢書》，已占四史中的二部，更別說還有其他更大量與更多樣性的史著；書聖王羲之的書法，畫聖顧愷之的繪畫，雲岡、龍門等佛教彫刻藝術，都是千古的成就，這些都是大家耳熟能詳的。本書的「前言」對此時期文化上的成就，也有清楚的說明，限於篇幅，在此無法一一詳述。4

其次，關於魏晉南北朝是民族大融合時代的問題。魏晉南北朝承漢帝國崩潰之後的後遺症，民族（或稱族群亦無不可）非常複雜，衝突對立非常嚴重。傳統的觀點，多從漢族本位出發，認為「非我族類，其心必異」的野蠻「五胡」（匈奴、鮮卑、羯、氐、羌），利用西晉八王之亂而起兵做亂，所謂「五胡亂華」，其後五胡諸國皆因仰慕中國文化而漢化，即「入中國則中國之」，最後融入漢族，而永嘉之亂後逃到江南的中原漢族，則帶來先進技術開發江南，教化蠻越，最終南北再統一為隋唐帝國，同時完成中華民族再一次的大融合。雖然從最後結果來說，或有見仁見智之論辯，不過其對過程的論述，顯然是過度一廂情願的。

基本上，「五胡」起兵帶來的永嘉之亂，以及隨後牽動的南北民族大移動，可視為是漢帝國對外擴張帶來的後遺症，或者說是漢帝國對四邊擴張作用力的反作用力。兩漢帝國對外的擴張，從今天的眼光看起來，可說是標準的霸權主義，但是教科書上卻美化為對外「經營」的所謂「武功」；而周邊被征服的族群，淪為「少數民族」，接受被奴隸般壓迫的命運，卻被形容為接受王道文化的教化。就是這種歧視性的壓迫統治，導致二世紀中葉的「羌亂」，東漢帝國因而下衰，而西晉的永嘉之亂，更帶來全面性的叛離，因此舊史所謂的「五胡亂華」，實際上是被奴隸的「少數民族」的獨立運動，只是他們從塞外進入華北已數百年，長期接受漢文典籍的影響，已具有大一統的中華思想，因此他們的起兵叛離，並不是要回到塞外再過游牧生活，而是要在中原建造統治胡漢的大一統帝國。然而，胡漢之間長期累積的矛盾與仇恨，並不是那麼容易化解的，因此這個時期的族群衝突此起彼落，如何超越胡漢之間的藩蘺，反而是有為的胡族君主的歷史課題。從後趙石勒、前秦苻堅、北魏孝文帝到北周武帝，無不致力於所謂「族群融合」的政策，但其中蘊涵著許多迂迴曲折的理念演變，川本先生在本書中，對這些迂迴曲折的理念演變有精闢的分析，其精彩過程絕非舊史一句所謂「仰慕中華文化」可含糊帶過的。話再說回來，不論胡族君主如何的「漢化」，胡族國家的主體性在「胡族」，這一點無庸置疑，因此當漢族勢力威脅到胡族統治時，其血腥鎮壓絕不手軟，如北魏太武帝屠殺漢族名門崔浩的「國史之獄」，「清河崔氏無遠近，范陽盧氏、太原郭氏、河東柳氏，皆浩之姻親，盡夷其族」（《魏書・崔浩傳》）。不過檢視華北的胡漢衝突，固然屢見胡族視漢人為「漢狗」的迫害事件，但不可忽略屠殺最慘烈的，反而是漢族奪權之後的報復，如漢族冉閔自後趙奪回政權後，親自帶兵屠殺胡羯，「無貴賤男女少長皆斬之，死者二十餘萬，尸諸城外，悉為野犬豺狼所食」（《晉書・石季龍載記》），甚至一些高鼻多鬚的漢人也遭到誤殺，可見其屠殺之濫。另外，華北之族群衝突不限於胡漢之間，各胡族彼此之間的衝突，亦非常複雜，這些在川本先生這本書的第二、三、七、八章，都有非常精彩的深入探討。

華中、華南的族群問題，又是另一番景象。華中、華南的非漢族土著族群（包括被稱為蠻、越、俚、獠、溪等各族群），在總人口數上遠多於漢族，[5]但由於地形多山川沼澤，部落組織鬆散，缺乏集中化的政治組織，大多處於被漢族統治的命運。早在三國時代的孫吳政權，即對土著山越展開大規模的征討，掠奪其土地與人民，動輒數以千計的斬殺，大肆搜括人口，「彊者為兵，羸者補戶」（《三國志・吳書・陸遜傳》）。永嘉之亂後大舉南逃的北方漢族，在大致上是孫吳舊境的華中、華南地區建立東晉流亡政府，其領導階層被稱為僑姓士族，把持政經大權，直到南朝，南方之吳姓士族亦受其壓抑，而居於社會最底層的非漢族土著幾乎是永不得翻身。因此，華中、華南的族群問題，最嚴重的是，漢族政權以開發之名對非漢族土著進行無止境的搜括與屠殺，其慘烈之狀，梁代沈約在《宋書・夷蠻傳》載：「（劉宋朝廷）命將出師，恣行誅討，自江漢以北，廬江以南，搜山盪谷，窮兵罄武，繫頸囚俘，蓋以數百萬計。至於孩年耋齒，執訊所遺，將卒申好殺之憤，干戈窮酸慘之用，雖云積怨，為報亦甚」，如此慘烈的屠殺，沈約寫到這裡想必也是流著眼淚的，這就是民族大融合的真相吧。本書作者川本先生，在本書第六章對此一主題有深刻的探討。

再其次，關於門閥貴族制的問題。兩漢四百年大致和平的統治，社會經濟的發展，導致了貧富差距的擴大，地方社會形成擁有大量土地的各種形態的豪族階層，又由於獨尊儒術，推行儒教國教化之後，出現大量「通經致仕」，進而「累世經學」成為「累世公卿」的知識份子官僚群，其結果是一君萬民（或說編戶齊民）的扁平社會結構，發生巨大的變化，社會產生許多具有地方勢力或深具民望的中間領導階層，這個階層可稍為細分為地方性較濃厚的豪族，以及中央官僚性較濃厚的貴族，不過有很多人物是兩者兼而有之。傳統史書對其較上層者多以門閥、門第或士族（還有甲族、膏腴等）稱之，日本學界則多以貴族稱之，其地位稍次者，則又有豪族、豪強、大姓等等用詞。由於從東漢中後期到唐代中期，這一社會中間階層普遍存在，日本以內藤湖南為首的京都學派，以此特色把這一時期界定為中國史的中世（中古），這種歷史觀點在戰後的日本史學界有正反不同意見的激烈論戰，論戰的焦點在於這一中間階層（門閥貴族）是自立存在於地方社會，或依附皇權的寄生官僚，此一論戰直到二十世紀末才漸趨緩和。[6]本書作者川本先生的老師越智重明先生，並不屬於京都學派，不過川本先生此書也有不少參酌京都學派的觀點。蓋此論戰基本上是理性的學術對話，在論戰過程中產生大量優秀的研究成果，後繼者乃能兼採並用，另成體系，這也是本書的特色之一。

在此無意對此一學術論戰做細部介紹或評論，只想對門閥貴族常被誤解的刻板印象，稍作說明。一般對門閥貴族最常見的聯想是：他們是壟斷政治、經濟權力的特權階級，所謂「上品無寒門，下品無勢族」；奢華無度、壓迫無產階級的大地主，所謂「朱門酒肉臭，路有凍死骨」；倡導「士庶之別，如同天隔」、「門當戶對」婚姻的階級論者等等。以上確實是這個時代門閥貴族常見的部分負面現象，但並不是全部。在這個動亂不安的年代，有許多門閥貴族秉著知識份子的良知良能，批判腐敗的政治，或帶領民眾逃離戰火的蹂躪，散盡家財救濟生死邊緣民眾，保存經典文物致力於文化傳承，甚至探索新的文化出路等等，這些也都是不可抹滅的事實。[7]這是階級鬥爭史觀經常忽略的事實。總之，門閥貴族階層是經過長久的演變而形成的，在當時的歷史同時具有正負面的影響。

另外，與此門閥貴族制密切相關的選用官吏的制度：「九品官人法」（舊稱九品中正制並不妥當），也有許多被誤解的地方，經常被朗朗上口的「上品無寒門，下品無勢族」，即批判這一制度維護了門閥貴族的特權，不過這是這一制度運作之後被權勢扭曲的負面結果，並非制度創立之本意。平心而論，在一個教育未普及的年代，政府要如何公正又有效的選拔人才任官，並非易事。與漢代選用官吏主要辦法的察舉秀才孝廉相比較，九品官人法算是比較進步的。蓋漢代地方州郡長官向中央推薦人才的察舉秀孝制，只憑地方州郡長官一人之薦舉，通常都是薦舉自己的學生或部屬，所謂門生故吏，其循私情形絕不會少於九品官人法，而且是更方便於權勢的干涉，如東漢末年何南尹田歆本欲推薦六名孝廉，但迫於宦官的壓力，五名被內定，他只能說「欲自用一名士以報國家」。相對的，九品官人法在創立之初，每郡設一中正官及其助手人員，依簿世（譜牒家世）、狀（個人行狀）、輩目等標準，專責評定人才等第（鄉品），再依制度任用，比較上是較客觀的，至於在門閥貴族勢力盛行的時代，該制度被扭轉成保障門閥貴族之工具，那又是另一層面的問題。

最後再談談學術思想問題。這個時代最常被誤解的是清談玄學。兩漢經學發展到最後，失去了生命力而僵化，解經之文，極為煩瑣，「說五字之文，至於二、三萬言」，因而有玄學的興起。玄學並不是否定經學，也不是否定儒家，而是以道家的態度與思維，重新解釋經典，當時最被重視的是《老子》、《莊子》、《易經》三部書，稱為三玄。這種學術思想的大轉變，余英時先生認為是知識份子的新自覺與新思潮，[8]而這是和當時的時代背景息息相關的。漢末黨錮之禍，漢帝國的人才「氣節之士」，多被捕被殺，黃巾之亂、董卓亂政，經學中心被摧毀殆盡，如此變局自然會刺激知識份子，重新檢討自漢武帝「獨尊儒術」以來的儒教意識形態，而曹操主政發布「唯才是舉」的求才令，「盜嫂、受金」之徒，亦加以重用，無異是對人們數百年的精神依托給予沈重的打擊，因而重新思索人才的標準，所謂「才性問題」成為玄學清談重要的議題。曹操謀臣荀彧的少子荀粲更倡言：「子貢稱夫子之言性與天道不可得而聞，然則六籍雖存，固聖人之糠秕」（《三國志・魏書》卷十注引何劭《荀粲別傳》），因而大談性與天道之類的人生、宇宙哲理，流傳到曹魏第三任皇帝曹芳正始年間（西元二四〇～二四九年），有所謂「正始之音」的清談。司馬懿奪權政變之後，有竹林七賢抗議司馬氏的清談。

清談與玄學的關係，簡單的說，清談是玄學的表現形式，而玄學則是清談的內容，因此清談絕不是漫無邊際的空談，而必須邏輯清晰，攻防有序、言之有物、推陳出新，才能在士大夫之間博得聲譽，從何晏、王弼的「貴無論」、裴頠的「崇有論」、到郭象的「獨化論」，都對傳統的宇宙論有學術上的突破，至少比起兩漢停滯的經學有重大的學術貢獻。雖然東晉以後，玄學思想發展到了瓶頸，清談也逐漸流為名士之間的社交活動，但隨著佛學思想的傳入，學術思想也再轉往佛理的探討，而整體學術風氣的轉變，思想束縛的解放，也促進知識青年對佛學的鑽研，以及佛教在社會各階層的傳播。

清談與玄學被污名化，主要是肇因於永嘉之亂的打擊。魏末竹林七賢抗議司馬氏的清談，傳聞許多放達不守禮法的言行，在西晉清談名士或貴游子弟中，廣泛的宣揚與仿效，而西晉清談領袖人物王衍，職掌朝中大權卻無所作為，導致永嘉之亂，臨死前自責：「嗚呼，吾曹雖不如古人，向若不祖尚浮虛，戮力以匡天下，猶可不至今日」（《晉書・王衍傳》），東晉士人也因而經常反省清談之弊，范寧甚至直指何晏、王弼：「二人之罪深於桀紂」（《晉書・范寧傳》），明末清初顧炎武在《日知錄》裡，亦直言：「劉、石亂華，本於清談之流禍」，此後「清談亡國」說幾成定論。然而，有一次王羲之勸謝安不要清談，以為：「虛談廢務，浮文妨要」，謝安卻直接打臉：「秦任商鞅，二世而亡，豈清言致患邪？」（《世說新語・言語篇》）實際上，不只打勝淝水之戰的謝安是清談高手，中興晉室的名相王導，也是重新倡導清談的靈魂人物，清談與亡國實在沒有必然的關係。9

三

以上是筆者所思索的幾點「基本認識」，主要是澄清一些以往對本時期的誤解，希望讀者在閱讀本書時更容易理解。以下則想摘錄幾點本書精彩的論點，與讀者共享，並略做省思。

誠如川本先生在簡體中文版的自序所說，本書是對魏晉南北朝時期進行了整體的簡單描畫，特別是中國北部的胡漢問題、中國南部的蠻漢問題，以及東亞全境內的國際關係，這幾項都是作者長期鑽研的核心，而本書用淺白的文字呈現給非學院內的一般讀者。

就胡漢問題而言，川本先生補足了京都學派內藤湖南所說，這時期是外部種族的自覺反過來影響中國。五胡各族之起兵叛離，並非只是尋求獨立，而是要取代漢人成為統治包括胡漢民眾的帝王，這是胡漢問題的核心。漢族士大夫懷著傳統的偏見「非我族類、其心必異」，倡言：「自古以來，誠無戎狄為帝王者」，胡族君主則直接反駁：「夫帝王豈有常哉，大禹出於西戎，文王生於東夷，顧惟德所授耳」（《晉書・劉元海載記》），此後胡漢關係的發展，即沿著兩極端的自我認同意識而相互轉變，從起初漢族心中對胡族有著文化優越感、鄙視感，以及在政治及軍事上遭到打壓的屈辱感與恐懼感，而胡族心中對漢族有著軍事上的優越感，卻又對漢族文化抱持著互相矛盾、衝突的自卑感與反抗心態，不過華北漢族士大夫也不全然認同東晉王朝，呈現正統性多樣化的面貌，到後來迂迴曲折而逐漸轉變到承認胡族統治，並加入胡族政權試圖改造胡族政權成為貴族制的王朝。胡族統治者的心態與理念，也是多樣化的，劉淵、慕容廆、石勒、苻堅、拓跋燾、拓跋宏（北魏孝文帝）、宇文邕（北周武帝），都有自己獨特的認同意識，不過終極目標，都是懷抱著一種新的中華意識，要實踐成為統治包括胡漢民眾的理想中的帝王，隋唐帝國的出現，即是延續此一歷史軌跡而來的。以上胡漢雙方各種認同意識迂迴曲折的演變，正是本書最精彩的部分。

就蠻漢問題而言，川本先生特別強調這是漢民族的形成問題，當時的華中、華南遍布著各式各樣的非漢民族（蠻），其總人口數應多於從北方南下的漢族，但始終受漢族的統治。漢族王朝以國家公權力名義，對非漢民族進行大規模的討伐戰爭，非漢民族要不是被屠殺，就是被編入戶籍、成為士兵或奴隸，遠離自己的家鄉或同胞聚落，逐漸喪失自己的主體性，而被迫漢化。但由於其人數眾多，非漢民族的漢化，使得後來的漢族融合著許多非漢民族的成分，同時原來的漢族也不可避免的會有蠻化的情形，本書精彩的部分，即指出此時期南方各地到處存在著非漢民族（蠻）的元素（如畜蠱、洞），以及蠻漢交流、融合的具體事例等等。

最後，就東亞全境內的國際關係而言，川本先生指出在這五胡入華所展現的東亞動亂年代，大規模的人口流動，包括朝鮮、日本都受到影響。從五胡到北朝，胡族統治者懷抱著一種新的中華意識，要實踐成為中華世界正統的帝王，而這種中華意識也擴散到朝鮮半島與日本，使得當時的高句麗、百濟、新羅，都有某種形態的中華意識，這些中華意識都表現為皇帝尊號、天下觀、採用年號、產生中華和夷狄等概念上，其形成都是來自傳統的中國政治思想。簡單的說，漢帝國的崩潰，意味著傳統中華世界的崩潰，然而此一崩潰卻促使受中國政治思想所影響的胡族君主懷抱著中華意識，再造中華世界，而隨著整個東亞的動盪與人民的移動，中國的政治思想更擴大影響，連帶著中華意識也傳播到朝鮮半島與日本，而從北朝的基礎發展起的隋朝，滅了南朝，以南朝為中心的世界體系崩潰了，由五胡、北朝非正統的王朝發展成了中華的正統王朝，其主導的世界秩序擴大到東亞各地，比起秦漢時期，整個中華世界更為擴大了。川本先生在本書最後的兩章（第九、第十章），對以上過程做了細膩的論述，這又是本書另一精彩的部分。

由以上可見，川本先生畢生的學術精華，都濃縮在這一本普及性的讀物，其真知灼見非常值得我們參考。做為讀者同時又職責導讀的筆者，最後想對這一時代的歷史意義，略陳己見。

從我們今天的角度來看，秦漢帝國對當時周邊各地域，雖亦有文化傳播的正面意義，但其帶有霸權主義的中華思想及天朝體系，無疑地也為周邊各地域帶來重大的災難，五胡各族未起兵前遭受中原王朝統治的悲慘命運，即為明證。從這一觀點來說，中華的崩潰對整個東亞各地域的民族，未必是一件壞事，整個東亞政治秩序若重新洗牌，不論是三國鼎立或南北對峙，或因「勢力均衡」而持續各種形態的國際秩序，或許中國歷史上的中華思想與天朝體系，早已改觀，至少多元體系的相互制衡，可減少霸權主義的禍害。然而隋唐帝國再起，中華世界擴大了，同時也意謂著帶有霸權主義的中華思想與天朝體系的復活與擴大，往後更進一步出現君主獨裁專制體制，其負面影響直到今日。當然，歷史不能假設，我們回顧這段歷史，胡族君主受漢籍經典蘊藏的中華思想的影響，起著關鍵性的作用，思索至此，不得不對漢籍經典蘊藏的影響力，敬畏三分。

註釋

1　川本芳昭，《魏晉南北朝時代の民族問題》（東京：汲古書院，一九九八年）。

2　川本芳昭，《東アジア古代における諸民族と國家》，（東京：汲古書院，二〇一五年）。

3　川本芳昭著，余曉潮譯，《中華的崩潰與擴大：魏晉南北朝》（桂林：廣西師範大學出版社，二〇一四年）。

4　可再參見川勝義雄，《中國の歷史・3魏晉南北朝》（東京：講談社，一九七四年），頁一～五；鄭欽仁等編著，《魏晉南北朝史》（臺北：國立空中大學，一九九八年），第一章〈導論〉，頁五～七。

5 關於此時期華中、華南非漢族土著，總人口數遠多於漢族（華夏），參見魯西奇，〈釋「蠻」〉，收於氏著，《人群・聚落・地域社會：中古南方史地初探》（廈門：廈門大學出版社，二〇一二），頁二三～五六；羅新，〈王化與山險─中古早期南方諸蠻歷史命運之概觀〉，《歷史研究》二〇〇九：2，頁四～二〇。

6 相關研究回顧甚多，可參考葭森健介，〈中國史における貴族制研究に關する覺書〉，《名古屋大學・東洋史研究報告7》（一九八一年），頁六二～八三；川合安，〈六朝隋唐の「貴族政治」〉，《北大史學》39號（一九九九年11月），頁八四～九九；谷川道雄等編，《魏晉南北朝隋唐時代史の基本問題》，（東京：汲古書院，一九九七年），谷川道雄執筆〈總說〉，頁三～三二，此書有中譯本：《魏晉南北朝隋唐史學的基本問題》，（北京：中華書局，二〇一〇年）。

7 參見錢穆，〈略論魏晉南北朝學術文化與當時門第之關係〉，原刊於《新亞學報》5：2（香港，一九六三），頁二三～七七，後收入氏著《中國學術思想史論叢（三）》（臺北：東大圖書公司，一九七七年）；谷川道雄著，邱添生譯，〈六朝時代的名望家支配〉，收於《日本學者研究中國史論著選譯二》（北京：中華書局，一九九三年），頁一五四～一七六。

8 余英時，〈漢晉之際士之新自覺與新思潮〉，收於氏著《中國知識階層史論〈古代篇〉》（臺北：聯經出版事業公司，一九八〇年），頁二〇五～三二七。

9 關於「清談誤國」說之商榷，可再參見前引鄭欽仁等編著，《魏晉南北朝史》，第十三章〈魏晉南北朝的清談與玄學〉，頁四三三～四三五。

序言

長達四百年的大分裂時代

概觀中國歷史，政治錯綜複雜的混亂時代，與局勢安定的時代，就像是巨輪的兩端不斷輪替。在群雄割據的春秋戰國時代之後，中國迎接了首次統一的秦漢帝國時代；分裂與混亂的魏晉南北朝時代結束之後，又一次由分轉合，迎接繁榮絢爛的大統一隋唐帝國時代。

本書所介紹的魏晉南北朝時代，正是夾在兩個「大統一」時代之間的「大分裂」時代，可說是一段長達四百年的「亂世」。

然而這段「亂世」卻一點也不「黑暗」。如今我們熟悉的雲岡、龍門石窟那些壯麗的佛教遺跡，還有以王羲之、陶淵明等文人或詩人為代表的六朝文化，亦是誕生於這個時代之中。就某一些方面來看，我們甚至可以說這是一個極度豐饒而繁華的時代，不僅為後來充滿國際色彩的隋唐文化奠定了基礎，也間接對日本古代文化造成了極為深遠的影響。

畫聖顧愷之的畫風、收錄大量名文的詩文集《文選》、老莊思想的盛行、道教的出現等等，都是這個繁榮而華麗的時代留給後世的偉大遺產。

秦漢帝國出現前的春秋戰國，是展現生命活力、諸子百家爭鳴的時代；同樣的道理，魏晉南北朝絕非只是單純的「亂世」。就這點而言，兩個時代可說是有著異曲同工之妙。

雖然是「亂世」，在文化上卻有著光彩奪目的一面。這種乍看之下相互矛盾的時代，我們該如何才能正確理解呢？這可說是本書所要傳達的主要課題之一。

活躍於農村社會及中央政治界的貴族

這個時代一般被認為是個「貴族制」的時代，那是因為在東漢末年出現了一些富有文化素養及學識涵養的貴族，這些貴族有的成為農村社會的領袖人物，有的成為中央或地方政治界的指導階層，這個現象特別受到了後人的注目。或許我們可以說，這正是政治局勢動盪不安的時代，卻依然能呈現豐富樣貌的原因之一。

換句話說，在漫長的「亂世」之中，文明及文化能夠開出燦爛的果實而沒有萎縮，這些擁有堅定信念的知識份子可說是居功厥偉。

然而，創造出這個活力充沛時代的大功臣，並非只是這些貴族而已。「胡族」雖然是創造「亂世」的始作俑者，但在保護及發展中華文明上卻也有著不遺餘力的一

雲岡第二十窟露座大佛　主佛高一三・八公尺。雲岡石窟的建造起始於北魏前期的文成帝時期（西元四六〇年左右）。現存的曇曜五窟正是當時開鑿的石窟群，第二十窟位於五窟中的最西側，規模相當壯觀。

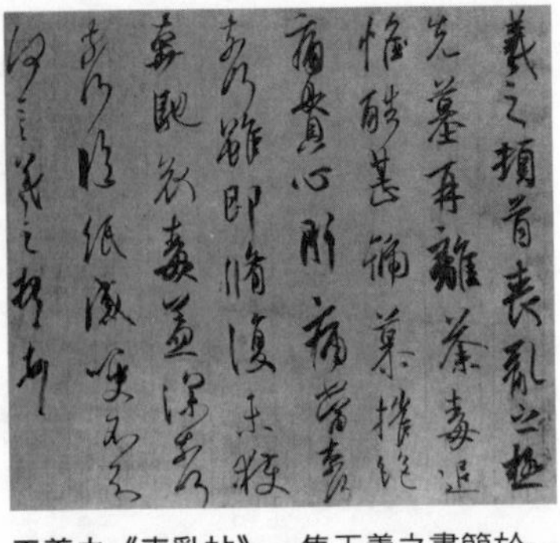

王羲之《喪亂帖》 集王羲之之書簡於一卷的書法作品。雖然不是真跡，但據說確實傳達了王羲之書法的神韻。原本收藏於正倉院。

面。這聽起來有些矛盾，卻是不爭的事實。

此外，佛教在這個時代的興盛，以及江南地區廣大未開發土地的大規模開拓，都要歸功於許多名不見經傳的無名小卒終其一生的努力打拼。

本書將立基於這樣的觀點上，針對文明發展及繼承的問題進行探討。

漢族與非漢族的鬥爭與融合歷史

這個時代是全世界各民族發生大規模遷徙現象的著名時代，在歐洲有日耳曼民族大遷徙，在中國則有五胡（匈奴、鮮卑、羯、氐、羌）的大規模民族遷徙。有學者甚至認為促使日耳曼民族大遷徙的「匈人」，就是往西方世界發展勢力的匈奴。

若像這樣以「民族」的觀點來審視這個時代，又能看出什麼樣的端倪呢？在思考這個問題之際，有一點必須特別注意，那就是在中國這片土地上，自古以來便有著許許多多的民族在這裡落地生根並創造歷史。同樣的現象當然也曾發生在古代的日本，但兩者的規模是不可同日而語的。

關於這點，光是從現代的中國亦是由蒙古、維吾爾、壯族、苗族等五十六個民族所組成的現況便不難想像，而其中人口最多的民族是漢族。

但在思考漢族的問題時，有一點絕對不能忘記：如今的漢族，也是在歷史上與其他諸民族經過

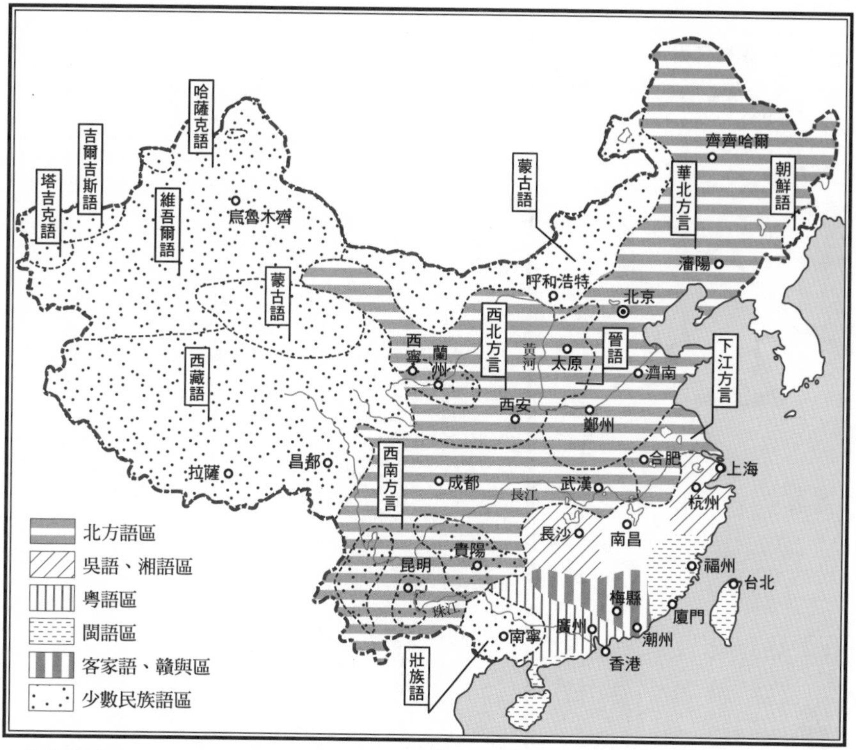

中國的方言分布　（參考週刊朝日百科《世界的食物》）現代的漢語可區分為五大方言：①北方語、②吳語、③粵語（廣東語）、④閩語（福建語）、⑤客家語。

種種鬥爭與融合而形成。例如，今日的中國北方漢族與南方漢族在外觀上有所差異（如北方人的平均身高比南方人高一些），以及北京官話、廣東話等各種方言的存在，甚至是四川料理、廣東料理等飲食文化的差異性，都是最佳的佐證。

十二世紀宋代古籍《容齋隨筆》中記載：

> 成周之世，中國之地最狹，以今地里考之，吳、越、楚、蜀、閩皆為蠻。淮南為群舒。秦為戎。（中略）洛陽為王城，而有楊拒、泉皐、蠻氏、陸渾、伊雒之戎。京

東有萊、牟、介、莒皆夷也。（中略）其中國者，獨晉、衛、齊、魯、宋、鄭、陳、許而已，通不過數十州，蓋於天下特五分之一耳。

這是以宋代的觀點對歷史上周代的描述。簡單來說，跟宋代相較之下，春秋戰國時代之前的「中國」，範圍其實相當狹小。

但是今天的中國疆域，更將西藏、新疆、蒙古南部、從前的滿州等等地區也納入其中，宋代的「中國」若與今日相比，同樣也顯得「狹小」了。

如今的中國疆域，正是形成於這樣的歷史變遷之下。而分布於中國各地的人口，卻有九成以上是所謂的「漢族」，光從這點來看，便已可證明現在的漢族是經過前述的諸民族融合所形成。

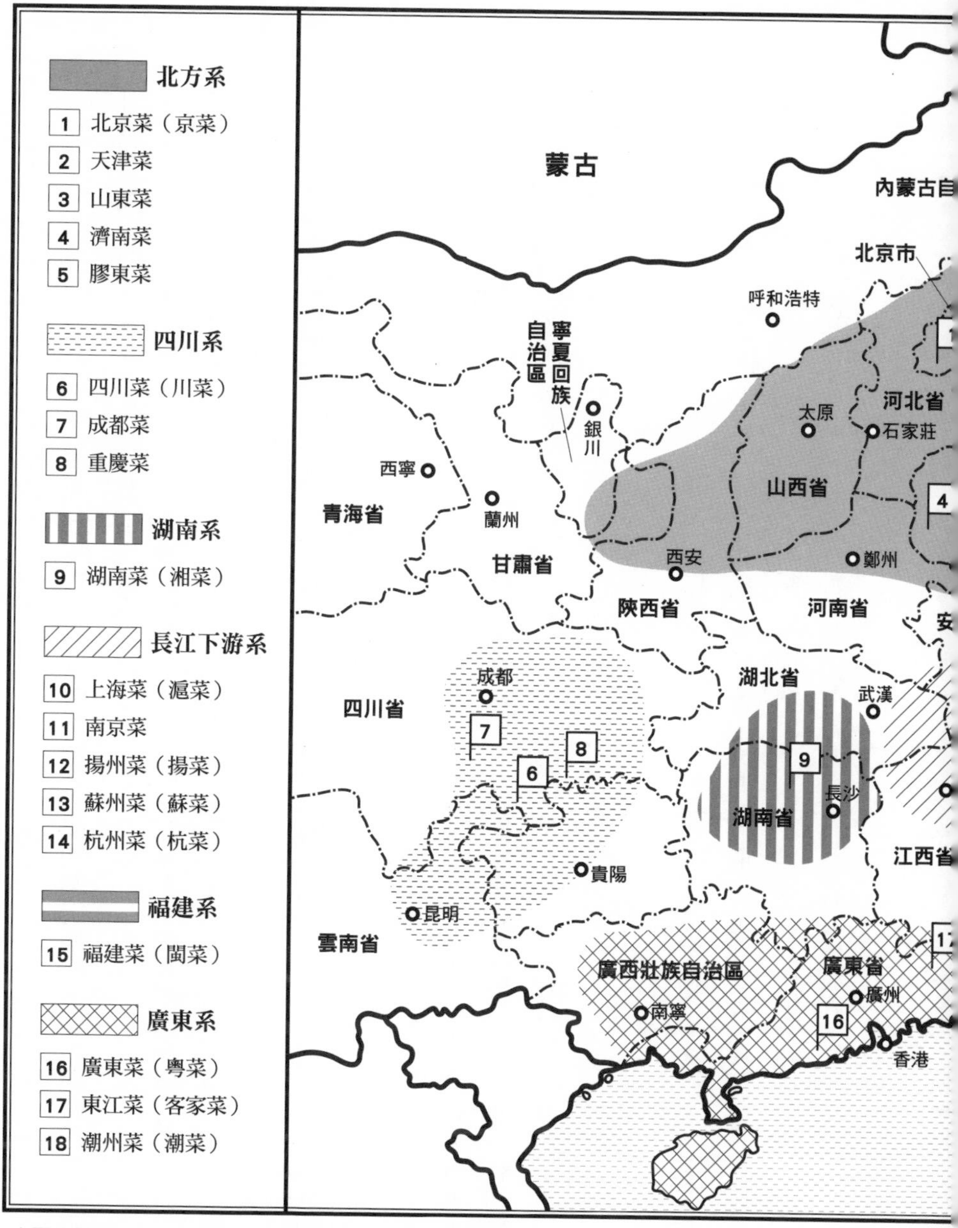

中國的料理分布　（參考週刊朝日百科《世界的食物》）

若以這樣的觀點來看作為「民族」時代的魏晉南北朝，將能夠為這個時代在中國整體歷史上找到什麼樣的定位，也是本書主要想探討的課題之一。

追根究柢，「漢族」這個稱呼單以字面來看，不可能存在於「漢」這個中國歷史上第一個長達四百年的統一帝國出現之前。在漢代之後，歷經了無數次與異族、異文化之間的鬥爭與融合，漢族的文化與文明才呈現出今天的相貌。

在審視魏晉南北朝這個時代時，倘若能將上述漢族形成的觀點納入其中，又能看出什麼樣的真實一面？這就是筆者想藉由本書深入探討的主題。

「中國化」的浪潮與其歷史意義

值得一提的是，在這個時代有相當龐大的人口，因中原地區的混亂局面而遷移至他處定居。這股遷移的浪潮，有的是從北亞地區遷移至華北，有的是從華北遷移至江南，有的是從華北遷移至朝鮮半島，遷移方向涵蓋了東南西北，但遷移的中心地帶，是號稱黃河文明發源地的華北平原。因為這個緣故，這塊土地曾遭到戰禍的嚴重破壞與蹂躪。

百姓為了逃避這些戰禍，引發了一波以江南為主的大規模移居浪潮，結果導致原本有著廣大未開發土地的江南地區獲得了突飛猛進的開拓，對其後中國歷史發展也造成了非常大的影響。現代中國的政治中心在北京，而經濟中心在上海，這種政治中心與經濟中心分離的現象在世界上相當罕見，而造成這個現象的原因之一，正可回溯至魏晉南北朝時代的民族遷移浪潮。然而人口往江南等地流動的浪潮，除了引起上述的現象之外，當然亦在以中國為核心的東亞地區帶來了各種巨大改變。其例子之一，就是在中國周邊地區促進了廣義的「中國化」變革。

例如成書於日本鎌倉時代的《拾芥抄》一書中記載著「京都（中略）東京名洛陽城、西京名長安城」。此處的「京都」指的是日本的京都，換句話說，當時洛陽成了日本首都京都的雅稱。後世的日本人稱前往京都為「上洛」，以及安土桃山時代畫師狩野永德所畫的「洛中洛外圖屏風」，皆是由此衍生出的稱呼。

但我們都知道洛陽是中國最具代表性的首都，又被稱為「土中」（中國的中心），在漫長的歷史中一直被當成「中國」、「中華」的中心地帶。

中國人自古以來便以其高度文明自豪，將周邊「未開化」、「野蠻」的民族冠上帶有「犭」（野獸之意）或「虫」部首的名稱（如狶、獞、獠、蠻、蜀、閩等），由此便可一窺其強烈的中華意識，而洛陽可說是這個意識在空間上的中心地點。

日本會產生以洛陽比喻自國首都京都的想法，可以想見古代的日本也跟中國一樣抱持著（以中國思想為基礎的）中華思想。

只要觀察日本古代國家形成的軌跡，便能得知這種思想的存在是明確的事實。而若要進一步追究這種思想在日本這個國家內形成的理由，更會發現本書所論述的魏晉南北朝時代所帶來的影響具有舉足輕重的地位。

在這個時代裡，像這樣的變化也同時出現在中國周邊的高句麗、百濟等其他國家。本書的另一項重大課題，就是探討這個「中國化」現象的真實情況及隨之產生的歷史意義。

第一章　魏晉南北朝時代的序幕

邁入嶄新時代的動向

魏晉南北朝是夾在秦漢與隋唐這兩個統一時代之間的「亂世」，長達四百年的秦漢帝國在東漢中期之後開始衰敗，先進入了東漢末年三國時期的戰亂時代，接著又進入摧殘程度有過之而無不及的五胡十六國時代。

公權力的濫用與「公」體制的重建

在這樣的亂世中，該如何撥亂反正、並且開創一個新的和平時代，是這個時代所必須面對的根本難題。

以大局來看，秦漢的漫長和平時代為中國的社會、經濟、文化等各方面提供了極大的助力，讓中國在文化面、經濟面的長足進步，成為東亞地區的古典文明中心地帶。這股助力滲透至社會各個角落，對百姓的生活也帶來廣泛的影響。其結果促成從國家到百姓，皆創造、累積了前面的春秋戰國時代不曾有過的龐大財富。

這樣的變化讓原本在經濟層面上沒有太大差異的百姓社會，開始出現廣泛的貧富差距，造就了過去所沒有的階級分化現象。

在階級分化之下，各地方社會皆出現了各種不同形式的豪族階級，而其中上層階級的豪族人士逐漸鞏固了他們在地方或中央政治界的官員地位。然而這種國家及社會的「階層化」，對原本秉持一君萬民思想的秦漢帝國而言，是足以影響國家存亡的重大結構變化。

原本在秦漢帝國的時代，唯獨皇帝擁有至高無上的地位，底下就是一群數量龐大且本質相同的百姓，這些百姓有繳交稅金及服兵役的義務，以維持國家財政及軍政。至於皇帝底下的那些官員們，其名義上只是一群皇帝的奴僕，肩負成為皇帝「耳目」的職責，代替皇帝推動財政及軍政的運作。

然而，像這樣的平等性逐漸瓦解，社會開始出現階級，上層人士掌握了地方或中央的政經地位，可說是朝著否定一君萬民思想的方向發展，讓社會及國家的結構變得不安定。

簡單來說，「階層化」現象會在全國引發一個嚴重的問題，那就是豪族階級會控制一般庶民百姓，占據原本應該由國家擁有的稅金及軍役資源。自東漢到魏晉南北朝，都出現了這樣的現象。公權力除了因此而失去其威信之外，更因外戚、宦官或異族的干政而陷入混亂，形成了一股公權力遭到私人濫用的風潮。

另一方面，由於儒教在漢代成為國教，不僅造就了擁有儒教素養的官吏，更在全國各地培養出了一群「官吏候補人士」以作為其體制的基

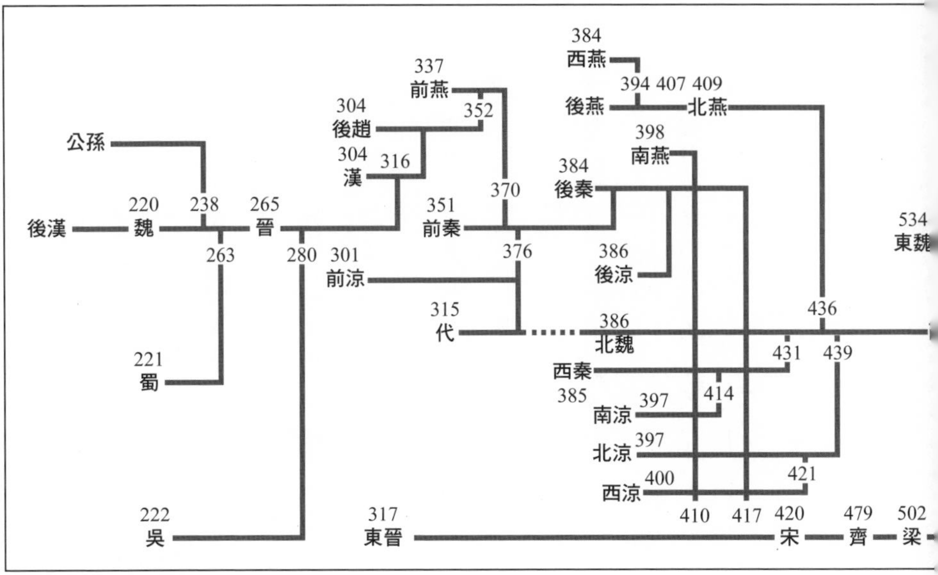

魏晉南北朝王朝興亡表

礎。而當各地開始出現豪族後，便跟著出現了許多在鄉里社會之中受到支持的知名人士，這些人基於其儒教的素養，反對將一般庶民百姓或土地占為己有及破壞公權力的行徑。

東漢末年的黨錮之禍，正是上述社會現象對朝政造成了影響的先例。

公權力遭到私人濫用的浪潮，以及為了與之對抗而崛起於鄉里之間、並以重建「公」體制為目標的浪潮，可說是漢代社會架構逐漸瓦解的時代下出現的兩個面相。這個時代所隱含群雄割據的不安定性，其理由之一便是源自於此。

因此對魏晉南北朝的國家而言，想要克服不安定性，讓中國再度統一，最重要的關鍵就在於如何解決這個結構上的矛盾問題。

然而這個時代所面臨的問題還不僅如此而已。筆者在前文提過，漢代的漫長和平時代為中國的社會、經濟、文化等各方面提供了極大的助力，讓中國成為東亞地區的古典文明中心地帶。而這股文明的光輝，亦對中國以外的東亞、北亞等地區造成了廣泛的影響。

成為文明中心的中國，對中國以外地區的諸民族產生了極大的吸引力。中國自東漢末年開始的混亂局勢，更是讓狀況火上加油，導致大量非漢民族移居，甚至是入侵中國內地。

換句話說，中國的廣大土地上同時混雜著漢族與非漢族的不友好勢力，這在魏晉南北朝的時代已成了家常便飯。而這樣的局勢當然會導致各勢力之間的劇烈鬥爭。然而建立在前述多元文化性階級體制之下的國家實在太過脆弱，不足以應付這樣的混亂與鬥爭局勢。因此，如何克服漢族與非漢族之間的鬥爭問題，也是這個時代所面臨的重大難題之一。

置身在這樣動盪不安的社會、國家之下，世人會開始仔細觀察自己的內心世界，並且強烈渴望透過精神或靈魂獲得救贖。不管是向詩、畫等藝術尋求慰藉，或是對佛教或道教的篤信與沉迷，都可說是這個時代的必然現象。生活在這個時代的世人所懷抱的精神特質，也與前述這個時代所面臨的重大難題有著息息相關的牽連。

那麼，這個時代的人們到底是以什麼樣的方式處理這些難題？現在讓我們在這個壯闊且千變萬化的傳奇世界裡，展開一趟旅程吧！這趟旅程的起點，便是著名的「三國志」時代。因此，讓我們先回顧本系列第四集《三國志的世界》[1]所描述的歷史發展。

爆發於東漢末年的大規模群眾叛亂：「黃巾之亂」

東漢自中期之後便發生了不少天災及飢荒，到了西元二世紀前期的順帝時期，各地幾乎每年都有農民起義造反。除此之外，官吏及宦官的對立也造成了內政的混亂，對庶民百姓造成的傷害雪上加霜。在這樣的局勢之下所爆發的最大規模群眾叛亂，就是黃巾之亂。

這場叛亂稱為「黃巾之亂」的理由，是參與叛亂的群眾頭上都包著黃色的布。而在背後煽動叛亂的主要勢力，是河北省鉅鹿出身的張角等人所創設的太平道。在東漢順帝時期，一位名為干吉的人，聲稱得到了一本名為《太平清領書》的道書，據此宣揚神仙的教誨，而張角便是以其教誨配上民間信仰，創設了太平道這個宗教。

張角聲稱自己是黃天之神的使者，號大賢良師，以護符及靈水為人治病，指導民眾藉由反省與懺悔自己的罪過來獲得救贖。他並且派遣弟子至各地宣揚教義，以擴大其宗教勢力。當時的百姓正因窮困與疾病而活在不安與恐懼之中，因此太平道的教義深深吸引了各地民眾，乃至於豪族。在西元一七〇年代初期的十餘年之間，華北的東部至長江（揚子江）流域已有多達數十萬信徒。

就連一天到晚忙著政治鬥爭的政府官員，對這樣的事態也相當震驚，經常加以打壓或命其解散。然而這樣的做法反而加深了信徒們的團結並激發其反政府的心態，最後這些信徒終於與當時隱忍已久的百姓攜手合作，展開了革命運動。

西元一八四年（中平元年，東漢靈帝甲子年），這些人以「蒼天已死，黃天當立」為口號，在全國各地組織「方」的率領下起義造反。

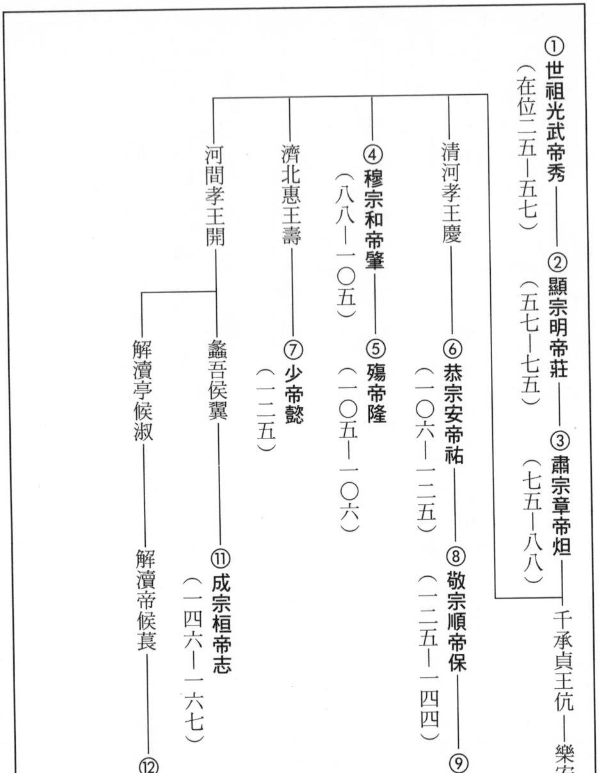

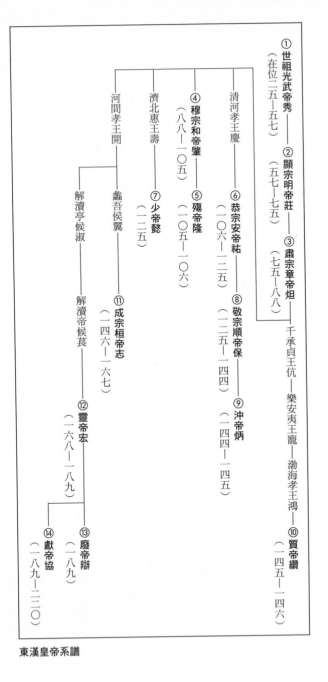

東漢皇帝系譜

中央政府面臨了這場全國性的大叛亂，只好先將朝廷內的權力鬥爭擱在一旁，專注於鎮壓黃巾軍。雖然在這一年秋天張角病死，黃巾軍的主要勢力失去了優秀領導者後氣勢受挫，但戰火已延燒至全國各地，呼應這場叛亂的地方黃巾軍及跟隨黃巾軍叛亂的各地農民軍隊的聲勢，依然相當浩大。其中勢力最龐大的是河北的黑山軍及陝西至四川一帶的五斗米道軍，朝廷為了鎮壓這些造反勢力，又花了整整二十年。

從掃蕩宦官勢力到群雄割據

平定了黃巾軍的主要勢力後，朝廷故態復萌，再度陷入外戚與宦官的權力鬥爭。一八九年，外戚何進安排誅滅宦官的計畫，卻因洩漏了機密，遭宦官殺害。望族出身的袁紹當時是何進的部下，為了替何進報仇，率領人馬將兩千多名宦官全部殺死。原本在東漢時期權傾朝野的宦官勢力遭到徹底消滅，促使時代邁入了嶄新的格局。

就在何進圖謀誅滅宦官的時期，現在的甘肅省臨洮一帶出現了一位名叫董卓的人物。他與當時逐漸壯大的藏系羌族攜手合作，坐擁大軍於該地，虎視眈眈地觀望著天下大勢。（西元）一八九年，何進安排宦官誅殺計畫時，董卓趁機進軍洛陽，藉由擁立獻帝掌握了政權。

但是董卓的施政手段實在太過殘暴不仁，一九〇年出現了一支以袁紹為盟主的討伐董卓聯軍。董卓被迫避

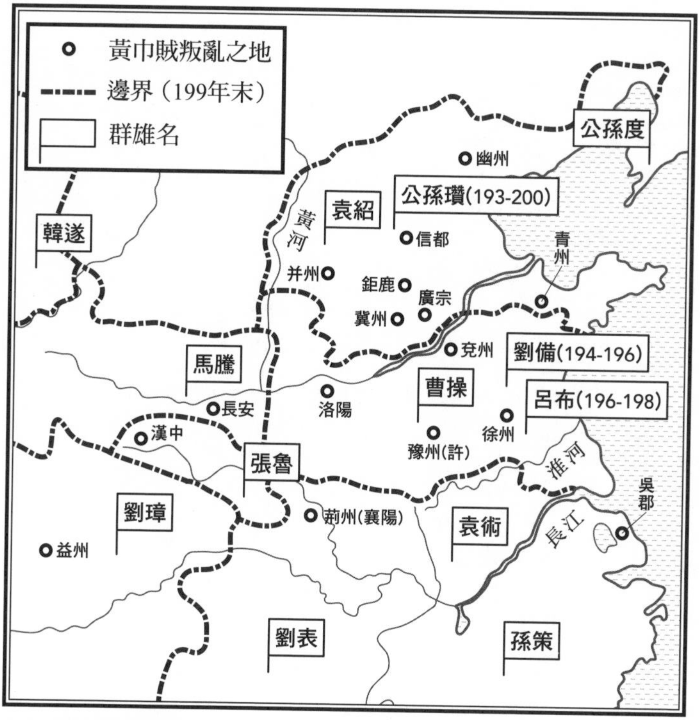

東漢末年群雄割據圖

往長安，但其暴政依然沒有收斂。董卓最後遭部下呂布殺害，局勢變得更加撲朔迷離。

在黃巾之亂及董卓的暴政後，漢朝已名存實亡，天下進入了群雄割據的時代。一九一年，袁紹以鄴（今河北省臨漳縣）為根據地，稱霸黃河以北一帶。袁紹是汝南汝陽（今河南省商水縣）的望族出身，一族在四代之內出了許多貴為三公的高官，因此號稱「四世三公」。

但不久之後，曹操的勢力在黃河以南一帶迅速壯大。原本袁紹跟曹操曾為了打倒董卓而並肩作戰，後來關係急速惡化，終於在二〇〇年爆發了官渡（今河南省中牟縣）之戰。這場戰役由曹操軍獲勝，再加上繼承袁紹勢力的數個兒子互有嫌隙，導致曹操輕而易舉地在華北建立起霸業。

曹操擁立獻帝並遷移至許，雖然懷抱入侵長江中游流域的野心，卻遭在黃巾之亂中立下功勳的劉備及在江南地區壯大勢力的孫權所阻止。

魏、蜀、吳三國鼎立的架構成形

劉備原本在群雄之間飄泊不定，後來依附了荊州的劉表。劉表死後，曹操揮軍南征，劉備為了防禦曹操的大軍而採納了諸葛亮（孔明）的計策，與當時主張以武力對抗曹操的孫權結成同盟。孫、劉雙方的聯軍在赤壁之戰成功大破曹操的軍隊（二〇八年）。

其後曹操將勢力延伸至關中地區，成功占領整個華北土地，進而對蜀地產生了覬覦之心。當時的益州之主劉璋向劉備求援，劉備卻反而進攻劉璋逼其降伏，成功取得了益州之地。但此時，劉備與孫權之間卻為了爭奪荊州這塊位於長江中游要衝地帶的土地而產生摩擦，雙方同盟關係出現嫌隙。

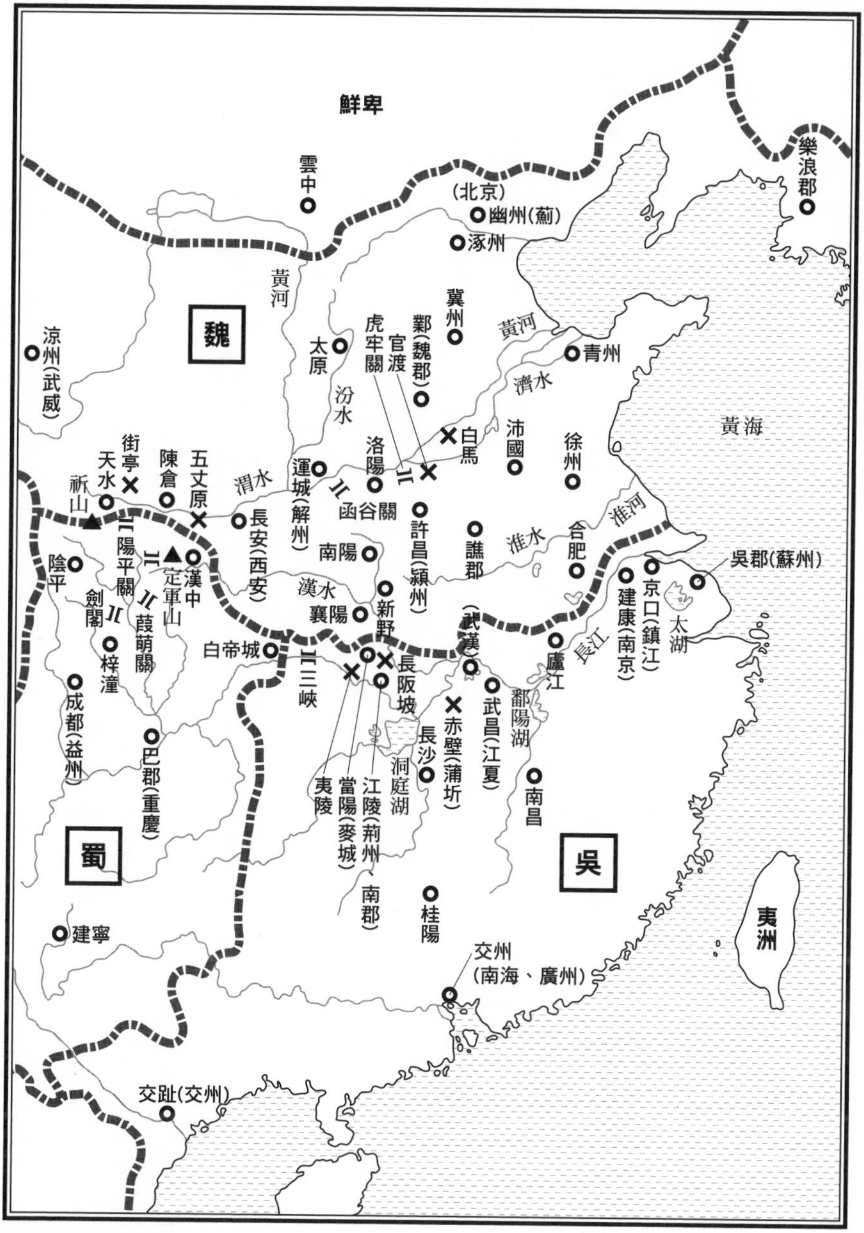
鮮卑
雲中
(北京)
幽州(薊)
涿州
樂浪郡
魏
黃河
冀州
鄴(魏郡)
官渡
虎牢關
太原
汾水
涼州(武威)
青州
濟水
黃海
白馬
沛國
徐州
洛陽
運城(解州)
函谷關
許昌(潁州)
譙郡
淮水
淮河
合肥
街亭
天水
祁山
陳倉
五丈原
渭水
長安(西安)
陽平關
定軍山
漢中
陰平
劍閣
葭萌關
南陽
漢水
新野
襄陽
吳郡(蘇州)
京口(鎮江)
建康(南京)
太湖
(武漢)
長江
廬江
白帝城
三峽
長阪坡
梓潼
成都(益州)
巴郡(重慶)
赤壁(蒲圻)
武昌(江夏)
鄱陽湖
長沙
洞庭湖
夷陵
當陽(麥城)
江陵(荊州、南郡)
南昌
蜀
吳
桂陽
夷洲
建寧
交州
(南海、廣州)
交趾(交州)

三國時代關係地圖

孫權於是改為與曹操聯手奪取荊州，攻打蜀方的荊州守將關羽，成功奪得了這塊土地。魏（曹操）統治華北、蜀（劉備）統治四川、吳（孫權）統治荊州以東土地的三國鼎立局面，在這個時期大致成形（二一九年）。

隔年，曹操過世，兒子曹丕（文帝）接下東漢獻帝禪讓的帝位，建立起魏朝的帝國。自稱漢室後裔的蜀國劉備聽到消息後，也自立為漢帝（二二一年）。吳國孫權稱帝則在二二九年，較前兩人略晚。

劉備即位後致力於奪回荊州，但還沒實現心願便病死了。諸葛亮輔佐劉備的兒子劉禪即位，在對抗魏上立了不少戰功，但諸葛亮死後，蜀國的國勢便一蹶不振。二六三年，魏軍攻破成都，消滅了蜀國。

另一方面，魏本身自第二代的明帝之後，國勢也是每況愈下，而權臣司馬懿（仲達）的聲勢卻

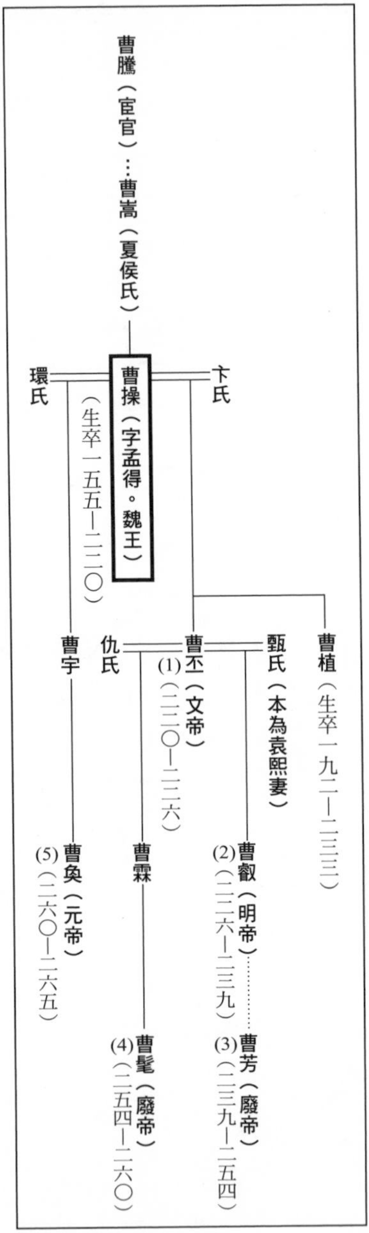

魏（曹氏）系譜

與日俱增。終於在二六五年，魏國遭司馬懿的孫子司馬炎篡位。

至於長久坐鎮於江南的吳國，則在孫權死後因繼承人問題而引發朝廷內部鬥爭，朝政陷入混亂，國勢也是逐漸衰敗。司馬炎在成功以晉代魏之後，終於在二八〇年成功消滅吳國，讓中國再次獲得統一。自東漢末年開始的紛紛擾擾，至此可算是暫時告一段落。

地方首長掌握軍事實權的政治體制

筆者在前文曾提過，東漢末年開始出現許多豪族。東漢末年的群雄往往是以這些豪族勢力為兵力來源，群雄的軍事勢力，便是以這些歷經西漢與東漢時期成長而成的豪族勢力為基礎。但是群雄在擴張勢力的過程中，當然沒有辦法完全無視於舊有的漢代體制。最具象徵性的例子，就是曹操在實現野心的同時，還是必須擁立東漢的獻帝以標榜其正當性，以及劉備在建立蜀漢時，必須以漢室輔弼自居。

東漢末年的群雄多致力於獲得東漢地方首長（州牧、刺史）地位，為其擁兵自重的行為提供正當性。刺史原本是由中央派往地方的監察官，後來逐漸演變為負責地方行政的首長。到了東漢末年，刺史已成為統領諸豪族勢力並掌握軍事力量的集團首領。像這種身為地方首長的刺史，卻掌握軍事實權的狀況一直延續下來，形成魏晉南北朝時代特有的政治體制。

在思考這個時代時，有一個特別值得注意的現象，那就是像袁紹、袁術、劉璋這一類漢朝名士都遭到了消滅，而曹操、劉備、孫權這一類稱不上名士的戰略家卻存活了下來。

自東漢時期傳承下來的豪族階層，在中央或地方逐漸掌握權勢，這確實是魏晉南北朝的一大特徵。但若將焦點放在三國時代，會發現曹操在任用人才時只看才能而不問品德，也是值得深思的環節。劉備及孫權在任用人才上雖然不像曹操那麼極端，但基本精神或許大同小異。

後來因貴族制度的抬頭，這種唯才是用的觀念有逐漸處於下風的趨勢，但我們可以說，歷史悠久的漢朝帝國式微與瓦解，造成擺脫過去傳統束縛的觀念相應而生，唯才是用的觀念正是新時代所展現出的面相之一。

九品官人法這種官吏錄用的制度，創始於漢魏更迭之際。面臨嶄新的時代，九品官人法也採用了與過去完全不同的方針，充分展現出重建國制的強烈決心。

官吏錄用制度「九品官人法」

這個制度在錄用官員時，將人才依等級區分為一品至九品，因此稱為九品官人法（後來也稱為九品中正制度）。西元二二〇年，曹丕接受東漢的禪讓而建立魏朝，重臣陳羣（？至二三六年）建議實施九品官人法，目的在於將漢朝的官吏依其才能、德行的高低納入新政府之中。曹丕接納了這個建議，其後這套制度在魏晉南北朝時代一直延續了下來。

漢代原本採行的是秩祿等級制度，如秩一百石、秩兩千石等等。九品官人法取消了這個做法，改為將中央的官職劃分為一品至九品，這稱為「官品」。同時又在地方的郡內安排名為「中正」的官，負責調查該郡出身且目前正在任官、或希望得到官職者。中正會依據鄉里之間的輿論來評定這些人的才能與德行，就跟官品一樣，也將人才區分為一品至九品，並向中央報告，這稱為「鄉品」。中央接到報告後，便依鄉品所列的品等，將這些人才分配至適當的官品。

這套九品官人法一直延續到魏朝取代漢朝之後，但逐漸演變為地方豪族或貴族子弟第一次任官時的一套標準，也就是所謂的起家制度。例如最終可升為鄉品二品的子弟，就從六品官開始起家。先從比鄉品低四等的官品開始任官，最終晉升到與鄉品相同的官品，成了受到默認的規定。

這個時期承受了來自東漢末年的趨勢，各地豪族階層不斷擴張其勢力，且其上層開始出現特權貴族階級。以九品官人法為基礎的起家制度，便是誕生在這樣的環境中。

筆者剛剛提過，這套制度原本的用意在於根據鄉里輿論評定人才的才能與德行，授予適當的官位。但是後來成了專為權勢之家設計的起家制度，原本的精神可說是蕩然無存。

貴族、豪族階層靠著這套制度，逐漸在中央及地方的政界建立起深厚的基礎。在東漢末年所興起的一股靠輿論重建公權力的潮流，到此已完全變質，成了另一種貴族世家化的風潮。

司馬氏的時代

司馬懿的登場

西元一七九年，時值東漢末年，司馬懿出生於河內望族，他以魏國將軍的身分，曾和諸葛亮（孔明）在五丈原大戰，並為統一三國的西晉奠定基礎。在他出生的年代，儒家官吏正遭宦官勢力打壓。黨錮之禍（一六九年）發生時，因「登龍門」典故而傳名後世的李膺等領袖人物也遭處決。過了不久，又發生黃巾之亂（一八四年），這個時代可說是

司馬懿

正面臨遭逢巨變的前夕。

司馬懿據說是秦朝滅亡後曾活躍於項羽、劉邦時代的殷王司馬卬的後代子孫。到了東漢時期，司馬氏一族已是郡守輩出的望族。司馬氏與曹操之間的淵源，可追溯至司馬懿的父親司馬防。西元二〇八年，司馬懿出仕曹操，其後成為曹操的參謀，並輔佐曹操嫡子曹丕，在曹操的丞相府內鞏固了其地位。

二二〇年，一代梟雄曹操去世，政局陷入一觸即發的危險狀態，司馬懿身為丞相府的司馬，負責處理喪葬事務。曹丕（後來的魏文帝）順利繼任丞相，後來又登上皇帝寶座，司馬懿的協助可說是功不可沒。因此魏文帝對司馬懿相當信任，將他比喻為劉邦身旁的蕭何。

對司馬懿讚譽有加的魏文帝，也是個相當有名的文人皇帝，不僅大加宣揚文學的價值，還曾說過「蓋文章，經國之大業，不朽之盛事」。二二六年，曹丕臨死之前，將剛立為皇太子的曹叡（魏明帝）託付給曹氏宗室的曹真、曹休，提議九品官人法的陳羣，以及司馬懿等四人。

就在這時，蜀國的諸葛亮趁魏國政局不安定，派遣使者向魏國的邊防將領孟達勸降。孟達答應反叛魏國，但司馬懿立即以高明的戰略鎮壓了這場叛變，使諸葛亮北伐計畫受挫。

諸葛亮與司馬懿雖然沒有在這場鎮壓叛亂之戰中直接對峙，但諸葛亮從二二八年起，到二三四年死於五丈原陣中為止，總共發動了五次北伐，而孟達叛亂可說是其前哨戰。

司馬懿是魏國軍事行動的最高統帥，長期對抗蜀國的諸葛亮，直到諸葛亮於二三四年死於五丈原，可說是成功削弱了蜀國的聲勢。其後司馬懿轉移目標，將矛頭指向占據遼東地區、且經常與吳國聯手對抗魏國的公孫淵。二三八年，司馬懿成功討伐公孫淵，在魏國朝廷內的聲勢更是如日中天。

自五丈原眺望渭水景象　諸葛亮曾為了與司馬懿交戰而布陣於五丈原。這是一塊範圍大約一百多平方公里的臺地，北臨渭水，東臨石頭河，西臨麥里河。

根據正史《三國志》的記載，魏明帝病入膏肓時，曾將司馬懿自河內召至床邊，握著他的手說道：「吾疾甚，以後事屬君，君其與爽輔少子。吾得見君，無所恨。」說完這句話後，魏明帝就駕崩了。

司馬懿依著遺詔輔佐新帝齊王曹芳（在位期間西元二三九至二五四年），卻與同樣肩負輔佐之責的魏氏宗室曹爽互有嫌隙，甚至一度遭到奪權。

虛虛實實的戰術，司馬懿七十一歲時的權力鬥爭

但是到了二四九年，司馬懿發動政變，誅滅曹爽一族，完全掌握了魏國實權。以下這段史書中的記載，可以一窺司馬懿與曹爽之間爾虞我詐的權力鬥爭，在本系列第四集也曾介紹過。雖然真偽難辨，但我們能從這段記載中感

受到當時的緊張氣氛。

二四七年四月，司馬懿的妻子張春華去世，時年五十九。到了五月，司馬懿便託病不理朝政。曹爽一派的李勝這時恰好出任荊州（今湖南省）刺史，假借探病的名義前來觀察虛實，以下就是其對話。

> 冬，河南尹李勝出為荊州刺史，過辭太傅懿。懿令兩婢侍，持衣，衣落；指口言渴，婢進粥，懿不持杯而飲，粥皆流出沾胸。勝曰：「眾情謂明公舊風發動，何意尊體乃爾！」懿使聲氣才屬，說：「年老枕疾，死在旦夕。君當屈并州，并州近胡，好為之備！恐不復相見，以子師、昭兄弟為托。」勝曰：「當還忝本州，非并州。」懿乃錯亂其辭曰：「君方到并州？」勝復曰：「當忝荊州。」懿曰：「年老意荒，不解君言。今還為本州，盛德壯烈，好建功勳！」勝退，告爽曰：「司馬公屍居餘氣，形神已離，不足慮矣。」[2]

沒想到過了兩年，二四九年正月六日，齊王曹芳（廢帝）拜謁明帝陵墓，曹爽一派都隨侍在皇帝身邊，司馬懿趁機發動政變，將曹爽及依附他的人一網打盡，並拖到市場上處刑。司馬懿重新掌握大權，登上丞相寶座，當時他已七十一歲，以那個時代而言是相當罕見的高齡。

司馬師、司馬昭兄弟的時代

發動政變兩年後的二五一年八月，司馬懿波詭雲譎的一生終於落幕。司馬懿共有九個兒子，繼承司馬懿地位的司馬師及繼承司馬師地位的司馬昭，這兩兄弟都是元配張春華的兒子。

據說在發動政變時，計畫是由司馬懿與司馬師一同研擬，司馬師及他親自訓練的三千名「死士」立下不小的功勞。但司馬懿死後，司馬師的才能是否足以繼承父業的重擔，對眾人而言卻還是未知數。

就在這個時期，西元二五二年，魏國與吳國發生了東興之戰。這是一場由魏國猛將毌丘儉、諸

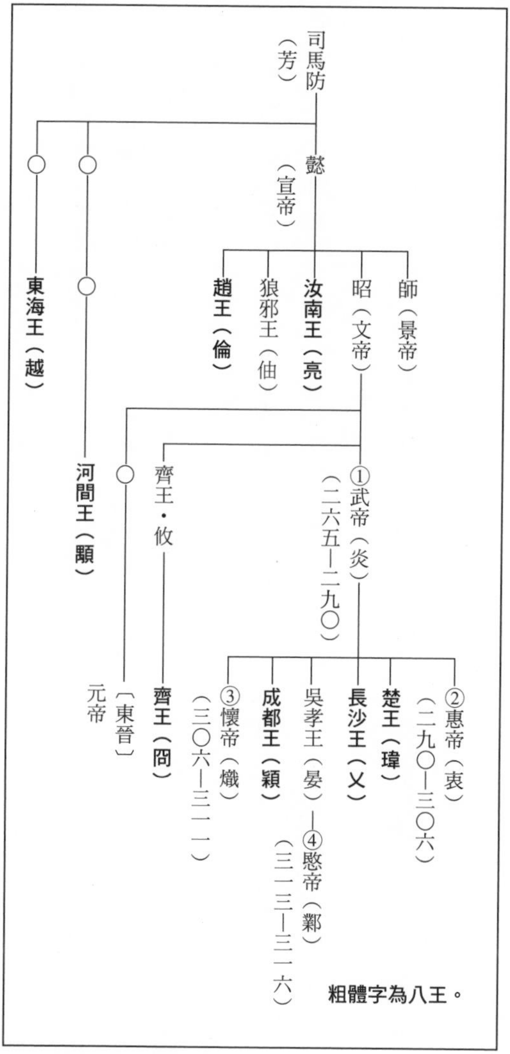

西晉（司馬氏）系譜

葛誕所率領的大規模伐吳戰爭，對上吳國大將諸葛恪，最後卻吃了個大敗仗。

根據史書的記載，此時朝廷追究從軍諸將的罪責，司馬師卻說：「我不聽公休（諸葛誕），以至於此。此我過也，諸將何罪？」眾人見司馬師自行承擔罪過，都感到羞愧並佩服司馬師的度量。然而《資治通鑑》的著名注釋者胡三省，對這件事的評語卻相當辛辣：「司馬師承父懿之後，大臣未附，引咎責躬，所以愧服天下之心而固其權耳。盜亦有道，況盜國乎！」

司馬師透過這件事，在司馬懿去世後成功收攬人心，其後便順理成章地朝著魏晉禪讓之路邁進。

二五四年二月，宰相李豐等人密謀暗算司馬師，但計畫被發現，所有參與者都遭處刑。由於皇帝（齊王曹芳）也牽涉其中，司馬師假托皇太后的名義指責皇帝「荒淫無度、褻近倡優」，將皇帝廢了，改為擁立魏文帝之孫、魏明帝的弟弟高貴鄉公曹髦（後廢帝）作為傀儡皇帝。

但是這個蠻橫的廢立行徑卻引發了鎮守於抗吳戰線據點的毌丘儉、文欽等魏朝老將的強烈反彈，最後甚至發展成司馬師必須親自出征平定叛亂（二五五年正月）。這場戰爭雖然由司馬師獲勝，但交戰的過程中，司馬師原本便患有疾病的眼珠震出眼眶之外，他擔心影響軍心，一直隱瞞這件事。叛亂的主謀毌丘儉死後的第七天，司馬師在班師回洛陽的歸途中，也於許昌（今河南省許昌縣以東）過世。

當時負責留守在首都洛陽的弟弟司馬昭一接到消息，立刻趕往了許昌。司馬師在臨死前將全部兵權轉交給弟弟司馬昭。就在這時，皇帝（高貴鄉公）卻做出了一起死馬當活馬醫的決定。他以東南之地剛鎮壓為由，要求司馬昭暫時駐守在許昌，另一方面卻又命令尚書傅嘏率領諸軍返回洛陽。

這顯然是趁著司馬師死後群龍無首之際，想要奪走其兵權。司馬昭察覺不妙，立即無視高貴鄉公的命令，班師回到洛陽。到了二月，司馬昭就任軍事最高官階的大將軍，以及行政最高官階的錄尚書事。

當時毌丘儉已死，而對抗吳國的重要據點壽春由諸葛誕鎮守。諸葛誕是瑯琊諸葛氏的後代，與蜀國諸葛亮及吳國諸葛瑾（亮的哥哥）、諸葛恪父子等人是同族的關係。司馬昭掌握大權後，派遣心腹之人賈充前往試探諸葛誕。

賈充問：「洛中諸賢，皆願禪代，君以為如何？」諸葛誕大聲斥罵：「卿非賈豫州子乎？世受魏恩，豈可欲以社稷輸人乎！若洛中有難，吾當死之。」結果在二五七年五月，皇帝下了討伐諸葛誕的詔書，司馬昭帶著皇帝與皇太后率領二十六萬大軍出發。將皇帝與皇太后帶在身邊的原因，是擔心自己離開洛陽時可能會出現其他擁立皇帝的勢力。

在如此周詳的計畫下，司馬昭在隔年二月打贏了這場戰爭。諸葛誕遭斬首，一族也全遭屠戮。根據史書記載，諸葛誕麾下親兵數百人被俘，堅決不降，這些人拱手排成了一排，行刑者每斬一人便招降一次，一直斬殺到最後一人都沒有人投降。

皇帝（高貴鄉公曹髦）即位五年多，沒有辦法將權力自司馬氏手中奪回，於二六〇年五月死於非命，當時年紀才二十歲。皇帝是個好學、聰明的人，隨著年紀漸長，心中對司馬氏的擅權越來越難以忍受，最後終於發起了孤注一擲的行動。

竹林七賢　清談源自於東漢末年的清議，由於受到打壓，在魏朝的時代逐漸轉為哲學性的論述。竹林七賢那些超逸脫俗的清談，也屬於此一體系之內。由於正值篡位意圖逐漸明朗化的魏晉更迭時期，言談之中隱含著對政局的憤怒與憂慮。

二六〇年五月己丑日，皇帝召來親信王沈、王經、王業，對他們說：「司馬昭之心，路人所知也。吾不能坐受廢辱，今日當與卿自出討之。」沒想到王沈、王業立刻將這件事告訴了司馬昭。

皇帝於是自行拔出長劍，帶著寥寥數名宿營衛士一邊吶喊一邊往外奔，這時賈充正巧從外頭進入宮中，與皇帝在南門闕遇上了。賈充一行人嚇得節節後退，這時賈充對屬下成濟說道：「司馬公畜養汝等，正為今日。今日之事，無所問也！」成濟聽了，便上前將皇帝殺死。司馬昭一聽到這件事，嚇得坐倒在地上。

司馬昭害死了後廢帝之後，非常在意世人會如何看待這件事。他一方面審慎評估世人的反應，一方面又為了實現以晉代魏的夢想而打算討伐蜀國。自從諸葛亮過世後，蜀國的國勢便每況愈下，司馬昭想藉由消滅蜀國來博取名聲，好加速推動魏晉禪讓。

蜀的滅亡與晉王司馬昭的誕生

自從曹爽在與司馬懿爭奪霸權的期間曾遠征過蜀國之後，魏國便不曾對蜀國出兵征討。二六三年五月，魏帝終於下詔討蜀。八月，魏國陣營共動員了十八萬兵力，由鍾會等人領兵出發。

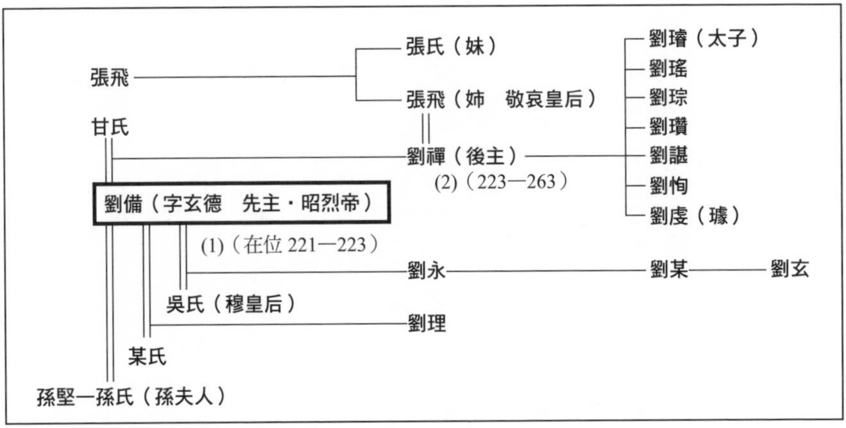

蜀（劉氏）系譜

十月，鍾會的軍隊攻下了漢中，在蜀國軍事隘口劍閣（今四川省北部地區）與蜀國大將姜維對峙。另一方面，自關中南下的鄧艾軍隊則不走劍閣這條路，而是自陰平循險峻山路進入江油（今四川省北部地區），對蜀軍發動奇襲，在綿竹（今四川省北部地區）大破諸葛亮之子諸葛瞻所率領的蜀軍。魏軍的突襲及蜀軍的大敗令蜀國驚惶失措，朝廷決定投降。當鄧艾的軍隊抵達蜀國首都成都北方時，劉禪「面縛輿櫬」（將雙手綁在背後，並在轎子裡放棺材，示意自願受刑），親自來到軍門前請降（十一月）。

蜀國歷經劉備、劉禪兩代，不過短短四十三年便亡國了。後來因鍾會與鄧艾的嫌隙，以及蜀國降將姜維呼應叛亂等等，蜀地陷入了一片混亂，已無法讓蜀國死而復生。

在平定蜀國的軍事行動進入尾聲的二六三年十月，魏帝下詔封司馬昭為晉公，司馬昭接受了。事實上魏帝早已多次下詔封司馬昭為晉公，司馬昭卻直到這一次才接受，可見得他認為時機終於成熟，心中已抱持勢在必得的想法。

接下來的局勢發展便急轉直下。同樣圖謀篡位的曹操，從魏公到晉升魏王花了三年時間，而司馬昭在成為晉公的六個月後便晉升晉王（二六四年三月），五月時追諡司馬懿為晉宣王、司馬師為晉景王，十月冊立嫡長子司馬炎為晉國世子。

到了二六四年五月，司馬昭又封五品官騎督以上的六百名文武官員公、侯、伯、子、男的爵位，並依其各自的爵位高低配給四百戶到五千戶的食邑。這可說是為了替魏晉禪讓鋪路，先安魏臣們的心，以避免在禪讓的過程中節外生枝。

到了七月，司馬昭又全面改訂禮儀、法律及官制，為禪讓進行著最後的準備。然而到了二六五年八月，司馬昭突然猝死，最後魏晉禪讓的政治輪替是由其子司馬炎完成。

以上描述了司馬懿、司馬師、司馬昭父子三人，如何靠著權術謀略篡奪帝位的來龍去脈。在這段歷史中，我們看見了父子兩代如何掀起一場場腥風血雨的政治鬥爭。但是另一方面，同時代的史書裡卻也有著完全不同的評價。

例如針對魏軍在東興之戰大敗，而司馬師不問諸將之罪一事，東晉時代的史家習鑿齒給予極大的讚揚：「司馬大將軍引二敗以為己過，過消而業隆，可謂智矣，夫民忘其敗，而下思其報，雖欲不康，其可得邪若乃諱敗推過，歸咎萬物，常執其功而隱其喪，則上下離心，賢愚解體……」

此外，孫吳的張悌也對司馬氏父子讚譽有加：

曹操雖功蓋中夏，威震四海，崇詐杖術，征伐無已，民畏其威，而不懷其德也。丕、叡承之，繼以慘虐，內興宮室，外懼雄豪，東西馳驅，無歲獲安，彼之失民，為日久矣。

司馬懿父子，自握其柄，累有大功，除其煩苛而布其平惠，為之謀主而救其疾，民心歸之，亦已久矣。故淮南三叛而腹心不擾，曹髦之死，四方不動。摧堅敵如折枯，蕩異同如反掌，任賢使能，各盡其心，非智勇兼人，孰能如之？

像這樣天差地遠的歷史評價，又是如何產生的？下一節將針對這點進行探討。

司馬炎統一中國

晉武帝司馬炎

司馬炎的登場

司馬炎是司馬昭的嫡長子，出生於魏國的青龍四年（西元二三六年）。母親是王元姬，其祖父是魏朝元老之一的王朗，父親是著名思想家王肅。司馬炎年輕時便是個被讚為「寬惠仁厚，沈深有度量」的貴公子，在基於九品中正制度進行鄉品評定時，其出身地河內郡沒有任何人可以跟他比肩。

他經歷了祖父司馬懿及伯父司馬師曾經擔任過的種種官職，在二六四年被立為晉王世子。父親司馬昭去世的二六五年八月，他繼承了父親的晉王及相國地位。到了十二月，他接受魏元帝的禪讓，於十七日登基，將年號從魏的咸熙變更為泰始，是為晉武帝。

若觀察司馬炎初期的政治風格，會發現其底下的重臣多是博學多聞且注重禮教的名望人士。這點可說是與注重才幹而忽略德行的曹操大異其趣。司馬炎一即位之後，立刻恢復了因三國時代的混亂局勢而中斷已久的民爵賜予制度，而且一律無條件提升五個等級，可說是非常慷慨大方。

所謂的民爵賜予制度，指的是漢代基於對鄉里之間長幼尊卑秩序的重視，對居於領導地位的耆老人物賜予爵位及酒肉的一種制度。這可以促使鄉里在廟社內舉行祭祀活動，由此營造下至庶民、上至皇帝的所有國家成員的一體感及重建社會秩序。

司馬炎在民爵上的「慷慨大方」，雖然絕大部分是為了在西晉建國初期掌握民心，但配上前述重視禮教的政治方針，亦可將此視為是一種結束東漢末年至魏朝的苛政時代，並建立禮教國家的施政策略。

此外，司馬炎在即位後的隔月，也就是二年正月，大封司馬氏一族中的二十七人為郡王。魏朝時基於魏文帝（曹丕）的遺命，皇族宗室不得任官職，而且必須長期生活在國家的監視之下。這樣的政策一直到魏明帝（曹叡）的時代才稍有放寬。光從這項政策，便可看出曹丕與「七步成詩」的兄弟曹植之間的關係有多麼不睦。或者我們可以說，這是東漢末年以來，連同族也不能相信的混亂局勢所引發的現象。

但是到了西晉時代，皇族宗室不僅位高權重，而且備受禮遇。這除了可視為是一種「強幹弱枝」的政策之外，亦可看出司馬炎想要結束魏朝的苛政遺風，建立起一個宗室之間彼此互助互愛的政治型態。

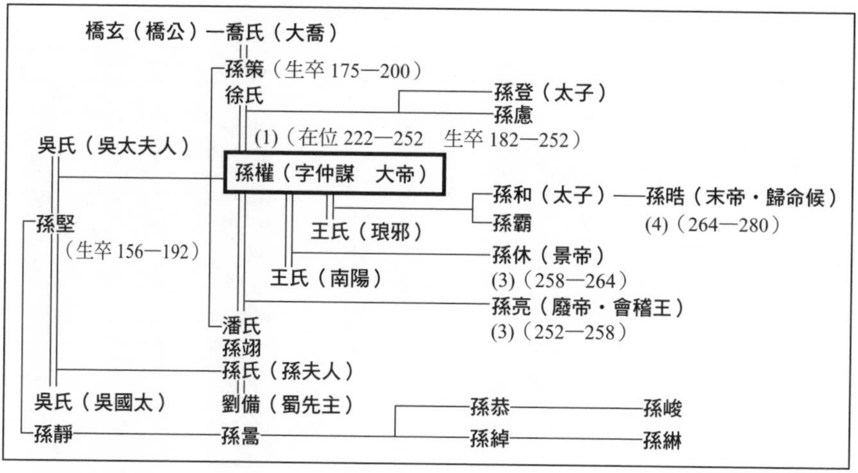

吳（孫氏）系譜

泰始元年，司馬炎取消了漢、魏宗室不得任官的禁令，將曹植的兒子曹志任命為太守，並開始任用諸葛亮的子孫。這種在官吏錄用上的寬宏大量，正反映出了其政治心態。

吳的滅亡與天下再次統一

吳國到了孫權晚年的西元二四一年，皇太子孫登去世，新皇太子孫和與受孫權寵愛的孫霸，兩者支持者之間的鬥爭越來越劇烈。到了二五〇年，孫和遭廢，孫霸也遭賜死。接著到了二五二年，孫權去世，諸臣之間更是劍拔弩張。支持舊太子的諸葛恪及支持孫霸的孫峻、孫綝之間互有嫌隙，擅權的情況頻頻發生，導致吳國逐漸步向滅亡。

在這樣的局勢之下，年紀輕輕的孫皓（孫權的孫子）於二六四年即位。吳國已面臨存亡危機，孫皓卻還是廣造宮殿，甚至做出了許多殘暴不仁的行徑。或許在這個少年皇帝的心裡，有著國家將亡的不安，以及急著想建立權威的焦躁吧。後來的南朝諸國在滅亡期前出現的暴虐天子形象，在孫皓的身上已可看見幾分徵兆。

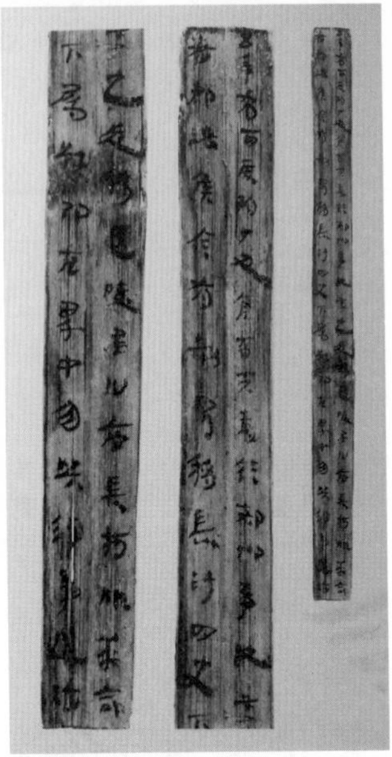

走馬樓木簡　一九九六年於湖南省長沙市走馬樓建築區域內出土了約十萬件簡牘，其中有不少是吳國時代之物，未來的研究相當受到期待。

孫皓的時代與司馬炎的時代幾乎完全重疊。對司馬炎而言，這可說是統一天下的絕佳機會。司馬炎的心腹大將羊祜及受羊祜託付後事的杜預，皆再三建議司馬炎發兵消滅孫吳。但是朝廷內部群臣以穩健派居多，尤其是對司馬氏成功篡位有著大功的賈充更是大力反對。但是這些人反對向吳國用兵的理由，大多是基於一些私心，一來有些貴族不希望皇帝的權威更加壯大，二來討伐孫吳的計畫是皇帝與數名心腹暗中商議而成，其他人擔心自己遭到排擠，或是不滿於將來統一天下時論功行賞，自己沒辦法分一杯羹。

值得注意的是，這與西晉末年「私事重於國事」風氣的蔓延有著直接的關聯。但在終結東漢末年混亂時代的統一大業上，這股風氣尚不足以形成有效的阻礙。

西元二七九年十一月，司馬炎終於下了討伐孫吳的詔書。東西兩路合計有超過二十萬的大軍同時自淮南及湖北南下，被晉納入版圖已過了一段歲月的蜀地也派出水軍沿著長江順流而下。晉軍勢如破竹，隔年二月攻克吳國的江陵，三月攻陷守護首都建業的天險要塞石頭城，繼續朝著建業進攻。孫皓遵循亡國之禮，「肉袒面縛」（脫去半邊衣服，將雙手綁在背後）向晉軍投降。傳了四代、共五十二年的吳國就此滅亡，中國再度由晉所統一。

根據當時晉所接收的統計紀錄，吳國的戶數為五十二萬三千，人口為兩百三十萬，官吏三萬兩千，士兵二十三萬。

軍隊裁撤與戶調式

晉武帝統一天下後，實施了兩項政策，其一是裁撤軍隊，讓絕大部分州郡的士兵返家歸農。這可說是一種從漫長的戰爭體制回歸正常體制的軍事改革，目的在取消各州郡的軍事權，當遇到特殊狀況時則由洛陽等軍事要衝派出中央軍隊。

石頭城　位於南京城的西北方。南北全長約三千公尺。西元前三三三年，楚威王便曾在此築城，到了西元後二一一年，孫權又在這裡築城，並命名為石頭城。此城是建業（建康）攻防上的重要據點。

此外晉武帝還頒布了名為「占田課田制」的土地制度，以及相對應的徵稅制度。根據其規定的占田法，每一戶的夫妻都應向國家申報耕種農地面積，男子可占七十畝（一畝約五公畝），女子可占三十畝。此外在官人的部分，則規定一品官可占五十頃農地（一頃為一百畝），往下遞減至九品官可占十頃。換句話說，就是依身分限制可占有農地的上限，以避免廣大農地遭到獨占的情況。

至於與占田相呼應的課田制，則是將公有地分配給百姓命其耕種並徵收田租，男子五十畝，女子二十畝，次丁男（指老弱殘疾者）則減半（二十五畝）。東漢末期的一九六年，曹操在其統治據點許縣實施屯田制，後來逐漸推廣至鄴、洛陽、長安等地的郊區，並由中央的司農卿統一管轄，致力於提高農作物產量。當時負責屯田的農民被稱為典農部民或屯田客，使用官牛耕種者須繳交收穫的六成，使用私牛耕種者則須繳交五成。這套屯田制度為充實魏國的國力帶來了極大的幫助。

除了民屯之外，在接近吳、蜀邊界的淮南、關中等地，還設置了以軍事為主要目的的軍屯。進入晉朝後，軍屯於魏晉更迭時廢止，民屯則於平定吳國時廢止。納入了一般州郡的編制後，屯田農民的負擔應該也與一般百姓並無不同。平定吳國後所實施的課田制，想必也是以魏時代的舊屯田農民為實施對象，由此亦可看出政治方針由戰爭體制回歸正常體制的巨大轉變。

自此之後，國家將一定範圍的土地分配給農民，保障農民有土地可以持續耕種，而農民則按每戶對國家負有繳納耕種地生產作物（田租）及絹（調）的義務。

晉武帝於西元二八〇年實施了基礎的稅法制度，名為「戶調式」，這是相當劃時代的稅法制度，將漢代的人頭稅觀念變更為以每一戶為課稅的單位。

排除齊王司馬攸的圖謀

齊王司馬攸是司馬炎唯一的同母胞弟，年紀比司馬炎小了十歲，不僅才華出眾且受人愛戴。從小祖父司馬懿便對攸寄予厚望，這點光是從司馬懿將攸過繼給兒子司馬師當養子就可以窺知一二。就連司馬炎的父親司馬昭，生前也基於種種考量，說過「我是因兄長（司馬師）去世才暫居相國地位，等我死後應該將大業歸還給攸」、「這個天下是景王的天下，我不能取而代之」之類的話。雖然這些話後來都沒有實現，但自晉朝開朝之後，齊王攸在朝政上便擁有舉足輕重的地位。

完成統一大業的兩年後，西元二八二年，司馬炎下令齊王攸遷居至其受封的齊國。就跟當年曹丕、曹植這對同為曹操之子且母親也為同一人的兄弟一樣，司馬炎與司馬攸之間的感情並不和睦。再加上司馬炎的嫡子司馬衷（後來的晉惠帝）缺乏政治才能，是後來導致八王之亂，把中國搞得天翻地覆的關鍵人物之一。許多朝廷重臣早已看出司馬衷的無能，因此希望推舉司馬攸作為司馬炎的後繼者。

平定吳國之前的西元二七五年，首都洛陽曾流行瘟疫，造成超過一半人口病死的慘況，就連司馬炎自己也病得相當嚴重。據後人推測，司馬炎很可能就是在這個時期決心要排除司馬攸。

司馬炎想出的辦法，就是命令司馬攸遷居至自己的封國。當時有許多朝臣上諫反對，但司馬炎卻是一意孤行，甚至將諫言者貶官降職。

司馬攸自己對這道命令也感到憤恨不平，最後終於氣出了病。司馬炎並沒有因弟弟生病而暫緩命令，反而催促起行。就在起行的兩天後，司馬攸吐血身亡。雖然這起震撼朝廷的事件就此落幕，但從此之後再也沒有人敢對皇帝提出諫言，原本西晉的率直輿論風氣消失得一乾二淨。

愚昧的皇帝司馬衷

晉武帝死後，司馬衷即位，是為晉惠帝。司馬衷是司馬炎與皇后楊豔所生的次子，由於長子早夭，因此在平定蜀國後的二六七年正月，司馬炎便將衷冊立為皇太子。

據說晉惠帝即位後，聽到百姓因戰亂而無穀麥作物可食用，曾說出「何不食肉糜（肉粥）」的驚人之語。光從這個傳說，便可知道這個皇帝有多麼無能。正如同前文所述，早在他當皇太子的時期，群臣便已知道這個人無可救藥。另外還有一節典故，據說在一場筵席上，重臣衛瓘跪在晉武帝面前，拍了拍晉武帝的座位，說道：「此座可惜！」藉由這個典故，亦可知道晉惠帝早在皇太子時期，群臣便已擔憂他沒有辦法在父親死後擔下身為皇帝的重責大任。

兒子有多少斤兩，晉武帝自己似乎也相當清楚。但一來皇太子的母親楊后對這個兒子相當疼愛，再加上皇太子的兒子司馬遹是個足以繼承大業的優秀人物，因此一直到最後晉武帝還是沒有廢了這個皇太子。當時朝廷上有些人希望廢去愚笨的皇太子，讓司馬攸繼承皇位；也有人希望由司馬攸輔佐晉惠帝，成為實際掌握大權的人物。司馬攸的肩上，可說是背負著大部分朝臣的希望。然而正如同前述，晉武帝下了一個讓眾臣失望的決策。

到了晉武帝晚年的時候，朝政由楊后一族的楊駿把持，晉武帝去世後，楊駿更成為輔政的角色，宛如重現了東漢末年外戚干政的局面。

司馬氏三代的功過

前文已描述過司馬懿父子如何利用權術謀略實現了魏晉禪讓的野心。雖然我們可以將此視為司馬氏一族追求私利的行為，但從另一面來看，這些人活在動盪不安的東漢末年，而且身為具有儒家教養的名士，心中想必抱持著經世濟民的志向。

他們相當清楚，世人渴望著東漢末年至三國時期的煎熬時代能夠盡快結束。前文提到魏朝民心叛離而歸向司馬氏，與這樣的社會期待正有著密不可分的關係。基於這樣的潮流，藉由魏晉禪讓登上帝位的晉武帝，肩上想必也背負著排除私利、重建公權力的強烈期許。

關於前述占田課田制的實際施行狀況，雖然研究者之間意見紛歧，但有一點無庸置疑，那就是這套土地制度的目的在於限制豪族為了追求私利而占據廣大土地，保護大量自耕農的持續耕種權利。後來的北魏及隋唐的均田制度，也是傳承了這套相同的理念。此外，司馬氏三代的時期雖然貴族制度逐漸發展成熟，但那是基於當地社會輿論的期盼所形成的現象，對於公權力的重建也有著不小的功勞。

但是相對於這股重建公權力的社會期待，司馬氏的政權裡卻總是不乏企圖私自壟斷權力的動向。例如司馬炎一即位後，立刻重新實施東漢末年、三國時期因社會混亂而廢止的民爵賜予制度，雖說這是為了營造下至庶民、上至皇帝的所有國家成員的一體感及重建秩序，但司馬炎將爵位一律提升五個等級的「慷慨大方」行徑，卻也是一種想要藉此誘導社會輿論的私權行為。

為了維護皇太子而逼走司馬攸的行動，也可視為另一個例子。繼任皇帝的選定，在公權力的維持上可說是相當重要的環節，而司馬炎卻為了自己的私人理由而插手干預了這件事。再加上後來又演變為外戚干政的局面，我們可以說早在這個時期，天下大亂的禍種便早已埋下。

註釋

1 《三國志的世界：東漢與三國時代》，臺灣商務印書館於二〇一八年四月出版。

2 出自《資治通鑑》，卷七十五，魏紀七。意思是：這年冬天，首都所在的河南郡首長李勝轉調至荊州（湖南省）當刺史，前來向身為太傅的司馬懿拜別。司馬懿在兩名婢女的攙扶下出來迎接，手中的衣服落在地上。司馬懿指著嘴示意口渴，婢女取來一碗粥，司馬懿沒有拿碗，直接就口喝了起來，粥都流到了胸口。李勝說：「我曾聽說您舊病復發，但沒想到這麼嚴重。」司馬懿氣若游絲地回答：「年紀大了，只能躺在病床上，死期已經不遠了。聽說你要到并州就任，那地方接近北方蠻族，一定要多加提防。以後恐怕沒機會再見面了，我兒子司馬師、司馬昭兄弟就拜託你多照顧了。」李勝說道：「我是要回到自己的故鄉荊州任官，不是并州。」司馬懿搞錯了他的意思，問道：「你剛到并州？」李勝又說一次：「是荊州。」司馬懿說道：「我年紀太大，腦袋糊塗了，沒聽懂你的意思。既然你要回故鄉任官，那真是恭喜你了，祝你建立功勳。」李勝告辭後對曹爽說：「司馬懿只剩下一口氣，身體跟精神早已分離了，不必再為他的事擔心。」

第二章　胡漢相爭

五胡十六國的時代

結束了三國時代的戰亂，讓中國再度統一的西晉武帝司馬炎，於西元二九〇年四月駕崩。以此為分界點，時代再度開始走向下坡。接下來，將進入一段中國史上也相當罕見的天下大亂時代。而西晉宗室的皇位繼承之爭，正為這個時代揭開了序幕。

八王之亂與永嘉之亂

晉武帝死後，皇太子司馬衷（晉惠帝）即位，由於這個皇帝天資拙劣，楊太后（晉武帝的皇后）讓自己的父親楊駿輔佐皇帝，從此進入了楊氏一族獨攬大權的局面。但晉惠帝的皇后賈氏不滿這樣的狀況，於是先與汝南王司馬亮、楚王司馬瑋共謀誅殺楊駿，接著又殺害了司馬亮與司馬瑋，掌握朝中實權。

政治鬥爭雖然劇烈，但賈后奪權後的將近十年之間，靠著名士張華、裴頠等中流砥柱，政局勉強維持安定。

但是到了二九九年十二月，賈后廢了皇太子司馬遹，又將其殺害；引發朝野激憤，事態開始急轉直下。三〇〇年四月，趙王司馬倫剷除了賈后一派勢力，隔年一月又軟禁晉惠帝，自己登基為帝。其他諸王見狀，同時發動叛變，雖成功殺死司馬倫，但諸王之間的鬥爭陷入僵局，整個中原亂成了一片。

這場大亂就是後世所稱的八王之亂，一直持續到三〇六年十一月，東海王司馬越擁立懷帝司馬熾才算結束。但當時不服中央號令的諸般勢力，早已在各地形成群雄割據的狀態，西晉的衰亡慘況已到了令人不忍卒睹的程度。

緊接著，勉強維持住西晉政權的東海王司馬越在三一一年去世，為華北的混亂局勢揭開了第二幕。當時盤踞在山西地區的匈奴王劉淵，重用羯族的石勒、漢族流民首領王彌等人，在河南、山東一帶橫行無阻。石勒趁著東海王剛去世的混亂時期進攻西晉，擒殺將士十餘萬。此時劉淵已死，兒子劉聰繼位，他趁機派出屬下武將劉曜及王彌大舉攻打洛陽，在洛陽四處燒殺擄掠（三一一年六月）。

當時的年號為永嘉，因此這場戰禍被後人稱為永嘉之亂。洛陽在戰亂中付之一炬，數萬人死於非命。晉惠帝與玉璽也被帶往匈奴根據地平陽（今山西省臨汾縣），皇后羊氏更成為劉曜的妻子，西晉至此已名存實亡。

晉懷帝在平陽遭到殺害，晉武帝的孫子司馬鄴在長安即位，是為晉愍帝。但後來長安也遭到匈奴攻打，晉愍帝也被帶往平陽。三一七年，晉愍帝同樣難逃遭到殺害的命運。

五胡十六國

在永嘉之亂扮演主要角色的匈奴，於三〇四年建國，定國號為漢（後改為趙，史稱前趙）。從三〇四年起的一百三十六年之間，許多民族及國家在華北地區興亡輪替，直到匈奴的北涼於四三九年遭鮮卑的北魏消滅，華北才再度統一，這段期間史稱五胡十六國時代。所謂的五胡，指的是匈奴、羯、鮮卑、氐、羌。嚴格來說，在這段時期內興亡的國家共有十九國，但一般會剔除北魏變更國號前的朝代、存在時間太短的西燕，以及漢族所建立的冉魏，剩下的前趙、後趙、前燕、前秦、後燕、後秦、南燕、北燕、西秦、前涼、後涼、南涼、北涼、西涼、成（漢）、夏，合稱十六國。五胡配上十六國，就成了後世對這個時代的稱呼。

（注：十六國不包含＊者）

民族	王朝	創始者	都城
匈奴	漢→前趙	劉淵	左國城・平陽・長安
	夏	赫連勃勃	統萬城
	北涼	沮渠蒙遜	張掖・武威
羯	後趙	石勒	襄國・鄴
鮮卑	前燕	慕容皝	棘城・龍城・薊・鄴
	後燕	慕容垂	中山・襄國
	＊西燕	慕容冲	長安
	南燕	慕容德	広固
	＊代→北魏	拓跋猗盧	盛樂・平城・洛陽
	西秦	乞伏國仁	苑川・武威
	南涼	禿髮烏孤	樂都・武威
氐	前秦	苻健	長安
	成（漢）	李特	成都
	後涼	呂光	武威
羌	後秦	姚萇	長安
漢人	前涼	張軌	武威
	＊冉魏	冉閔	鄴
	西涼	李暠	敦煌・酒泉
	北燕	馮跋	龍城

五胡十六國王朝表

事實上五胡並非是在上述的西晉末年混亂時期才突然大舉入侵華

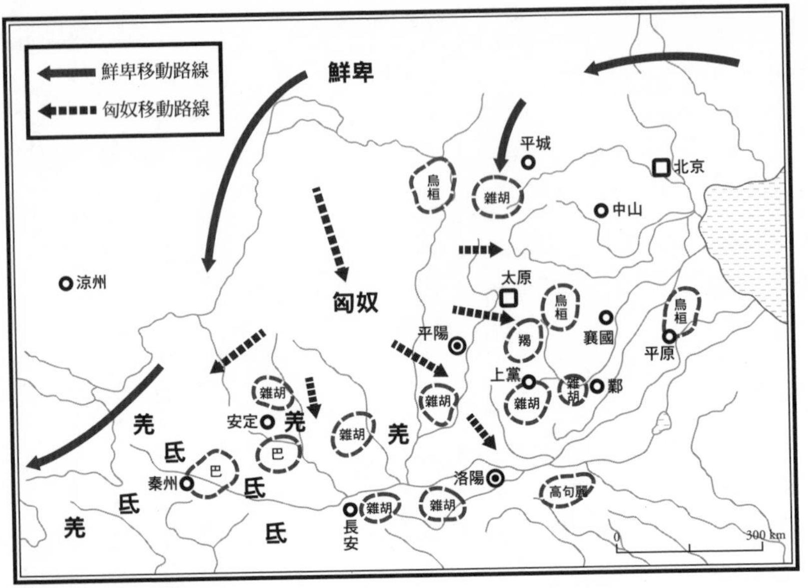

西晉時代五胡的分布

北，早在東漢至三國時期，這些胡族便透過遷居或入侵，與中國有著頻繁的接觸。

其中的先驅是匈奴。東漢初期歸順於中國的匈奴，在魏的時代居住於陝西北部至山西中部一帶，到了西晉時代定居於山西的汾水流域。大多數匈奴都是漢人的奴僕，過著農耕生活。羯是匈奴的分支，同樣居住在山西地區，狀況與匈奴大同小異。鮮卑當時則分裂為慕容、宇文、段、拓跋等諸部族，居住在遼河上游流域至河北、山西的北邊一帶。至於藏系的氐及羌，也在東漢末年之後，遷居至陝西、甘肅等地區。

西晉內部有不少人對這樣的現象感到憂心，例如郭欽的上疏主張將胡族移往域外，而江統的《徙戎論》更警告這麼下去將發生難以挽回的可怕事態。郭欽在上疏中說到：「戎狄強獷，歷古為患。魏初人寡，西北諸郡皆為戎居。今雖服從，若百年之後有風塵之警，胡騎自平陽、上黨不三日而至孟津，北地、西河、太原、馮翊、安定、上郡盡為狄庭矣。（中略）裔不亂華，漸徙平陽、弘農、魏郡、京兆、上黨雜胡，峻四夷出入之防，明先王荒服之制，萬世之長策也。」可惜，這個建議並沒有受到採納。

匈奴的國家

八王之亂正是發生在這種局勢下的華北地區。三〇四年，劉淵即位大單于（匈奴王之意），定國號為漢，分封郡縣給族人及羯族出身的石勒等功臣。三〇九年定都平陽，大有揮軍南下之勢。隔年，劉淵去世，其子劉聰繼位，他派石勒及族人劉曜攻打洛陽，生擒晉懷帝。後來又派劉曜攻打長安，將繼位的晉愍帝也擒住，西晉就此滅亡。三一八年，劉聰去世，國內發生內亂。劉曜與石勒鎮壓了內亂，劉曜遷都長安，改國號為趙（前趙）。另一方面，石勒也自立門戶，定都襄國（今河北省邢臺縣），是為後趙，打算與前趙一較高下。

這個時代諸勢力的抗衡狀態可說是瞬息萬變，若以地理關係來看，亦可視為華北兩大要地的勢力角逐，其一是以長安為中心的關中勢力，其二是以襄國、鄴（今河北省臨漳縣）、中山（今河北省定縣）等據點為中心的關東勢力。占據關東的後趙先與占據關中的前趙對峙，接著後趙又與入侵關東的前燕對峙。接下來，占據關東的前燕與占據關中的前秦對峙，占據關中的後秦與占據關東的後燕對峙，占據關中的後秦及夏又與入侵關東的北魏對峙。這個政局上的分裂現象不斷重演，直到西元四三九年，鮮卑拓跋部建立的北魏才統一華北。

然而若繼續觀察南北朝時代的後期，北魏分裂之後，形成占據關中的西魏與占據關東的東魏互

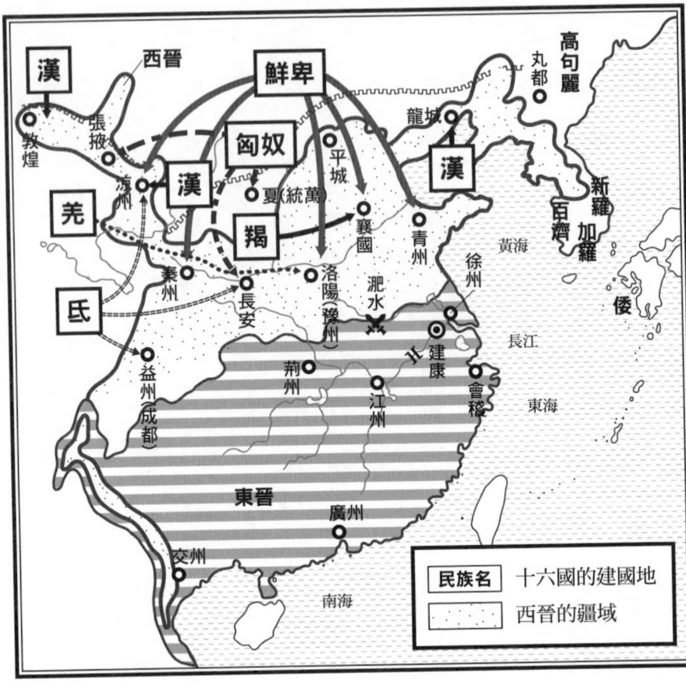

五胡十六國時代的地圖

相對峙的局面。緊接著，又變成北周與北齊的對峙。因此我們可以說，華北分裂為關中勢力與關東勢力互相對峙的情況，往前可追溯至四世紀初的五胡十六國時代，往後可推至六世紀末北周消滅北齊，再次統一華北。這可說是此時代華北歷史的一大特徵。

原因就在於，自秦漢時代之後，關中及關東都是華北的經濟、文化中心，因此各自足以成為政治勢力的據點。石勒與劉曜的對峙，可說是五胡十六國的時代裡，區域間對立最初的一個例子。

劉曜在長安不僅建設宗廟及宮殿，鼓勵百姓移居使長安變得繁榮，而且興辦太學及小學，在教育上也頗為用心。這樣的施政方針，根源於劉曜對中華文化的高度理解。根據史書記載，劉曜勤奮好學，經常提筆寫作，而且對草書及隸書都相當拿手。後代的人一提到這些異族君主，都會以為他們是粗暴野蠻、對中華文化一無所知或理解相當有限的人物，然而事實上並非如此。例如出身匈奴的劉淵，對儒家經典、《春秋左氏傳》等史書及《孫子》等諸子典籍相當精通。建立前趙的劉聰，從小天資聰穎，熟讀經典、史書及諸子典籍，寫得一手好書法，甚至在詩賦上也展現過人才華。這種異族君主具有學識涵養的現象，在後來的前秦苻堅及北魏拓跋宏（孝文帝）身上也看得到。

羯族石勒的登場

後趙在統一關東後，國力不斷壯大，終於在三二九年消滅了前趙。後趙的開國始祖石勒，是羯族族長的兒子。羯族是居住在山西省武鄉的匈奴羌渠部分支之一，石勒二十歲的時候，山西地區發生大饑荒，石勒遭人擄走，被賣到山東當奴隸，命運相當坎坷。

匈奴劉淵的傳記中，劉淵在建立漢國的不久前，族人劉宣曾說過一句「晉為無道，奴隸御我」。劉宣說漢族把匈奴當成「奴隸」，那只是一種比喻，但石勒淪落為奴隸卻是千真萬確的事實。據說他被帶往山東賣掉的一路上，看見許多胡族也同樣脖子上扣著枷鎖，正要被送往山東。光從這件事，我們便可以知道當時居住在中國內地的胡族過著多麼悲慘的生活。

後來石勒跟其他奴隸決定結夥為盜，石勒成了首領，而且勢力越來越龐大。就在這個時期，劉淵背叛西晉，建立漢國，中原陷入一片兵荒馬亂。石勒看準了局勢，率領手下們投靠劉淵。劉淵對石勒非常信任，將關東征討的重責大任交給石勒。因為這個契機，石勒的聲勢扶搖直上，最後甚至登基為帝。

當時漢國將大部分資源投注在關中的統治上，石勒依循謀士張賓的建議，不斷拓展自己的勢力，以襄國為根據地，成功在關東奠定了龐大的勢力基礎。到了三一九年，劉曜將首都遷至關中的長安，並將國號由漢改為趙（前趙）。石勒在此時自立門戶，以自己支配的二十四郡為趙國，即位為趙王、大單于，這就是史稱的後趙。其後石勒逐漸往西推進，在三二九年消滅前趙，隔年稱帝。

石勒採取保護漢族的政策，不允許胡族做出凌辱漢族的行為。不僅如此，而且石勒相當尊重中華文化，嚴格禁止一些漢族無法接受的胡族風俗習慣。例如將過世父親或兄長的妻妾納為妻子，或是在服喪期間結婚等等。

當時胡族與漢族正處於互不信任的狀態，因而衍生出了激烈的對立、殺戮與掠奪。石勒所採取的政策，可說是以化解雙方心結、促進和睦為目標。後來的歷史是否正因為石勒的政策，才逐漸由胡漢對立轉變為胡漢和睦與融合，是一個相當值得探討的有趣問題。綜觀這個時期的歷史，我們可以說石勒的施政相當有先見之明。關於胡漢和睦與融合的問題，將在後面的章節詳細討論。

石勒採行和睦政策的重要原因之一，就在於佛教的影響。尤其是促使他皈依佛教的西域僧侶佛圖澄，起了關鍵性的作用。

佛教與後趙

佛圖澄是西域龜茲國人士，在烏萇國出家，後前往克什米爾的罽賓學習佛法。當時北印度及龜茲國等地信奉的是小乘佛教，因此佛圖澄帶入中國的佛教照理應該也是小乘佛教。西元三一〇年，佛圖澄抵達洛陽，目睹石勒軍隊的種種殘暴殺戮行為，於是對他們曉以大義，最後甚至讓石勒也成為信徒。

關於石勒的皈依有許多傳說。據說有一次，石勒相當疼愛的孩子石斌突然暴斃，佛圖澄施法令其死而復生。石勒於是將所有的孩子都送到佛寺內接受教養，在釋迦誕辰的四月八日更親自主持浴佛法會。

除此之外，傳說中佛圖澄還能施展許多神奇法術，讓包含石勒在內的同時代世人讚嘆拜服。例如他能以鈴聲來預知未來的吉凶，能讓盛滿水的缽裡出現蓮花，甚至還能將病人的五臟六腑挖出來以水清洗，再放回病人的體內。

歷經漫長的戰火，傳統的價值觀早已蕩然無存，因此世人信奉主張來世能得救的印度佛教，幾乎到了狂熱的地步。在這樣的時代裡，像佛圖澄或後秦時代因翻譯法華經等佛經而聞名的鳩摩羅什等僧侶，不僅帶來了神奇的教誨，也帶來了新知識，可說是扮演著相當重要的角色。石勒推崇佛教，除了是基於自己的信仰之外，當然也是站在一個收攬民心的立場，因為他深知佛教的力量有多麼強大。

然而，佛教在這個時代也並非全盤被接納。石勒於三三三年去世後，石弘繼位，但旋即遭廢，由石虎取而代之。這時漢族出身的王度上諫：「佛出西域，外國之神，非天子諸華所應奉祠，往漢明感夢，初傳其道，唯聽西域人得立寺都邑以奉其神，漢人皆不得出家。（中略）國家可斷趙人悉不聽詣寺燒香禮拜，其趙人為沙門者，還從四民之服。」當時絕大多數的朝臣都贊成這個建議。

然而石虎聽了這個「廢佛」的諫言後，卻回答：「朕生自邊壤，忝當期運，君臨諸夏。至於饗祀，應兼從本俗。佛是戎神，正所應奉。其夷、趙、百蠻有樂事佛者，悉聽為道。」

換句話說，當時在佛教信仰上也有著「算不算是外來宗教」的爭議，其背後隱含的是胡漢對立的問題。後來五胡十六國及北朝諸國尊崇佛教與王朝權力之間的關係，正好可由這個現象看出一些端倪。

石虎即位後將首都遷移至鄴。他雖然是個相當優秀的武將，登基後卻徵調、奴役百姓，施政方針可說是極盡奢侈淫虐之能事，百姓怨聲載道。因此當石虎死後，後趙便陷入大亂，最後由他的屬下、漢人冉閔建立了魏國（冉魏）。

就在這個時期，位於遼西的鮮卑族慕容皝於三三七年定都龍城，自稱燕王，伺機準備南下。

鮮卑的崛起

史書中首次出現鮮卑這個稱呼，是在西漢末年。根據記錄東漢歷史的《後漢書》記載，鮮卑族是戰國時代興盛於蒙古地區的東胡族之後裔。後來東胡族遭匈奴消滅（西元前二〇六年），鮮卑族成為匈奴的分支之一，在西拉木倫河流域過著遊牧生活。西元一世紀初，隨著匈奴的衰微，鮮卑族逐漸朝向自立。二世紀中葉，檀石槐一當上鮮卑首領（一六六年），便統一鮮卑諸部，勢力範圍廣及整個蒙古，甚至不斷滋擾東漢邊境。三世紀初，以慕容、宇文、拓跋等部族為主的鮮卑諸部族，在內蒙古各地橫行跋扈。隨著晉朝國力漸衰，更開始進入華北地區定居。

在檀石槐的時期，慕容部便是鮮卑的一個組成部族，遊牧於右北平至上谷（今遵化至北京一

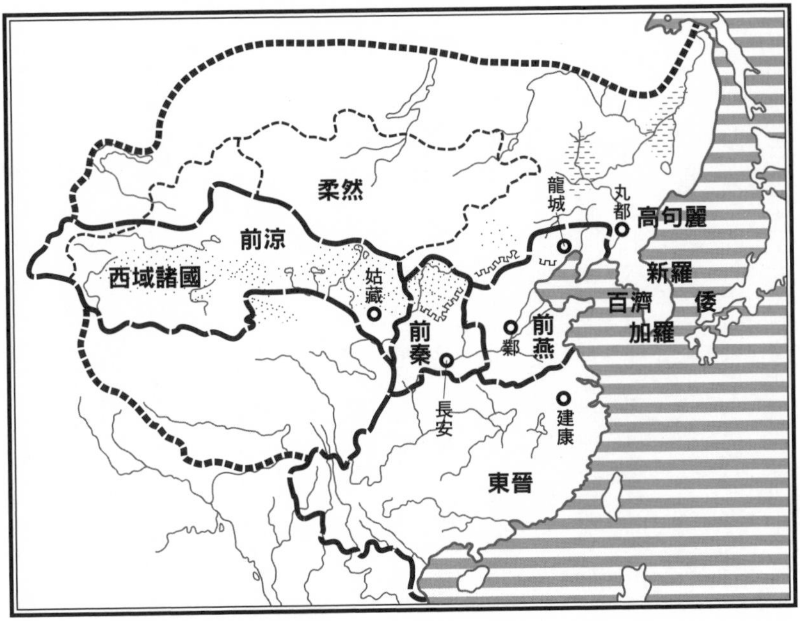

東晉・十六國時期（四世紀）勢力圖

帶）地區。三世紀初，自大凌河流域遷徙至遼西，轉變為遊牧、農耕並行的生活。

慕容皝是建立前燕（十六國之一）的鮮卑慕容部領袖慕容廆之子，他在三四二年至三四六年之間對遼東、遼西地區的敵對勢力發動攻擊，攻陷高句麗首都丸都，消滅宿敵宇文部，後來又成功消滅了扶餘國。在這期間，他於三四五年開始採用年號，建立起了東北亞強國的穩固地位。

三四八年，慕容皝去世，兒子慕容儁繼位，繼續擴大勢力範圍，趁後趙陷入混亂之際吞併河北，於三五七年遷都於原本後趙的首都鄴，成為中原大國，為其後的諸燕國（取代前燕的後燕、建國於山東地區的南燕、建國於河北地區的北燕等）打下了基礎。

在這個時期，華北的另一個政經中心關中地區，盤踞著藏系的氐族及羌族的勢力。趁著後趙大亂之際，氐族的酋帥苻洪與羌族酋帥姚弋仲互爭霸權，苻洪的兒子苻健即位後，在三五一年於長安建立前秦，華北地區自此進入氐族前秦與鮮卑前燕兩大國東西抗衡的時代。

不久之後，前秦的苻堅即位，他是五胡十六國時代少見的英明君主，不僅消滅了前燕，更大力推動石勒曾嘗試過的胡漢融合政策，讓五胡十六國時代在此遇上重大的轉捩點。

胡漢雙方的情結

漢族的成都王司馬穎（前節提到的八王之亂中心人物之一）因敗於同為漢族的幽州刺史王浚，向匈奴王劉淵求援，與劉淵同為匈奴人的劉宣極力反對，說了一句「晉為無道，奴隸御我」。另一方面，當時的漢族也對劉淵抱持強烈的仇視心態，認為「非我族類，其心必異」。

非我族類，其心必異

由以上這兩個例子便可看出，西晉、五胡十六國時代的胡族與漢族各自抱持著敵（非我族類）我之分，對其所屬集團有著強烈歸屬感，而將其他集團拒於千里之外。

綜觀五胡十六國時代，胡漢雙方正是在如此意識之下，持續著以血洗血的互相征伐。而在胡族與漢族之間，關於什麼樣的人物才有資格君臨中華，出現了相當耐人尋味的意見分歧狀況。

有一次，西晉忠臣劉琨（漢族）寫信向羯族的石勒請求援軍，信中寫道：「自古以來誠無戎人而為帝王者，至於名臣建功業者，則有之矣。今之遲想，蓋以天下大亂，當須雄才。遙聞將軍（石勒）攻城野戰，合於機神，雖不視兵書，暗與孫吳同契，所謂生而知之者上，學而知之者次。但得精騎五千，以將軍之才，何向不摧！」

簡單來說，漢族的劉琨向胡族的石勒求援，信中卻還提及胡族不可能當上帝王，甚至有勸石勒歸順之意，立場可說是相當高傲。

發生永嘉之亂時，漢族群雄之一的王浚覬覦帝位，石勒假意勸他登基為帝，王浚反而質疑石勒的野心。當時石勒的使者便引用了漢族劉琨寫給石勒的那番話，說道：「自古誠胡人而為名臣者實有之，帝王則未之有也。石將軍非所以惡帝王而讓明公也，顧取之不為天人之所許耳。願公勿疑。」

石勒的使者採用這樣的話術，正是猜到這樣的一套說詞能讓王浚信服，而根據史書記載，王浚聽了之後確實相當高興。

從劉琨及王浚的例子，我們可以知道當時的漢族雖然承認胡族的軍事力量，甚至有時不得不仰賴胡族幫助，但心中總是存在著胡族不能成為帝王的歧視觀念。以當時的局勢來看，漢族雖然在文化上優於胡族，但在政治及軍事力量上卻逐漸居於弱勢。上述普遍存在於漢族心中的觀念，正是因為漢族面對這樣的大環境，內心卻還抱持著舊有的夷狄觀（夷狄跟禽獸沒多大差別，只配當漢族的奴僕）所導致。

另一方面，當時的史書中還可看見一些完全相反的想法。例如匈奴王劉淵便曾說過：「夫帝王豈有常哉，大禹出於西戎，文王生於東夷，顧惟德所授耳。」

建立前燕的鮮卑慕容部領袖慕容廆，得知漢族名門出身的高瞻因自己是異族而不肯出仕，也曾說道：「奈何以華夷之異，有懷介然。且大禹出于西羌，文王生于東夷，但問志略何如耳，豈以殊俗不可降心乎！」

以上這兩個例子，可說是與前述的觀念完全相反，認為胡族也有資格成為帝王。劉淵、慕容廆都是胡族君主，由這兩個例子可看出他們努力想要跨越漢族心中「胡族不能當帝王」的那道防線。

胡族的意識結構

但胡族一方的反抗心態，實際上還要更錯綜複雜得多。例如在前趙至後趙的時期，統率羌族盤踞關中的姚弋仲共有四十個孩子，姚弋仲經常告誡孩子們：「自古以來未有戎狄作天子者。我死，汝便歸晉，當竭盡臣節，無為不義之事。」到了姚弋仲晚年，甚至派遣使者至東晉請求歸順。

姚弋仲是後秦（五胡十六國之一）開國君主姚萇的父親，他的想法就與劉淵、慕容廆完全不同，可說是承襲了前述的漢族立場。為何姚弋仲會有這樣的想法？當時的史書雖然沒有明確記載其理由，但這句話是在後趙滅亡後不久說出的，可見得當時的政治局勢應該對他的心態造成了直接的影響。

但若以更加宏觀或更貼近本質的角度來看，或許我們可以說，姚弋仲的內心存在著對漢族文化的自卑情結。比較當時胡族與漢族之間的文化水準差距，以及在胡族的農耕化現象背後所代表的文化放棄與喪失，再加上與其相呼應的漢族文化吸收現象，都可看出胡族已在有意或無意之間產生了對漢族的自卑心態。

然而，前述西晉忠臣劉琨寫信向石勒請求援軍的例子中，石勒的回應是「君當逞節本朝，吾自夷，難為效」。石勒並費心款待使者，回贈了名馬及珍寶，其後不再有所往來。

此外，前述王浚覬覦帝位的例子裡，石勒在寫給王浚的上表文中還寫了「勒本小胡，出於戎裔」一語。

在這兩個例子裡，石勒對劉琨、王浚分別使用了「夷」、「小胡」、「戎裔」等謙稱。乍看之下，似乎石勒抱持著與前述姚弋仲相同的觀念。但石勒雖對劉琨自稱「夷」，後來卻與劉琨絕交；而且石勒對王浚表面上謙卑，背地裡卻抱著吞併的野心，由此可見得石勒與姚弋仲的觀念是南轅北轍的。

石勒雖然對漢族自稱「夷」、「小胡」，其實內心抱持著強烈的反抗心態，且有著自立為帝的企圖。

胡漢之間的相互認知

由前節可知，石勒與姚弋仲秉持著完全不同的態度。這麼說來，是否當時胡族之中有些人的想法同於石勒，有些人的想法同於姚弋仲？

乍看之下，這樣的論點似乎是成立的。但假如進一步探究其內心世界，並考量「胡族在漢地成為支配者」的時代背景，便可以明白胡族的立場沒辦法像這樣切割得一清二楚。

由於這一類現象本身有著不容易在史料中留下痕跡的特性，因此要具體分析這些胡族的心態可說是難上加難。但倘若我們發揮想像力，可以合理推測這些胡族之人對漢族文化所抱持的自卑心態及自立傾向，在內心深處有著密不可分的關聯性，只是很可能連他們自己也有些摸不著頭緒。

值得一提的是，筆者在前文也提過，身為鮮卑人的前燕（五胡十六國之一）建立者慕容廆，曾憑藉其身為胡族君主的聲勢，要求華北漢族名門出身的高瞻為自己效命。像這樣將漢族的士大夫納入自己的官吏體系之內，是胡族在經營漢族土地上不可或缺的條件。一來這些人擁有較高的行政能力，二來其豪族地位也能對地方社會發揮相當大的影響力。慕容廆企圖延攬高瞻，正是基於這樣的考量。而高瞻則因心中對胡族抱持著傳統的夷狄觀，所以沒有答應。

慕容廆因高瞻的態度而大為不悅，說出了前述的那番話，但沒有因此而懲處高瞻。然而根據當時的史書記載，高瞻因擔心慕容廆對自己不利，一直過著提心吊膽的日子，最後竟抑鬱而終。即使是在今天，我們依然能藉由這段紀錄，清楚體會到當時錯綜複雜的胡漢雙方心情。

雖然狀況各自不同，但以大局來看，當時漢族心中對胡族有著文化優越感、鄙視感，以及在政治及軍事上遭到打壓的屈辱感與恐懼感。另一方面，胡族心中對漢族則或多或少有著軍事方面的優越感，卻又對漢族文化抱持著互相矛盾、衝突的自卑感與反抗心態。尤其是對當時的胡族支配者而言，被迫強調其「優越性」幾乎已成了無可避免的宿命。

漢族、胡族的變化

前節說明了自永嘉之亂後，華北的漢族士大夫失去了正統的西晉王朝，在面對席捲華北的非漢族王朝時各自採取了什麼樣的立場。但前節沒有提到一點，那就是當時的華北漢族，對江南的漢族王朝又是抱持著什麼樣的心態，以下便針對此點進行探討。

華北士大夫與江南政權

照理來說，既然漢族對胡族抱持著厭惡心態，應該對東晉這個建立於江南的漢族新政權有著一股憧憬才對。然而事實上，這個時代的漢族並非全都毫無條件地承認東晉為繼承西晉地位的正統政權。而且就如同前文提過的羌族酋帥姚弋仲的例子，並非所有胡族都厭惡東晉這個漢族政權。還是有胡族接納了漢族政權，甚至願意歸順。這樣的心態，到底是如何產生的？

五胡十六國之中的前涼，是漢族的王朝。建立王朝的張軌是安定（今甘肅省平涼）人，在晉末兵荒馬亂的時代，他察覺故鄉西方的河西綠洲地帶有著許多優點，例如農牧物產豐富、便於和西域

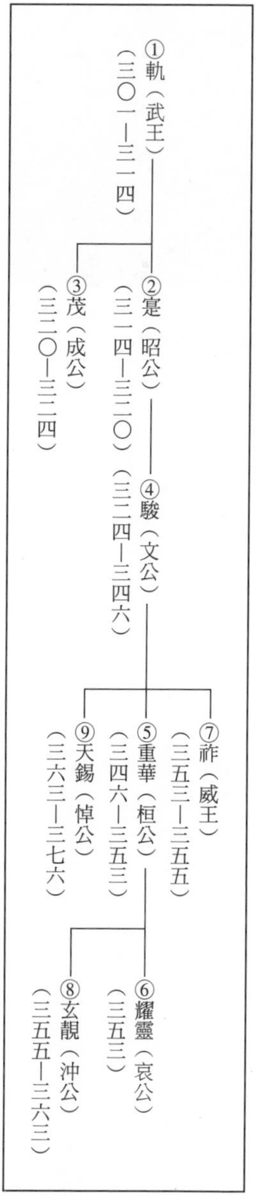

前涼系譜

河西走廊　從長安到堪稱絲路之門的敦煌，中間的路徑便稱為河西走廊。照片為武威地區的景觀。

進行貿易、尚未遭受中央的混亂局面波及等等，因此想盡辦法成為這地區的行政官。後來他在此地建立起半獨立的體制，這就是前涼的前身。

西晉滅亡後，西晉皇族瑯琊王司馬睿在江南建立東晉，變更年號為太興。此時前涼的統治者為張軌的兒子張寔，他依然使用西晉愍帝的年號建興，稱該年為建興六年。

後來前涼曾經採用過自己的年號（例如和平），但最後還是改回建興。在重新採用建興年號的時期，前涼領土內有個名叫李儼的人自立，並採用東晉年號，前涼統治者張玄靚於是率兵討伐他。

根據史書記載，前涼百姓聽到李儼採用東晉年號，反而相當高興。由此可知雖然西晉已滅亡將近四十年，對於該推崇西晉還是該推崇東晉，前涼的內部還是意見分歧。

換句話說，在西晉進入東晉的轉移過程中，有不少漢族對東晉的正統性抱持質疑的態度。但是另一方面，對於生活在胡族政權底下的華北漢族士大夫而言，心中對西晉皇族司馬睿在江南建立的東晉抱持嚮往，也是不爭的事實。

宋的正統性

江南漢族王朝由東晉轉為宋之後，局勢又有了變化。東晉滅亡後，在東晉將軍劉裕（漢族）建立宋國的前夕，東晉皇族司馬國璠、司馬叔道等人逃亡至羌族（五胡之一）於長安建立的後秦。

當時後秦皇帝姚興問他們：「劉裕匡復晉室，卿等何故來也？」司馬國璠等人的回答是：「裕與不逞之徒削弱王室，宗門能自修立者莫不害之。是避之來，實非誠款，所以避死耳。」

姚興聽了這番話，因而認為長江中游流域及上游的四川等地的晉朝將士之中，應該有不少人抱持反宋立場，於是決定聯合這股勢力對宋發動戰爭。

在這個時期，河西地區連接絲路的位置上有座名為酒泉的城市，這裡是西涼（五胡十六國之一）的根據地。西涼王朝的統治者自稱是西漢將軍李廣的子孫，代代擔任敦煌的太守。近年來考古學家在甘肅省酒泉中心以西八公里的位置，挖出了目前所知魏晉時代最大規模的墳墓，埋葬者應該就是此王朝的開國君主李暠。而在東晉進入宋的時期，西涼的統治者為李暠的兒子李歆，他也企圖率兵討伐宋國。

司馬國璠等人對劉裕的敵對心態，代表著江南逃亡人士及長江中游流域將士的敵對心態；李歆的敵對心態，則是基於河西漢族君主的敵對心態。兩者皆並不等同於華北士大夫對劉裕的敵對心態。但是考量當時華北士大夫對東晉抱持的憧憬心情，可以想像華北士大夫應該也跟那些逃亡者一樣，對宋國建立者劉裕抱持著敵對心態。

何況劉裕並非像司馬氏那樣出身於貴族，而是來自於卑賤的寒門之家。偏偏這是個貴族當道的時代，階級意識相當強烈。除了劉裕篡奪東晉帝位的行徑之外，他的出身也是引起世人反感的原因之一。

五胡十六國時代有許多人為了躲避戰亂及異族統治，從華北遷居至江南居住。但值得注意的是，這個現象只到東晉時代為止。自從宋的劉裕篡奪了東晉帝位後，幾乎再也沒有華北的士大夫逃亡至江南。前述的諸點，正是造成兩個時期明顯差異的主因。

簡單來說，劉裕雖然建立了宋國，但華北的漢族士大夫對其正統性抱持強烈的質疑，這令他們開始出現「背離江南政權」的現象。在宋國出現之後，華北士大夫之間對胡族政權不再抱持本章所描述的強烈排斥心態。而在華北統一後，更進入了承認並支持胡族政權作為中原王朝的安定期。關於這一點，後面的章節還會有更詳細的論述。

鮮卑拓跋部建立的北魏，在西元五世紀初期重新統一華北。在記錄北魏歷史的《魏書》中，將司馬睿建立的東晉蔑稱為「僭晉」，並將其後劉裕等江南諸朝皇帝的名字前面冠上「島夷」（住在島上的夷狄）一詞，例如「島夷劉裕」等等。由此可知華北漢族士大夫在觀念上的改變，造就了將江南政權視為夷狄的稱呼變化。

漢族士大夫追求的正道

若從另一個角度想，這個時代的華北士大夫置身於異族統治之下，或是長年飽受異族的侵略與摧殘，其實有很多條路可以選擇。他們可以進入異族的朝廷為官，或基於漢族尊嚴而拒絕任官，也可以將江南王朝視為精神領袖並起身對抗異族。特別值得注意的一點，是他們雖然力量微薄，但少數較有實力的人只要獲得特定條件，就會形成一股孤軍奮戰的獨立勢力。

前涼的張重華（張軌的曾孫）為了對西晉盡忠而死守於邊陲孤地，東晉在三四八年曾派遣使者封他為大將軍，並賜予侯爵的爵位。但當時鮮卑的慕容皝已獲東晉承認其燕國的王爵，張重華為此大感不滿，因而拒絕從東晉的使者手中接下詔書。他認為自己一家代代效忠於晉，卻只是封了侯爵，遠不及根本不是忠臣的鮮卑異族。

到了張祚的時期，更僭越稱帝，設置文武百官，不再採用西晉年號建興（這年原本應為建興四十二年），改稱為和平元年。

但前涼的內部依然有著反對這場革命的勢力。將年號自建興改為和平的該年二月，出現了種種天災異變，近臣丁琪於是諫言：「陛下雖以大聖雄姿纂戎鴻緒，勳德未高於先公，而行革命之事，臣竊未見其可。華夷所以歸系大涼、義兵所以千里響赴者，以陛下為本朝之故。今既自尊，人斯高競，一隅之地何以當中國之師！」筆者在前文曾提及有個叫李儼的人物自立並採用東晉年號，也是發生在這場革命的期間。

換句話說，當時在前涼內部，有人以西晉為尊（採用西晉年號，稱該年為建興四十二年），另有人以東晉為尊（採用中興年號），也有人主張獨立（行革命之事），國家陷入了國策難以統一的僵局。

之後，前涼由張天錫主掌朝政，將建興四十九年變更為東晉年號的升平。雖然這是因為東晉將軍桓溫對華北發動北伐，威名遠播至華北所造成的影響，但自此之後前涼繼續沿用東晉年號咸安，一直到滅亡依然沒有改變（關於桓溫的北伐將於本書第四章詳述）。

此節以五胡十六國之一的前涼為例，探討了這個時代漢族士大夫的動向。藉由這些歷史紀錄，我們可以知道他們一方面想要維持中華文化傳統，一方面又致力於追求王朝的正統性，因而往往陷入痛苦的抉擇之中。

此處再舉一個活在此動盪時代的士大夫的事蹟。此人名叫李產，河北范陽出身。永嘉之亂時，李產身為鄉里的領袖人物，致力於保護鄉民們的安全。其後投靠後趙的石勒，獲任范陽太守。但遭受前燕攻擊時，李產又投降前燕。其傳記內有這麼一段記載：

> 及慕容儁南征，前鋒達郡界，鄉人皆勸產降，產曰：「夫受人之祿，當同其安危，今若舍此節以圖存，義士將謂我何！」眾潰，始詣軍請降。儁嘲之曰：「卿受石氏寵任，衣錦本鄉，何故不能立功於時，而反委質乎！烈士處身於世，固當如是邪？」產泣曰：「誠知天命有歸，非微臣所抗。然犬馬為主，豈忘自效，但以孤窮勢蹙，致力無術，僶俛歸死，實非誠款。」儁嘉其慷慨，顧謂左右曰：「此真長者也。」

藉由這一大段引述，我們可以深刻體會到士大夫活在這個時代的種種悲哀。雖然期望漢族的正統王朝能夠拯救華北，但隨著胡族勢力的日益壯大，這個可能性變得越來越微乎其微，令人不由得重新思考「天命」的意義。這可說是活在五胡十六國時代的漢族士大夫所共同擁有的心聲吧。

前文探討了五胡十六國時代華北漢族的「心聲」。那麼此一時代的另一主角胡族，在入侵中華世界或與中華世界對峙時，又抱持著什麼樣的心情？他們所追求的，是什麼樣的世界？

胡族與正統王朝

可以確定的一點，是胡族絕對不會願意屈居於他們所消滅的西晉王朝之下，這是無庸置疑的。但從另一角度來看，胡族承認西晉是前趙、後趙之類，在胡族王朝出現前，統治著中華世界的正統王朝。換句話說，胡族並沒有因為西晉是異族（漢族）建立的王朝，而否定其正統性。那是因為西晉是統一全中國的王朝，不論華夷都曾在其統治之下。這些胡族的勢力，當年都曾以臣下的身分，參與了這場統一中國的盛事。而這樣的觀念，一直存在於胡族的心中。筆者在前文提過，羌族酋帥姚弋仲以「自古以來未有戎狄作天子者。我死，汝便歸晉，當竭盡臣節，無為不義之事」告誡自己的兒子們，這便足以證明姚弋仲認為自己是東晉這個漢族王朝的臣子。

當時四川盤踞著五胡十六國之一的成漢。這是個由名為賨人的蠻族所建立的國家，第三代統治者李雄曾表達其支持東晉元帝的想法，說道：「我乃祖乃父亦是晉臣，往與六郡避難此地，為同盟所推，遂有今日。瑯琊（指東晉元帝司馬睿）若能中興大晉於中夏，亦當率眾輔之。」此外，由藏系氐族所建立的前秦朝廷之內，還有著這樣的發言紀錄：「且晉中宗（指東晉司馬睿），藩王耳，夷夏之情，咸共推之，遺愛猶在於人。」由此可知，當時的人認為東晉建國時，晉元帝司馬睿擁有「夷夏之情」，也就是同時獲得夷狄與漢族的支持。換句話說，在東晉建國初期，除了大多數漢族之外，就連這些非漢族的勢力也承認這是一個正統王朝。這樣的觀念雖不能說是根深蒂固，但已有一定的影響力。

但有一點不能忽略，那就是非漢族承認東晉的正統性，除了因認定東晉為繼承西晉的正統王朝之外，還出自於一種不存在於漢族心中的想法。由於這些非漢族勢力所占領的華北地區還是居住著許多漢族，因此他們認為接納這些漢族的想法，有助於強化其支配的力量。換句話說，他們對東晉的支持，乃是基於現實面的考量。

鮮卑慕容部的慕容廆曾建議東晉元帝即位以繼承西晉的正統，到了其孫子慕容儁的時期，群臣上諫希望慕容儁自行登基為帝，慕容儁沒有答應，還說：「吾本幽漠射獵之鄉，被髮左衽之俗，歷數之籙寧有分邪！卿等苟相褒舉，以覬非望，實匪寡德所宜聞也。」但不久後慕容儁便答應登基，還對東晉的使者說道：「汝還白汝天子，我承人乏，為中國所推，已為帝矣。」從這個例子，我們便能清楚看出胡族所抱持的想法。

但若說胡族承認東晉正統性的立場完全是基於以利益為優先的現實考量，似乎也不全對。當時的胡族心中抱持著一種認為自己的種族比不上漢族的自卑意識，因此不由得懷疑自身王朝的正統性，反而認為江南的東晉才有資格稱為正統的王朝。例如藏系氐族所建立的前秦，其皇族之一的苻融主張中華正統在於東晉，正是最好的例子。

然而另一股截然不同的觀念，當時也正逐漸萌芽。這個觀念認為胡族才是正統、才是中華，而江南的漢族王朝反而成了夷狄。但這個觀念要成為主流價值觀，還得經過數番曲折的過程。

第三章　跨越胡漢隔閡

苻堅的時代

在前面的章節裡，我們看見西晉終結了東漢末年至三國時期的漫長戰亂，成功讓中國重新統一；也看見短暫的和平不過是曇花一現，接下來迎接的是兵荒馬亂的五胡十六國時代，其混亂程度和範圍可說是空前未有。造成中國長期動盪不安的一大主因，在於諸民族之間新仇加舊恨的冤冤相報。

冉魏的興亡

而這種民族之間的憎恨心結，在冉閔之亂前後的民族大屠殺時期達到高峰。冉閔出身於漢族武將之家，其父親成為羯族的後趙（五胡十六國之一）皇帝石虎的養子，因此冉閔冠上了羯族的姓，改稱石閔。冉閔勇猛過人且擅長謀略，深得石虎賞識，在後趙諸將中擁有舉足輕重的地位。石虎死後，冉閔擁立石遵登上帝位。石遵原本答應立冉閔為太子，卻沒有實現其諾言，於是冉閔殺了石遵，改立石鑒為帝。沒想到後來石鑒企圖除掉冉閔，這讓冉閔產生了羯族不可信的想法，於是冉閔殺害後趙皇族數十人，自行登基為帝。

冉閔定國號為大魏（三五〇年），與後趙一樣定都於鄴，成為五胡十六國時代少數漢族政權之一。他利用了漢族對胡族的憎恨情感，下令對胡族進行大屠殺。據說多達二十萬胡族慘遭橫禍，屍體被棄置在城外任狼啃食。在胡族大屠殺的過程中，只要是鼻樑高挺、留著鬍子、外觀貌似胡族的人，不管是漢族胡族，都會遭到殺害。後續事態不斷擴大、蔓延，造成數以百萬計的胡族在各地逃竄及互相屠戮。中原地區的農民無法安心耕種，盜賊橫行，導致嚴重饑荒。

不久之後，冉閔的軍隊又慘敗給羌族姚襄的軍隊，戰死者多達十萬人。內部的混亂局面更引來鮮卑慕容部的前燕向南侵略，三五二年，冉閔兵敗，遭前燕軍活捉後殺害。

民族間的仇恨與殺戮，造就了慘絕人寰的悲劇。但若綜觀整個五胡十六國時代，剛好就是以這個時期為分水嶺，開始由混亂與破壞轉向穩定與統一。自這個時期之後，諸民族逐漸和解，進入胡漢融合的時代。

初期的關鍵性國家，就是前述鮮卑慕容部所建立的前燕，以及藏系氐族的前秦。其精神又由鮮卑拓跋部的北魏所繼承，到了北魏第三代皇帝太武帝的時代（四三九年），自永嘉之亂以來，紛紛擾擾了一個半世紀的華北終於再度獲得統一。

本章所要探討的主題，就是華北如何從極度的混亂中重新恢復安定與統一。

苻堅的登場

五胡之一的氐族，目前多分布在中國陝西省及甘肅省一帶。在五胡十六國的時代，氐族的居住地則在長安以西的武都、略陽附近，主要豪族為楊氏、苻氐及呂氏，建立過前秦、後涼等國家。前秦的建立者為氐族族長苻健，其父苻洪曾經臣服於後趙。在石遵的時期，苻健率領已故父親的勢力自立門戶，於三五一年建立前秦。

前秦定都長安，後趙滅亡後，在華北地區與鮮卑慕容部建立的前燕形成東西雙雄對峙的局面。苻堅是苻健之弟苻雄的兒子，出生於三三八年。苻健死後，兒子苻生即位，但苻生殘暴不仁，苻堅奪其帝位，自己則即位為天王。

苻堅即位之後勤於內政，立法抑制工商而獎勵農耕，修築首都長安通往各地的要道，並推廣文教，讓國力充實，文化得以發展。關於苻堅，史書上還記載了他的一段事蹟。據說苻堅小時候曾向祖父苻洪請求找老師來教他學問，苻洪又驚又喜，答應了這個請求，還感嘆道：「汝戎狄異類，世知飲酒，今乃求學邪！」

此處的「求學」，指的當然是漢族的學問。這個紀錄雖然多少帶了些站在漢族立場的歧視心態，但苻堅在位期間確實重用漢族士大夫且崇尚學問，在胡漢激烈對立的華北採行了不同以往的和睦政策。

在推行內政的同時，苻堅並於三七〇年消滅了占據華北東側的前燕（鮮卑慕容部）勢力，三七六年又消滅了前涼，鎮壓了在北方逐漸擴張實力的鮮卑拓跋部，為華北帶來了短暫的統一。

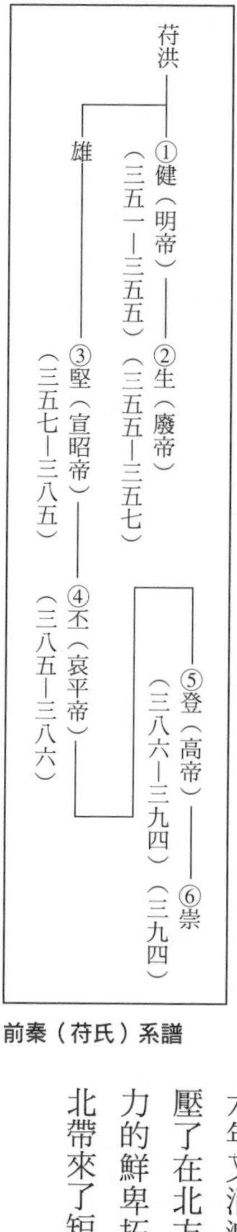

前秦（苻氏）系譜

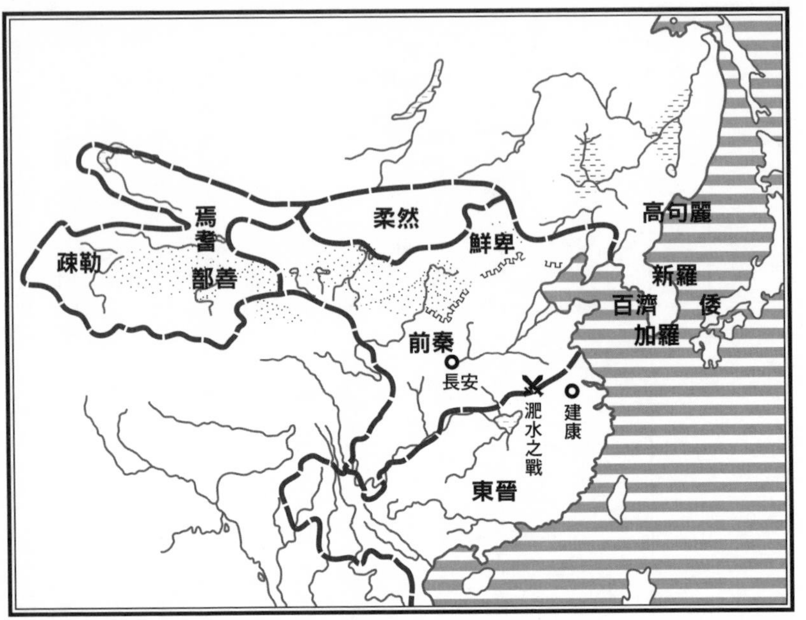

前秦全盛時期勢力圖

苻堅的施政

苻堅擁有漢學素養，一即位便採用漢族傳統的施政方針，漢族士大夫王猛是他的得力助手。這種胡族君主重用漢族謀士的例子，在苻堅之前有羯族石勒與漢族張賓，在苻堅之後則有北魏太武帝與崔浩，但苻堅與王猛的親密程度是其他例子所不能比擬的。

有一次，氐族出身的功臣樊世在眾人面前詰問王猛：「吾輩與先帝共興事業，而不預時權；君無汗馬之勞，何敢專管大任？是為我耕稼而君食之乎！」

統治漢地的胡族曾將漢族當成農奴來使喚，而如今胡族重臣卻必須聽從漢族出身的王猛發號施令，因此樊世才會說出這樣的比喻。沒想到王猛聽了竟然回答：「方當使君為宰夫，安直耕稼而已。」

以當時胡族與漢族的立場來看，王猛說出

這句話可說是膽大包天。樊世果然氣得七竅生煙，罵道：「要當懸汝頭於長安城門！」王猛聽了這句話，轉而向苻堅告狀。

不論任何時代，都會發生這種君主特別器重的寵臣與開朝元老之間的衝突。有趣的是，苻堅聽到這件事的反應竟然是「必須殺此老氐，然後百僚可整」。後來苻堅真的殺了樊世，還引發氐族內部的一陣騷動。在胡族當權的五胡十六國時代，漢族遭胡族打壓、肅清已不是什麼稀奇的事。這一點，光從胡族抱著以漢族為農奴的想法，便可窺知一二。沒想到樊世事件的結果，卻是完全相反。由此可知苻堅對王猛有多麼信任。

倘若君主與寵臣之間有著堅如磐石的信賴關係，就算是在這個時代的胡漢背景之下，君主做出迴護寵臣的舉動，似乎也不是什麼值得大驚小怪的事情。但苻堅所做出來的種種舉動，卻並非只是迴護寵臣這麼單純。

其中一個例子，就出現在與宿敵鮮卑族所建立的前燕為了爭奪中原霸權而進行決戰時。前燕皇族慕容垂（後來的後燕開國君主）逃亡至前秦尋求庇護，王猛建議「（慕容垂）人之傑也。蛟龍猛獸，非可馴之物，不如除之」，苻堅卻回答，「吾方以義致英豪，建不世之功」，最後還是接納了慕容垂。苻堅這種積極打破民族隔閡的立場，在戰勝前燕後甚至變得更加明顯了。

苻堅在即位之後，陸續採納及實施了中國的各種傳統國家儀式，例如建設了明堂（中國古代施政及祭祀場所），在首都的南郊舉行祭天儀式（漢族王朝最重要的祭祀活動），還舉行了籍田親耕（皇帝親自農耕的儀式），並讓皇后舉行養蠶禮的儀式。

消滅了前燕後，前秦成為中原霸主，苻堅更加熱衷於將儒教理念運用在國家建設及風俗教化上。他恢復了魏晉時代士族階級的戶籍，努力為前秦王朝收攬人心。

不僅如此，苻堅命令自己所屬的氐族百姓自中央遷徙至前秦剛納入統治的地區，並反而讓歸順的鮮卑、羌、羯等五胡諸族百姓遷徙至首都周邊，加以寵信重用。此外，苻堅還大力推崇佛教，信任佛教僧侶道安。群臣譏道安為「毀形賤士」，建議苻堅除去此人，但苻堅並不同意。

民族融合政策的功與過

氐族的集團勢力是苻堅政權的根基，苻堅如此輕氐族而重他族的施政方針，很有可能危及政權基礎，導致王朝瓦解。氐族的重臣曾數次對苻堅提出這樣的警告。

就連苻堅的么弟苻融，也曾流淚上諫：「陛下寵育鮮卑、羌、羯，布諸畿甸，舊人族類，斥徙遐方。（中略）鮮卑、羌、羯攢聚如林，此皆國之賊也，我之仇也。」但苻堅還是沒有接納這個意見。就連苻堅最信任的漢族謀士王猛，也曾對苻堅說鮮卑、羌族是國家的仇人，會為國家帶來災禍，最好加以排除，但苻堅還是無動於衷。

苻堅與群臣意見相左的情況，在苻堅決定南征的時候顯露無遺。苻堅在達成統一華北的壯舉之後，想要進一步消滅江南的東晉，因而發動了淝水之戰，但發兵前群臣對這場南征皆抱持反對意見。

群臣反對南征基於數個理由。第一，東晉政局穩定，且有謝安等良才輔佐，再加上據守長江險要之地，要在軍事上獲勝並不容易。第二，前秦剛平定中原，將士皆疲憊不堪。第三，苻堅優待鮮卑、羌等異族，卻虧待氐族，造成國家根本動搖，這樣的局勢下並不適合遠征。就連苻堅的左右手王猛，也認為東晉雖困於江南之地，但局勢安定，何況是中國的正統王朝，不應輕易對其大動干戈。

相對於此，苻堅的主張則是：若繼續對東晉視而不見，對國家社稷沒有任何好處，應該及早統一天下以拯救蒼生。最後苻堅還是一意孤行，下令徵召才剛歸順不久的諸民族士兵，組成了號稱百萬雄師的南征聯合軍。

這場戰爭的結果是前秦慘敗，諸民族趁機發動叛亂。原本由諸族勢力組成的「大熔爐國家」前秦瞬間四分五裂，苻堅本人也在戰亂中遭羌族的姚萇殺死。

為什麼苻堅要採行這種加速王朝滅亡的政策？在他所實施的諸般政策中，最引人非議的一點，就是他重用、寵信漢族、鮮卑族等異族之人，而非他自己所屬的氐族。當然，要真正統一華北並終結諸民族之間的漫長對立，這樣的政策是無可厚非的。然而這樣的施政方針，在當時的環境下有著多大的可行性，是個必須深思的問題。以結果來看，全因為他採用了這樣的政策，導致原本應為前秦核心勢力的氐族失去

東山報捷圖　東晉宰相謝安在東山松樹下下棋，等待淝水之戰的捷報。（清蘇六朋繪）

了向心力。淝水一戰結束後，華北再度陷入了群族割據的混亂局面，苻堅的努力可說是前功盡棄。

那麼我們是否可以說，苻堅採用這樣的政策，全是基於看不清現實的理想主義？

概觀戰禍連年的五胡十六國至南北朝時代，我們不能一口咬定苻堅的施政只是單純的理想主義。當時世人的心中，肯定有著追求和平與統一的強烈期盼。再者，苻堅的施政方針背後，還有著藉此鞏固政權的冷靜現實判斷。苻堅在坦護王猛時稱呼氐族功臣為「老氐」，正是最好的證明。

簡單來說，五胡諸國的政權並非一君萬民的政治結構，而是奠基於王族及諸部族長的聯合勢力之上。前秦便是以這種結構的氐族勢力為核心，外圍再加上有著相同結構的匈奴、鮮卑等異族勢力，以及統率諸豪族的漢族勢力，形成一個國家聯合體。苻堅即使想擴張其政權的實力，也會遭遇許多阻礙。

但在那樣的時代下，假如想要在各國之間成王敗寇的生死鬥爭中存活下來，領導者勢必要強化其君主專制的權力。

此時來自新征服地的優秀人才及包含稅賦在內的各種資源，對政權的強化都是相當大的助力。因為這些要素都會對君王、王族與諸部族長之間的權力角逐造成決定性的影響。

換句話說，苻堅想要利用征服其他胡族國家所獲得的胡族軍事力，以及妥善統治漢族所獲得的優秀人才及龐大資源，強化並鞏固自己身為君王的權力。

北魏的登場及時代狀況

前秦的滅亡讓統一的趨勢出現短暫的倒退現象，但歷經其後的後秦、後燕、北魏等國，華北逐漸重新走出混亂的局勢。而在最後擔起統一大任的國家，就是鮮卑拓跋部所建立的北魏。

北魏的建國

建立北魏的拓跋部據說發源於中國東北的大興安嶺北部，進入三世紀後，首領拓跋力微集結諸部於盛樂（今內蒙和林格爾）並開始擴張其勢力，拓跋部才正式在歷史上嶄露頭角。到了四世紀中葉，在首領拓跋什翼犍的率領下，拓跋部以山西省北部大同一帶為根據地，儼然成為北方霸主。但後來遭受統一華北的前秦苻堅攻擊，這個部族聯合國家暫時瓦解。

隨著前秦的滅亡，拓跋部的殘餘勢力再度擁立什翼犍的孫子拓跋珪建立國家，其後國勢迅速壯大。

拓跋珪於四世紀末首次稱帝（道武帝），定年號為登國，國號為魏（三八六年）。三九六年，拓跋珪首次立天子旌旗，親自率領四十餘萬大軍展開中原爭霸之戰，北魏就此崛起。這個非漢族的國家為其後的北朝諸國及隋唐帝國奠下了基礎，歷史定位相當於歐洲史上的法蘭克王國。

在接下來的時代裡，北魏不斷吞併周圍諸國，終於在四三九年，由第三代的太武帝統一了戰亂長達一百年以上的華北，形成與江南漢族王朝宋朝對峙的局面。

嘎仙洞　位於大興安嶺鄂倫春自治旗的一處洞窟。考古學家於一九八〇年在洞內石壁上發現了記載著北魏太平真君四年的石刻祝文。《魏書》〈禮志〉中亦收錄了幾乎完全相同的文章。藉由這個發現，考古學家能夠斷定鮮卑拓跋部的發源地在大興安嶺北部。

拓跋珪的部族解散

鮮卑拓跋部是一個由諸部族組成的部族聯合國家。因前秦苻堅的攻擊而解體後，拓跋珪一直懷抱著復國的夢想。在成功復國之前，拓跋珪曾經投靠過賀蘭部（聯合部族之一）的首領賀訥。

當時賀訥表現出了臣服之意，對拓跋珪說：「官家復國之後當念老臣。」後來諸部族的族長果然推舉拓跋珪為部族聯合的首領，賀訥的弟弟賀染干不服，罵道：「在我國中，何得爾也！」賀訥於是指責弟弟：「帝，大國之世孫，興復先業，於我國中之福。（中略）汝尚異議，豈是臣節！」後來在賀訥等人的擁立之下，拓跋珪即位為王。藉由這段紀錄，我們可以清楚理解當時鮮卑拓跋部的部族聯合結構。

拓跋珪成功重新凝聚諸部族，成為北魏第一代皇帝（道武帝）。建國後，他執行了一項過去的五胡政權從不曾實施過的政策——解散部族。

實際的做法，是將拓跋部底下諸部族遷移至首都平城（今山西省大同）及其周邊一帶居住，並

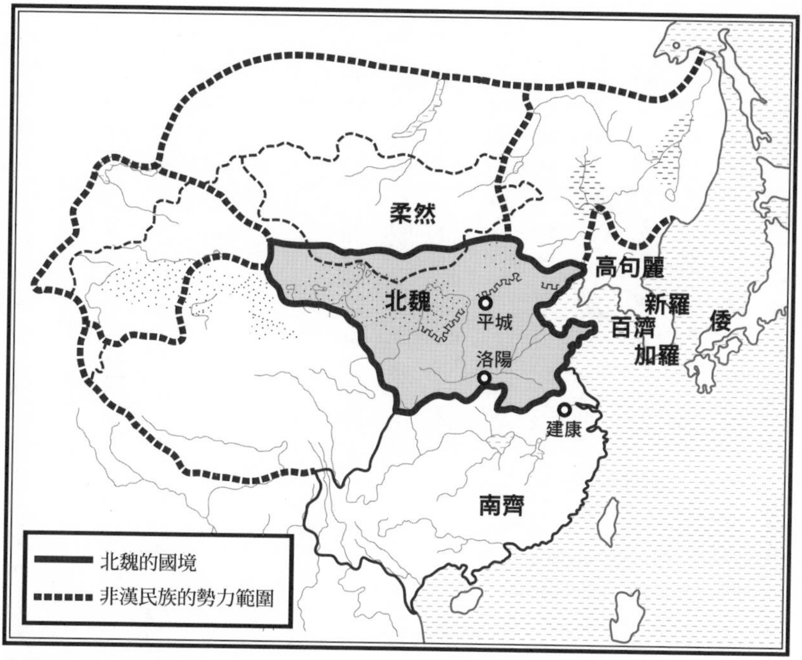

北魏統一華北示意圖

解除諸部族的族長對其部族人民的統治權，改為由國家統一管理。

史書中記載，「其後離散諸部，分土定居，不聽遷徙，其君長大人皆同編戶。訥以元舅，甚見尊重，然無統領。」另一方面，原本隸屬於諸部族族長的胡族諸部人民，則成為北魏皇帝的直屬戰士。

相較於過去其他五胡政權，這項改革成功讓北魏成為一個權力集中在皇帝身上的國家。集中居住的大部份鮮卑諸族依東西南北的方位概念重新整編為八個「部」，合稱為八部或八國，自改革後便是北魏軍隊的核心，亦是統一華北的力量來源。

非漢族國家北魏與漢族士大夫

前節以部族解散改革為例，說明了北魏與過去其他胡族國家的差異性。但若說北魏這個國家與過去其他國家的最大不同，主要有兩點，其一是北魏君臨華北長達一個半世紀，其二是北魏成功統一華北，結束了五胡十六國時代，開創南朝（以建康為據點的漢族王朝）與北朝（以平城為據點的非漢族王朝）互相對峙的南北朝時代。

北魏跟其他五胡諸朝不同，並非曇花一現的短命王朝。其國勢持續穩定成長，是就連漢族也承認其為具有正統性的「北朝」。

話雖如此，但漢族並非從北魏初期就承認其正統性。筆者在前章也提過，五胡十六國時代的絕大部分漢族，內心都對胡族及其文化抱持著優越感及鄙視心態，另一方面卻又因胡族在政治、軍事上的強勢而抱持屈辱感與恐懼感。至於胡族的內心，則一方面對漢族抱持著政治、軍事上的優越感，另一方面卻又對漢族文化抱持自卑感或反抗心態，形成互相矛盾的不安定精神狀態。正因如此，漢族士大夫認為胡族沒資格成為中國帝王、不願意在夷狄王朝底下任官的狀況，當然也出現在北魏的內部。

前燕滅亡後，慕容垂在華北建立了後燕，北魏的道武帝在攻打這個強國時，因缺乏糧食，向群臣詢問徵調糧食的辦法。清河的崔逞（當時華北第一望族出身的漢族士大夫）說道：「取椹可以助糧。故飛鴞食椹而改音，《詩》稱其事。」道武帝聽了勃然大怒，不久後就將崔逞處死了。

相信大多數讀者都一頭霧水，在此稍作解釋。崔逞提及的《詩經》內容，原文是「翩彼飛鴞，集于泮林，食我桑黮，懷我好音，憬彼淮夷，來獻其琛」，換句話說，崔逞提議採集桑椹為糧食，是因為腦中記著「飛鴞吃了桑椹後叫聲變好聽，住在淮水地區的夷狄也前來獻上珍寶」的《詩經》

典故。這顯然是將鮮卑與飛鴞、淮夷晝上等號的汙衊之語，難怪身為鮮卑人的道武帝會氣得將他處死。

由這個例子，我們可以看出前面提過的胡漢雙方因軍事優劣及文化優劣而產生的自卑情結，也出現在北魏初期的朝廷上。

與崔逞同鄉的崔宏，歷任道武帝時期及其子明元帝時期的宰相，在北魏政壇可說是相當活躍。但他一開始不願在異族王朝內任官，因此曾企圖逃亡至江南，可惜被抓了回來，只好心不甘情不願地為北魏效命。為此他還寫了感嘆命運多舛的詩，但害怕遭受處罰，因此終身沒有公開。

由這個例子，我們可以看出華北士大夫對北魏並不具親近感，亦不將其當成「自己所屬的王朝」。北魏為了強調其正統性，只好聲稱鮮卑統治中國是承受了天命。北魏打出這種正統性理論的背後，隱含的是漢族士大夫對異族王朝所普遍懷抱的反抗心態。

漢族的變化與崔浩

士大夫的變化

前節所提到華北士大夫對鮮卑（或者該說鮮卑所建立的北魏）的態度，到了後期出現巨大的轉變。舉例來說，在北魏時代中期，漢族名士的崔鑒對鮮卑名士的陸叡讚譽有加，認為這個人兼具才華與度量，還將女兒嫁給了他。此外，北魏末期陷入兵荒馬亂之際，漢族名士高翼在臨死前對兒子們說：「主憂臣辱，主辱臣死，今社稷阽危，人神憤怨，破家報國，在此時也。」還有，同樣在北魏末年的戰亂時期，漢族名士封隆之曾說過：「國恥家怨，痛入骨髓，乘機而動，今實其時。」

魏晉南北朝時代的婚姻相當注重門當戶對，漢族名士願意與胡族的陸叡結為親家，意味著漢族士大夫已認同陸叡是一流的貴族。此外，從「破家報國」之語也可以看出，對北魏末期的漢族士大夫而言，北魏是即使家破人亡也要盡忠相報的王朝，這意味著漢族士大夫對北魏已產生了歸屬感。

由此可知，自北魏時代的某個時期開始，漢族士大夫對胡族及胡族國家的心情及態度皆有了顯著的改變。問題是這種改變到底是發生在何時，並且基於什麼樣的理由？當我們懷抱這個疑問重新審視北魏政治史，會發現在統一華北上立了大功的漢族宰相崔浩遭誅殺的事件，正是最重要的轉捩點。

「崔浩事件」發生於西元四五〇年，這個人就是前文提到的漢族名士崔宏的兒子，當時擔任宰相。崔浩編纂國史，還將北魏歷史刻在石上，豎立於首都大道旁，上頭的文章「盡述國事，備而不典」，引起朝野譁然。清河崔氏因這件事而遭夷九族，就連與崔浩有姻親關係的范陽盧氏、太原郭氏及河東柳氏也慘遭牽連。

這件事的背後，其實有著一場胡漢之間的明爭暗鬥。簡單來說，就是漢族士大夫鄙視胡族且將江南政權視為正統王朝，而胡族也對此抱持反抗與敵視的心態，兩者互相衝突下引發了悲劇。

單看這一點，與過去的胡族觀、漢族觀似乎並無不同。然而仔細觀察此事件前後的狀況，會發現其中有著明顯的變化徵兆。歸納下來，這樣的徵兆可分為三點。第一，崔浩自己開始接納胡族王朝北魏，而且明顯表現出想要透過北魏思考未來中國之路的態度；第二，除了崔浩之外的其他漢族士大夫也開始接納北魏；第三，當時的皇帝太武帝統一了華北，明顯出現跨越胡漢對立的意圖，強烈希望能成為「中華」的皇帝。

崔浩的立場

從崔浩在軍事、行政、宗教等各方面積極參與國政，便可看出他開始接納北魏並想要透過北魏思考未來中國之路的態度。而其中特別值得注意的一點，是他試圖將全天下的門第（姓族）排列出明確的尊卑順序。范陽的盧玄與他是姻親的關係，兩人有著深厚交情，盧玄聽了他這個想法後，對他提出忠告：「樂為此者，詎幾人也？」記錄北魏歷史的《魏書》主張崔浩沒有接受這個忠告，就是他招來殺身之禍的主因，而這也暗示了崔浩的姓族評定將胡族也包含在內。

倘若真是如此，就算那原本只是站在漢族立場的構想，但在橫跨胡漢的巨大框架下，透過「門第」這個胡漢共通的概念，胡族與漢族將建立起明確的上下關係。就廣義來說，這將為胡漢融合帶來一個新的契機。

像這樣透過政治規劃推動胡漢融合的做法，在此之前還不曾有人嘗試過。姓族評定一旦完成，胡漢之間只要門第相當就可以通婚。但在崔浩的時代要實施這樣的政策，只能說時機尚未成熟。崔浩遭殺害的四十餘年後，孝文帝（因創立均田制而有名，日本的班田收授制也是由此而來）才正式實施了全天下的姓族評定。

北魏就跟其他五胡諸國一樣，從其前身的代國到北魏初期，都是以武力脅迫的方式吸納漢族士大夫為朝廷效力。例如在拓跋什翼犍的時代，什翼犍聽說有個叫燕鳳的漢人相當優秀，想要招攬為謀士，於是命軍隊包圍燕鳳所住的代縣縣城，威脅「若不交出燕鳳就屠城」，代縣百姓驚恐不已，只好交出燕鳳。又如崔浩的父親崔宏，當初在道武帝征討後燕時逃往東方，道武帝知道這個漢人名聲響亮，特地派出騎兵追趕，才將他帶回軍中。

一般漢族士大夫的立場

然而到了道武帝的孫子太武帝的時代，招攬漢族士大夫已不太需要如此蠻幹。在即將統一華北（四三九年）之前的四三一年，北魏曾發起大規模的士大夫招攬行動，此時中央對州郡下令「以禮發遣」，有數百名士大夫依命就官。雖然我們無法查證每一名士大夫的詳細招攬情況，但以整體而言，「以禮發遣」應該成了常態，不再像初期那樣以武力脅迫就範。

對於朝廷態度「軟化」，漢族士大夫又有什麼樣的反應？倘若他們依然抱持著過去的胡族觀（或胡族國家觀），照理來說北魏朝廷態度「軟化」的結果，應該是導致這些漢族士大夫不肯就官才對。但實際上，北魏的行動成功延攬了數百名漢族士大夫，由此可知他們的心態也有了明顯的變化，已開始接納北魏這個胡族王朝。

在接受北魏延攬的士大夫中，有一個名叫高允的人物，事後回想當時的狀況，說道：「昔與之俱蒙斯舉，或從容廊廟，或游集私門，上談公務，下盡忻娛，以為千載一時，始於此矣。」雖然他的描述或許有些誇大其辭，但我們可以從中看出當時的漢族士大夫接納胡族王朝並樂於參與朝政的心情。

為什麼這些漢族士大夫會在這個時期，展現出接納胡族王朝的態度？可以想到的理由很多，而其中最重要的一點，就是北魏統一華北的壯舉已接近完成，以及伴隨而來（前文提到過的）充分展現出從容自信的「軟化」延攬手法。畢竟北魏是個統治華北廣大疆域且局勢安定的國家，不同於過去那些政局不安定且有如曇花一現的五胡諸國，想必對該時代的漢族士大夫產生了相當巨大的影響力。

此外還有一點值得注意，那就是當時身為鄉村社會領袖人物的漢族士大夫，多半秉持著儒教精神，以「經世濟民」（經營世間、拯救人民）為人生最大宗旨。就算他們沒這樣的想法，百姓也對他們抱持著這樣的期待。這樣的一群人，肯定對自西晉末年算起已混亂長達一百年以上的亂世感到憂心忡忡。北魏王朝的態度「軟化」，想必激發了他們心中實現「經世濟民」理想的熱情。

太武帝與皇太子

接下來我們將分析崔浩事件中的另一方當事者，也就是胡族（尤其是其領導者）在事件發生前後處於什麼樣的狀況之下。

太武帝與時代狀況

筆者在前文論述苻堅的施政方針時亦曾提過，五胡諸國的君主倘若想要強化自己的權力，就會與其勢力基礎的匈奴或鮮卑等舊有勢力產生摩擦。概觀鮮卑拓跋部時代至北魏歷史，可以發現同樣

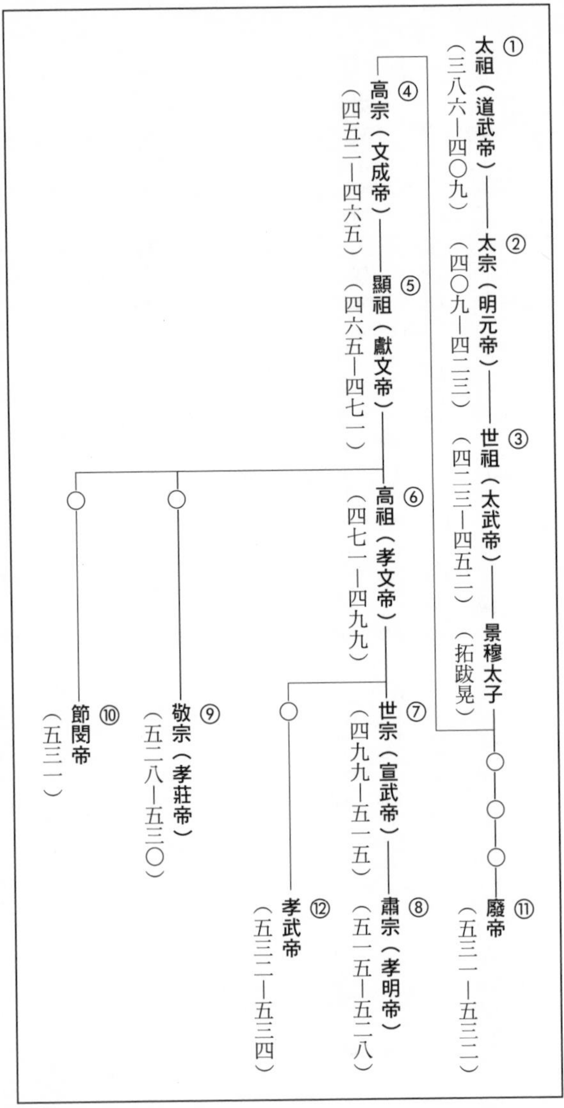

北魏（拓跋氏）系譜

的狀況也發生在鮮卑的政權上。每當皇帝想要強化其權力，總是會透過吸收漢族文明及漢化政策的方式。因為只要引入新來的文化，就能連帶產生強化帝權的效果。但是引入新來的文化同樣也會改變傳統風俗習慣及資源分配狀況。正因為如此，這一類政策總是會引發拓跋部底下諸部族族長等保守勢力的反對聲浪。

道武帝慘死在兒子清河王拓跋紹的手裡，不得善終。就廣義而言，這也是因為道武帝為了強化帝權而實施諸般改革（如前述的解散部族），引發保守勢力反彈所間接導致。繼位的明元帝表現出退讓的姿態，採行與道武帝相反的施政方針，也是呈現出一種帝權強化與保守勢力之間的拉鋸戰。

太武帝是明元帝的兒子，他繼承了其父親時代恢復舊態的厚實基層權力架構，但他遵循祖法，迅速進行官制及法令的整頓及諸般改革，並且發兵征討各地。這些政策讓北魏的帝權攀升到了前所未有的巔峰，同時也讓北魏統一了自八王之亂、永嘉之亂以來便戰禍連年的華北地區，甚至擁有凌駕南朝的國力。

這樣的局勢變化，讓苻堅曾夢寐以求的統一全中國，成了指日可待的實際政治目標。而這樣的事態發展當然也對太武帝造成極大影響，迫使他做出某些決斷。

太武帝到底做出了哪些決斷？首先，他尊崇提倡「新道教」的漢人寇謙之，將道教定為國教，並自詡為道教中帶有救世主意義的太平真君[1]。不僅如此，他在消滅北涼（十六國之一）、統一華北的隔年，還將年號由太延改為太平真君。

太武帝的意識結構

由這樣的政策，便可看出太武帝為了因應統一華北這個前所未有的新事態，而做出的決斷。想必他已跨越了過去胡族君主的立場，企圖讓自己成為中華世界的皇帝。尤其值得注意的一點，是他所採納的道教並非過去的五斗米道之流，而是將傳統道教加以昇華之後產生的新道教。這意味著他心中所建構的中華世界，已非過去那個由漢族組成的中華世界。

太武帝的廢佛毀釋，在歷史上可說是相當有名。筆者在前文提過，在五胡十六國時代的後趙，

嘎仙洞祝文　考古學家在嘎仙洞發現的祝文中，有著「可寒」一詞，這在考證後來北方民族的首領稱號「可汗」或「汗」的根源問題上，可說是彌足珍貴的史料。

有個名叫王度的漢族官員，曾建議皇帝石虎禁止佛教，他說道：「佛出西域，外國之神，非天子諸華所應奉祠。」當時石虎沒有答應，反而說道：「朕生自邊壤，忝當期運，君臨諸夏。至於饗祀，應兼從本俗。佛是戎神，正所應奉。」

由此可知，由於佛教也是外來文化，五胡的君主多半對其抱持著認同感與親近感，因此往往加以保護。但是太武帝卻是反其道而行。

太武帝攻打南朝的宋國時，曾寫信給南朝的皇帝，在信中自稱「鮮卑」，並誇耀其強盛。此外，太武帝在位期間，位於比北魏更加北方的烏洛侯國曾派遣使節前來，告知太武帝：「從前拓跋部居住於烏洛侯國境內時，曾建廟祭祀祖先，這座宗廟如今依然相當靈驗，只要在廟裡祝禱就能實現願望。」於是太武帝派了李敞代替自己前往該座宗廟祭祀祖先。西元一九八〇年，考古學家經由調查發現，這座宗廟就在中國東北地方的一處巨大洞窟之中（嘎仙洞）。經由這兩件事，我們可以確定太武帝在即位之後並沒有忘記自己的鮮卑人身分。

另一方面，太武帝所公布的廢佛詔書中，下令嚴格掃蕩「胡妖鬼」、「胡神」及「偽物」等。寫出這篇詔書的人，應該正是當時負責草擬詔書的崔浩。崔浩自始至終都厭惡佛教，他寫出了廢佛的詔書，而太武帝加以公布。

如此說來，「胡妖鬼」、「胡神」都是太武帝自己裁定核可的字眼。然而「五胡」之中亦包含鮮卑，這是無庸置疑的事情，而五胡的「胡」字代表野蠻異族，汙衊之意非常明顯。為什麼太武帝要發布帶有這種汙衊字眼的詔書？如此推測下來，太武帝很可能並不認為自己所屬的鮮卑是「胡」。

原本五胡就是漢族所想出來的字眼。此外，太武帝在攻打南朝盱眙城時，曾寫了一封信給南朝，這封信一直流傳下來，上頭有這麼一段話：「吾今所遣鬥兵，盡非我國人，城東北是丁零與胡，南是三秦氐、羌。設使丁零死者，正可減常山、趙郡賊；胡死，正減并州賊；氐、羌死，正減關中賊。卿若殺丁零、胡，無不利。」

這裡的山西之「胡」，指的是東漢時代越過萬里長城、定居於中國山西地區的匈奴。事實上在秦漢時代，「胡」字只單指匈奴一族，後來意思擴大，才衍生出五胡之類的詞彙。到了唐代，「胡」字甚至包含在絲路上往來經商的粟特人。

如此歸納下來，太武帝認為自己是鮮卑人，而「胡」指的是匈奴。在他的觀念裡，中國是個鮮卑、漢族等諸族共存的國家，而自己即將成為統治整個中國的皇帝。

鮮卑就是鮮卑，不能與其他諸族混為一談。不僅如此，在太武帝的信內，他還得意洋洋地聲稱自己指使諸族與漢族互相征伐，不論孰勝孰敗都無損於鮮卑的利益。像這樣的態度，可說是與從前的苻堅截然不同。此外，當時的漢族士大夫明知道北魏是夷狄王朝，卻還是為了經世濟民的理想而強忍著屈辱感參與國政，這點也與苻堅的時代頗有差異。不過太武帝將道教這個發源於中國的宗教定為國教，並且自詡為中華世界的皇帝，由此可看出時代正要從胡漢對峙逐漸轉為胡漢融合。

就在太武帝根據此方針摸索天下統一的方式時，卻有另一個人正以完全不同的方針思索著北魏的未來，那就是皇太子拓跋晃。據說皇太子與崔浩及創立新道教的寇謙之互有嫌隙，史書中記載：

皇太子的立場

> 偽太子晃與大臣崔氏、寇氏不睦，崔、寇譖之。玄高道人有道術，晃使祈福七日七夜，佛貍夢其祖父並怒，手刃向之曰：「汝何故信讒欲害太子！」佛貍驚覺，下偽詔曰：「王者大業，纂承為重，儲宮嗣紹，百王舊例。自今已往，事無巨細，必經太子，然後上聞。」[2]

故事本身有些荒誕不經，但歷史上皇太子確實在太武帝的監護下，擔任了總攬實際政務的「監國」一職。除了這個紀錄之外，還有許多皇太子與崔浩不睦的例子。

其中最大的問題，就在於皇太子篤信佛教，而崔浩卻當著皇太子的面實施了廢佛政策。皇帝近臣與下任黃帝之間意見不合，可說是相當嚴重的問題。筆者在前文已提過，廢佛是太武帝作為中華皇帝企圖統一中國的政策之一。然而在記錄北魏歷史的《魏書》中，記載皇太子在擔任監國時期，頒布了這麼一道命令：

恭宗監國，曾令曰：「《周書》言：『任農以耕事，貢九穀；（中略）任工以余材，貢器物；任商以市事，貢貨賄；（中略）』其制有司課畿內之民，使無牛家以人牛力相貿，墾殖鋤耨。（後略）」

簡單來說，皇太子企圖提倡中國古代周朝的政治思想以振興農業。史書中記載，在這項政策後墾田區域大幅增加。但除此之外，皇太子還禁止了一些容易對農耕生產造成影響的行為，包含喝酒、從事雜耍及棄農從商。這雖然是大致上符合中國傳統農本主義的政策，但禁止飲酒應該也是受了皇太子篤信佛教的影響。

此外，北魏後來的孝文帝還實施了均田制及三長制（於第七章詳述），這些制度的原始概念都是來自於中國古典時代的《周禮》制度。北魏開始像這樣以《周禮》作為國策制定的基準，正可追溯至太武帝的皇太子擔任監國的時期。如此說來，皇太子知道自己是下一任的皇帝，因此並非只是單純地篤信佛教，而且還透過佛教及中國古代諸般制度規劃出了相當明確的政治藍圖。

筆者在前文說皇太子與崔浩不睦，但由上述諸點來看，或許太武帝與皇太子之間的關係也是大同小異。總而言之，當時太武帝與皇太子之間的爭執並非只是廢佛問題這麼單純，其背後還隱藏著北魏政權在完成統一華北壯舉之後，該如何經營下去的政策方針歧見。

但從另外一個角度來看，皇帝跟皇太子（或是權力上的第二把交椅）意見相左的狀況，其實在北魏的歷史上並不罕見。我們甚至可以說，這是貫穿整個北魏歷史的結構性問題。但為何會發展出這樣的狀況？

帝權擴張與反對勢力

審視整段北魏歷史，皇帝跟皇太子起衝突的第一個案例，可追溯至拓跋部剛站上歷史舞台的三國時期拓跋力微的時代。拓跋力微讓兒子沙漠汗以人質的身分前往中國遊學，原本打算讓沙漠汗回國後承接首領大位，但諸部族的族長擔心沙漠汗會將中國風俗帶入拓跋部，因此對力微說沙漠汗的壞話，最後力微默許族長們謀殺沙漠汗，可說是為拓跋部內第一掌權者與第二掌權者的互鬥開了先例。到了建立北魏的道武帝時代，也發生過一些皇帝跟皇太子（或是第二把交椅）起爭執的狀況[3]，但這些事件都可以歸咎於包含解散部族在內的激進改革與其反抗勢力造成的影響。皇太子拓跋晃的例子，是繼以上這些事件之後發生的皇帝與皇太子鬥爭案例。

綜觀以上這些事件，可以發現一個明顯的共通現象，那就是當時的皇帝都抱持著前述的帝權鞏固與擴張的意圖。在這樣的狀況下，皇太子或第二把交椅往往會處於很尷尬的地位。因為當他們與皇帝意見相左時，很容易被反對勢力吸收為同伴，偏偏當皇太子登上皇位後，又會轉為追求與先帝相同的目標。

中國史上不論任何朝代，都存在著皇帝努力想要鞏固與擴張權力的現象。但是北魏政權在這個現象上特別顯著，因為北魏內部胡漢對立問題嚴重，皇帝不論偏袒哪一方，都有導致其權力或整個政權分裂的危險。

就跟前秦苻堅時代一樣，北魏的皇帝想要強化及擴張帝權，必須透過對代國（以北方為根據地）時代之後新吞併的地區或國家的人民（當時的史書稱這些人為「新人」）進行延攬與徵才。但是倘若過於大量延攬這一類「新人」、或對其過度依賴，很容易發生與苻堅時代相同的問題，也就是引發原本權力基礎結構成員（史書稱這些人為「舊人」，以鮮卑為主）的反彈，甚至有可能導致國家瓦解。但在當時疆域急速擴張的狀況下，「新人」（主要為漢族）的數量大量暴增，因此倘若只重用「舊人」，也會造成朝廷結構與現實狀況的乖離，而且這個問題會隨著時代推進而越來越嚴重。基於這種微妙關係，當時的皇帝被迫必須適時轉換方針，在「舊人」與「新人」之間取得平衡，而且在基本理念上還必須將其權威建立在跨越了胡漢對立的位置之上。

太武帝是個相當矛盾的皇帝，他一方面對鮮卑抱持歸屬感，一方面卻又重用崔浩並實施漢化政策。但是這種內面的矛盾，可藉由站在跨越胡漢對立的至高頂點而獲得統整。

達成統一華北壯舉的太武帝，為了排解前述的兩難問題，立志成為超越過去胡族君主立場的中華皇帝。他打算透過重用漢族出身的崔浩及接納寇謙之所宣揚的新道教，以達成這個理想。但這樣的做法卻招來了各種立場不同的勢力的反彈，例如崇信佛教的景穆太子，以及北族勢力。

皇太子拓跋晃之死

皇太子在正平元年（西元四五一年）六月戊辰突然暴斃。據說太武帝為此大哭了一場，但四天後卻匆匆將遺體埋入了北魏歷代皇帝的陵墓之中。此外，在另一史料裡則記載，皇太子寵信的一名官吏犯了罪，惹得太武帝勃然大怒，太武帝將那個人處死，皇太子也跟著抑鬱而終。從這些紀錄看來，顯然皇太子的死因並不單純。

皇太子去世的正平元年，太武帝已統一華北，正是下定決心傾全力征伐南朝的時期。在其前一年的太平真君十一年（四五〇年），太武帝於九月集結南伐軍隊，十一月已包圍徐州彭城，十二月渡過淮水，攻打淮西、淮南地區，月底已抵達長江邊的瓜步山，與南朝宋國首都建康隔水相望，並在此地建了行宮。隔年（皇太子去世之年）正月元旦，太武帝於長江邊匯集諸軍，實施論功行賞，隔天（正月二日）班師回朝，二月皇太子來到魯口（今河北省饒陽以南）行宮接駕，三月回到京師平城。

當北魏大軍抵達建康對岸的瓜步時，曾經採葦製筏，準備渡過長江。建康方面也高度警戒，雙方處於劍拔弩張的狀態。沒想到太武帝卻突然毫無徵兆地撤退北歸。這一戰大大損耗了南朝的國力，令歷史上號稱南朝宋國全盛時期的元嘉之治就此告終。但北魏軍浩浩蕩蕩地南下，為何會驟然打道回府，實在是個不解之謎。

這時期，在北方蒙古高原上有支名為柔然的部族勢力，與宋國是同盟關係，但沒有任何史料能證明在太武帝南征時，柔然有蠢蠢欲動的跡象。此外，也沒有任何史料上記載了北魏軍內部突然發生難以繼續交戰的重大變化（如太武帝生重病之類）。根據當時史書記載，北魏軍突然退兵，就連南朝也大感意外。

如今推測其退兵的理由，不外乎是長期征戰導致將士疲累、兵糧不足等問題。但即使如此，原本準備渡江的大軍，卻在戰事正如火如荼的正月元旦實施論功行賞，而且隔天立即大舉退兵，畢竟有些匪夷所思。

根據現代已佚失的古籍《宋略》殘篇記載，在太武帝南征的時候，皇太子拓跋晃發動叛變。太武帝得知此事後，傳了「皇帝在南征途中駕崩」的假消息至皇太子留守的平城，引誘皇太子出城迎接皇帝葬禮隊伍，再趁機將皇太子擒住。《資治通鑑》作者司馬光認為這是江南謠傳的消息，並非真正的事實。但考量前述太武帝與皇太子之間的政策之爭，雖說真相的細節如今已難以考證，但南征軍隊突然折返，可以合理推測應該是首都平城發生了某種異常事態，或者至少是太武帝接到了類似的消息。

以上稍微深入探討了一些細部狀況，但總而言之，太武帝一方面在其內心深處保持著身為鮮卑的種族主義思想，另一方面卻又試圖在其種族主義思想之上建構一個更高層次的中華世界。在這樣的前提之下，佛教成了有害無益的病灶。換句話說，太武帝想要建立中華世界的理想與崔浩不謀而合，雖然一邊站在胡族立場，而另一邊站在漢族立場，但其終極目標都是建立一個胡漢融合的世界。

一般胡族的立場

除了太武帝之類的領袖人物，一般胡族（鮮卑拓跋）對於漢族又抱持著什麼樣的心態？當時在鮮卑拓跋內部居於領導地位的長孫嵩，對於受太武帝寵信的崔浩抱持著強烈反感。這股反感可說是當時大多數鮮卑拓跋族人的共同心聲，而這也是導致崔浩事件的最大肇因。這意味著當時大部分的鮮卑拓跋族人依然將同族與異族區分得非常清楚，並且抱持著排除漢族的心態。

由此可知，當時大部分的鮮卑拓跋族人心中的漢族觀，與五胡十六國時代其他胡族的漢族觀基本上沒有什麼不同。但是從統一華北的時期開始，鮮卑拓跋族人受到漢族文化影響，出現了學習漢語的風潮。我們可以說，這樣的風潮為鮮卑拓跋族人提供了接納漢族的契機。

總而言之，太武帝時代的鮮卑拓跋族人，也出現了不同於漢族的變化徵兆，因此我們需要探究當時北魏的國家體制，為了因應這些變化而處於什麼樣的狀態，以及其後將如何發展。這個環節跟後來的北朝史發展有所牽連，因此我們將在第七章詳加論述。下一章，我們將焦點轉向江南，也就是魏晉南北朝歷史上的另一個主要舞台。

註釋

1 道教原本是東漢末年誕生於中國的宗教，寇謙之聲稱受了太上老君的啟示，要為道教進行改革。

2 出自《南齊書》〈魏虜傳〉。

3 如建國功臣衛王拓跋儀叛亂事件、清河王拓跋紹弒殺道武帝事件等。

第四章　江南貴族制社會

東晉的貴族制社會

在中央政權爆發八王之亂的不久前，羌族、氐族等藏系非漢民族曾湧入中國甘肅、陝西一帶，引發了許多問題，其中之一就是氐族族長齊萬年於西元二九六年發動的叛亂。

張昌、石冰之亂

雖然叛亂本身於二九九年獲得平定，但這個地區除了戰亂之外還加上連年饑荒，造成大量流民出現。蠻族出身的李特（廩君蠻）原本護送流民遷移，後來卻率領流民進入四川攻陷成都，並且自立門戶。其後李特的兒子李雄於三〇四年即位成都王，三〇六年稱帝，建立五胡十六國之一的大成國（其後變更國號為漢，因此史稱成漢）。

西晉為了鎮壓這股勢力，打算自湖北地區徵兵派往四川，卻引來百姓的反抗。而且當時因八王之亂而被迫逃難的百姓之中，有許多人聽說朝廷打算徵兵的湖北地區這一年大豐收，因此成群結隊地南下打算進入湖北。

王導

就在這時，蠻族出身的張昌（義陽蠻）在氣氛動盪不安的湖北地區到處聲稱將出現拯救百姓的聖人，藉此煽動百姓造反。這場叛亂讓湖北也繼陝西、甘肅、四川之後陷入大亂。接著張昌又將矛頭指向其南方的湖南地區，於是動亂逐漸蔓延至整個長江流域。

張昌有個部屬，叫做石冰，他率領另一支軍隊侵入長江下游的安徽至江蘇一帶，其結果造成自孫吳滅亡後一直維持安定的江南也開始受到動亂波及。居於領導階層的在地豪族都對這樣的事態感到憂心。

江南的豪族們為了遏止這樣的亂象，開始以顧秘及周玘為中心凝聚勢力，並聯合當時位於江北的、西晉基層官吏出身的武將陳敏的軍隊，成功討伐了石冰，獲得了暫時的安定。但當時的華北因八王之亂及五胡入侵而越來越混亂，避禍的難民不斷湧入江南。簡單來說，當時整個社會的動盪已不是光靠討伐石冰就能解決的問題。

就連在討伐石冰上立了大功的陳敏，在見了中央的混亂狀況及伴隨而來的局勢之後，也抱持了割據江南的念頭，並向江南豪族尋求支持。但江南豪族看穿陳敏能力不足，因此不再擁護他，反而與當時駐紮於壽春的周馥麾下晉軍互相呼應，於三〇七年擊潰了陳敏的軍隊。

當時掌握西晉政權的東海王司馬越，封皇族之一的瑯琊王司馬睿為「安東將軍」及「都督揚州諸軍事」，以現代的觀念就是擔任江南軍團總司令。就在陳敏的軍隊遭消滅的不久後，司馬睿帶著瑯琊出身的華北第一貴族王導及幾名親信，進入了建鄴（舊稱建業，後改建康）。

玄武湖　據說在南朝宋文帝時期曾出現黑龍，因此命名為玄武湖。建康北方的名勝景點。

司馬睿政權的成立

在江南社會變得動盪不安的局勢下，江南豪族們極希望恢復安定。但是他們沒有把握在不借助王朝之力的情況下，單靠自己的力量力挽狂瀾。就在這個時期，司馬睿來到江南赴任，他的頭銜是都督揚州諸軍事，等於由王朝賦予了江南一帶的軍事全權，再加上擁有皇族司馬氏的血統，因此兼具了正統性。另一方面，司馬睿也接納了王導的建議，想要借助這些江南豪族以鞏固自己在江南的支配力。

雖然過程中有些波折，但最後雙方成功攜手合作，江南豪族扶植草創期的司馬睿政權，尤其是顧榮等江南豪族的領袖人物，在提高司馬睿權力與威望上更可說是竭盡心力。不過，隨著北方的政局越來越緊張，為了避禍而湧入江南的人也越來越多。

這些進入江南的人，都被司馬睿政權所吸收。根據史書記載，司馬睿的參謀王導更發揮其過人的才能，對那些望鄉興嘆的北來難民們曉以光復中原的大義，鼓舞他們的士氣。司馬睿政權就這樣成功延攬了這些來自北方的人才，並獲得廣泛的支持。

在司馬睿鞏固政權的過程中，王導扮演著舉足輕重的角色。然而王導採取的方針，是將這些北方人才延攬至將軍府內，使其擔任司馬睿身邊的要職，而這樣的做法就某方面來說背叛了江南豪族們對司馬睿政權的期待。不過江南豪族之間本來就是一盤散沙，這點在分析當時江南情況上是特別值得注意的環節。

即使同樣是江南豪族，來自知識份子輩出的吳或會稽的名門望族，與江南其他地區的新興豪族之間可說是壁壘分明。除此之外，在與日俱增的北來人士之中，還有不少在西晉時代地位更勝江南豪族的顯赫貴族。王導正是利用了江南豪族社會的「不成熟」，成功瓦解其之間的團結，如此一來便能確實掌握政治決策上的主導權。

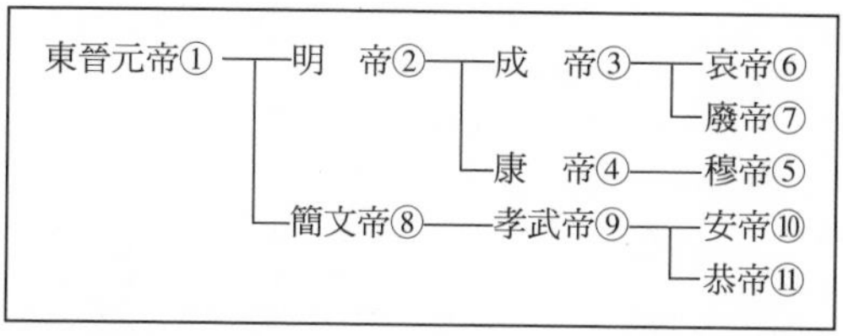

東晉系譜

在平定石冰、陳敏之亂及鞏固司馬睿政權上頗有貢獻的陽羨豪族周玘，對於江南豪族不受重視，而毫無建樹的中原避難人士卻備受推崇的情況感到義憤填膺，臨死前說了一句：「殺我者諸傖子（傖子是江南人士對中原人士的蔑稱）。」他的兒子周勰聽到這句話，決意起兵造反。

假如此時江南豪族能夠團結一致，相信對其後江南政權的結構也會產生巨大影響。然而事實上，就連號稱江南第一大豪族的周氏一族也沒辦法凝聚充分的向心力，因此這場周氏的叛變對上了擁有高明政治手腕的王導，輕而易舉地遭到了平定。

在這樣的環境之下，北方貴族所帶來的先進文化，對相形之下宛如鄉巴佬的江南豪族造成了相當大的衝擊。王導特別禮遇吳、會稽等地名士輩出的望族世家，將這些名士任命為九品中正制度中的郡中正，透過他們貫徹中原的價值觀，再將這個價值觀所建立的秩序階級擺在以中原人士為核心的秩序階級之下。這樣的手法成功分化江南豪族及吸收北來人士，對東晉貴族制國家的建立可說是貢獻良多。

江南政權的穩定成長，逐漸拉抬了司馬睿的聲勢。隨著洛陽慘遭戰火摧殘，晉懷帝及晉愍帝相繼遭到殺害，司馬睿受到尚在北方對抗胡族的西晉諸將，以及鮮卑的段部、慕容部等勢力的擁戴，於三一七年登基，是為東晉元帝。

不安定的政權

前文提過，四川盤踞著李特等人的勢力，因此有很多人為了避免受到波及而逃入了湖南、湖北地區。這些難民之中，有些人在湖南、湖北地區遭遇無情迫害，不得已而聚眾為亂。有個名叫杜弢的人物，原本負責鎮壓這些亂民，但後來因同情亂民的處境而倒戈，帶領亂民形成一股席捲湖南零陵至武昌一帶的龐大勢力。

當時在司馬睿底下掌管軍隊的王敦（王導的堂兄），靠著江南出身的將軍陶侃及周訪成功鎮壓了這些亂民，但王敦從此勢力大增，連朝廷也不敢小覷，社會上甚至流傳起「王與馬，共天下」的謠言。

這個時期晉元帝司馬睿重用劉隗、刁協等人，企圖透過這些人強化皇權、抑制王氏勢力，就連開國功臣王導也被疏遠。

當時坐鎮武昌的王敦得知此事態後憤然起兵，打著誅殺劉隗、刁協的口號沿著長江而下，攻打建康的防衛據點石頭城。官兵在這場戰役中大敗，晉元帝只好派使者告訴王敦：「公若不忘本朝，

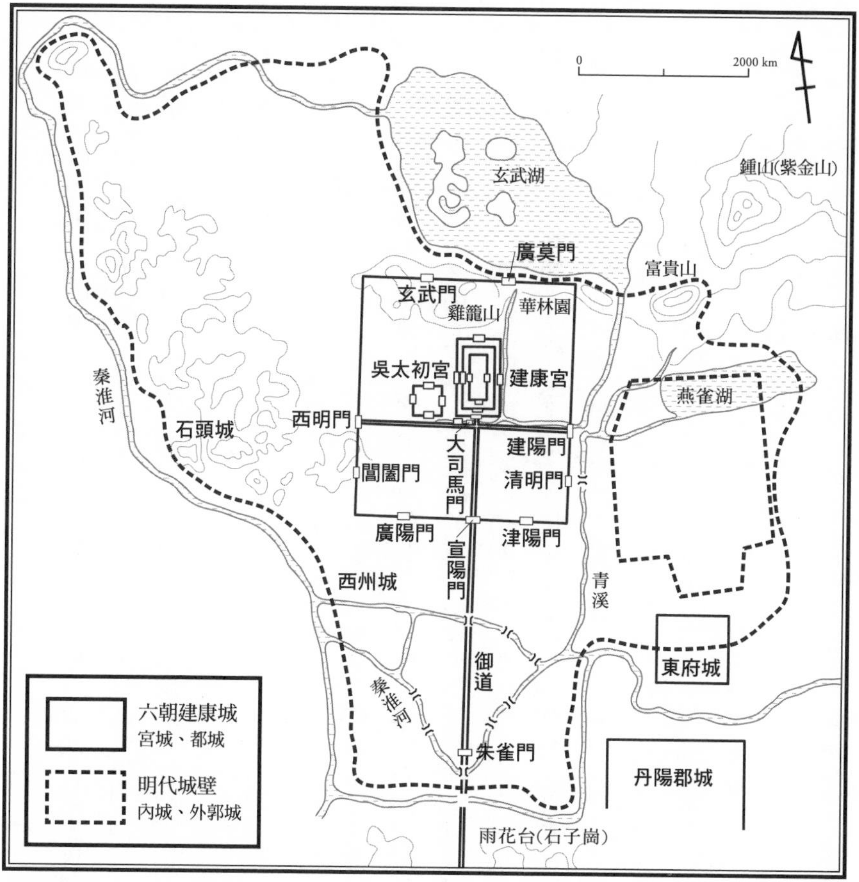

建康地圖

於此息兵，則天下尚可共安也。如其不然，朕當歸於瑯邪，以避賢路。」

劉隗趁機逃亡，而刁協則被擒住，晉元帝敗給王敦後不久也駕崩了（西元三二二年）。

晉元帝死後，長子司馬紹即位，是為晉明帝。晉明帝向來被認為是個勇敢果決的人，因此王敦一派對他頗有猜忌之心。晉明帝一即位，朝廷與王敦之間的緊張氣氛再度攀升。

由於王敦底下的諸武將皆蠻橫跋扈，因此風評極差，就連輔佐晉明帝的王導也擔心王敦一派的惡行惡狀會讓王氏一門受到連累。此外，朝廷在先前的戰敗中學到了教訓，於是命令鎮守於朝廷北方淮水流域以阻擋胡兵的勇將祖約以及蘇峻等人防衛建康，隨時準備與王敦一戰。所幸王敦在戰爭中病逝，朝廷才化險為夷，成功將王敦的所有黨羽全部誅殺（三二四年）。

但隔年（三二五年）晉明帝駕崩，王導、庾亮、溫嶠等人依遺詔輔佐幼主司馬衍（晉成帝）即位。庾亮是晉明帝在當太子期間的侍講，加上妹妹成了皇后，因此晉明帝對庾亮相當寵信。年幼的晉成帝即位後，庾亮便以外戚的身分獨攬朝政。但庾亮在施政上有執法太嚴格的問題，與王導的寬和政策背道而馳，因此逐漸失去人心。

蘇峻之亂

不久之後，就連鎮壓王敦之亂有功的蘇峻、祖約等人也開始對庾亮的施政心懷不滿。庾亮以蘇峻對朝廷不敬為理由，解除了他的兵權，命他回朝廷任官，並指派自己的弟弟前往接掌兵權。蘇峻於是慫恿祖約一起造反，這就是蘇峻之亂（三二七年）。

原本鎮守歷陽（今安徽省和縣）的蘇峻渡過長江，一口氣逼近建康，沿路縱火及搶劫。根據史書記載，蘇峻的大軍布陣於建康東方的蔣山（鍾山），蘇峻不僅要求百官搬運輜重，甚至還剝下男女百姓的衣服，百姓只好以少許的破草蓆或茅草束遮掩身體，找不到遮蔽物的人則坐在地上以泥土覆蓋身軀，悲嘆聲此起彼落。

庾亮此時突出重圍，投靠當初為了防範未然而命其鎮守江州的溫嶠，並且聯合了當初平定杜弢之亂有大功且如今鎮守荊州的陶侃，合兵一同討伐蘇峻。此外，官封徐州刺史且坐鎮於下邳的流民領袖郗鑒也加入了戰局，因此陶侃一方頓時變得較為有利。建康西郊的要衝據點石頭城一戰，聯合軍成功斬殺蘇峻於陣前，平定了這場大亂（三二九年）。

叛亂雖然平定，但建康已化為廢墟，眾朝臣提議遷都。有人主張遷都至江西的予章（今南昌），也有人主張遷都至浙江的會稽（今紹興）。但王導力排眾議，認為建康為帝王之都，而予章、會稽這些都是從前的蠻夷之地，遷都實在不是明智之舉。

此時倘若遷都，不論遷到何地，江南勢力都會被一分為二，難以抵抗北方胡族強大勢力的入侵。說得更明白點，倘若歷史真的這麼發展，恐怕根本不會有後來的南北朝時代。

王導以建康為據點，在東西勢力平衡的前提下摸索江南政權的未來走向，由此可知他洞燭機先，相當明白南朝政權結構的缺點，並能夠加以補救以維持政局的安定。

北府、西府的鬥爭與南朝政權的建立過程

北府、西府的形成

晉元帝司馬睿重用劉隗、刁協等人，企圖透過這些人強化皇權，這樣的做法以皇帝權力的特性來看可說是理所當然的決定。但當時的政權還處於草創期相當脆弱，而且其基礎是建立在各懷異心的諸方勢力之間的微妙平衡之上，在這種時候輕舉妄動可說是非常危險的行為。在司馬睿的例子裡，我們看見王敦之亂等各種叛亂事件幾乎顛覆了這個王

朝。

但是發生在三二〇年代的這一陣兵荒馬亂，以結果而言反而鞏固了原本有如一盤散沙的東晉聯合政權，讓作為其核心的兩大軍事勢力維持巧妙平衡，政局變得更加安定。這兩大軍事勢力，一邊是以建康東方的京口及其對岸的廣陵為據點的集團（北府），另一邊則是以長江中游流域的荊州為據點的集團（西府）。從東晉後期到整個南朝，江南歷史便是圍繞著這兩個區域發展。

筆者在前文曾提到，在東晉政權草創時期，許多流民為了躲避華北的戰亂而遷徙至江南地區，這成了江南社會的重大不安定要素。不僅如此，更麻煩的是羯族出身的石勒等華北非漢族勢力往南入侵的意圖也越來越明顯。在這樣的社會環境下，流民往往會聚眾滋事，儼然形成一股軍事勢力，對江南政局造成極大的影響。在平定王敦之亂上立了大功的祖約和蘇峻等人的軍隊，都是建立在這樣的基礎之上。

北府這個稱呼的由來，是因為這個軍府的領導者都是官封鎮北將軍或征北將軍，負責指揮正北方的軍團以保護東晉北方的安全。這個軍團的前身，是在平定蘇峻之亂上頗有戰功的郗鑒軍團。

另一方面，西府的前身，則是在蘇峻之亂立下最大功勞的陶侃軍團。陶侃於西元三三四年去世後，朝廷考量西府的重要性，派遣庾亮作為後繼者。庾亮死後，其弟庾翼繼任，也是基於相同理由。西府的領導者會受封安西將軍或征西將軍，坐鎮於荊州，管理湖南至湖北的廣大土地。這個軍政兼民政的機關，自東晉後期便擁有足以與建康中央（以北府勢力為基礎）相抗衡的實力，這個狀況一直延續到南朝時代。

庾翼死後，桓溫成為西府領導者。桓溫的父親桓彝曾在王敦之亂立下軍功，並在蘇峻之亂守城而死。西元三四五年，桓溫繼庾翼之後成為荊州刺史（西府領導者）。

桓溫的崛起

桓溫的事蹟中最值得注意的一點，是他消滅了建國於蜀地的成漢（五胡十六國之一），成功收復失地。當時蜀地正處於成漢末期的混亂局面中，原本居住在山岳地帶的獠族（非漢民族）大舉入侵平原地帶，桓溫趁此機會一舉攻破成漢，立下了大功（三四七年）。

消滅成漢後，桓溫的影響力由荊州擴張至蜀地，儼然成為長江上游流域的一大勢力。朝廷當然對桓溫起了戒心，而這時在朝中掌控大權且企圖制衡桓溫的人物，是桓溫少年時期的好友殷浩。

這個時期的北方，繼羯族石勒之後統治中原的後趙皇帝石虎去世，整個華北陷入混亂，不少原本臣服於後趙的胡漢勢力希望歸附東晉。桓溫趁著這個機會發動北伐，一方面上表請命，一方面令手下武將領兵出征。

朝廷在接到消息後也跟著下令北伐，但當時的北府領導者蔡謨早已指出這是相當不明智的行動。事實上朝廷的北伐原本只是為了藉此觀察桓溫的動向，但這場北伐以慘敗收場，而戰敗的責任卻落在殷浩身上。

此時桓溫上表彈劾殷浩的罪行，朝廷於是剝奪殷浩的實權並將他流放。桓溫接收了原本屬於殷浩的權力，成功掌握整個長江流域的兵權。桓溫趁著這股氣勢，為了一償宿願而親自揮軍北上，自湖北直攻到長安，接著往東轉進至洛陽，在位於中原中央地帶的洛陽修復了帝陵，於三五六年凱旋回到江南。立下顯赫戰功的桓溫接下來會做什麼事，任誰都能猜得出來。

《洛神賦圖》（東晉顧愷之畫，宋摹本）絹本　《洛神賦圖》是顧愷之（參照書末主要人物略傳）筆下的傑作。顧愷之被譽為中國繪畫史上第一位偉大畫家，此圖描繪的是曹操之子曹植所作的《洛神賦》中的世界（此文也被譽為中國古典文學最高傑作之一）。曹操不僅是優秀政治家，在文學上亦有極深造詣。他的兒子曹丕、曹植也受父親從小薰陶，展現了文學長才。後來成為魏文帝的曹丕，曾說過「蓋文章，經國之大業，不朽之盛事」，直指文學的重要性可與治國匹敵。《洛神賦》以流經魏都洛陽的洛水為舞台，是一首描寫曹植與洛水女神之間殊途之戀的哀傷情詩。但後人認為曹植真正想抒發的是暗戀情人遭兄長曹丕奪走的悲憤。

桓溫與拯救東晉的名相謝安

桓溫憑藉其赫赫功勳掌握東晉大權後，在內政的改革上也下了一番功夫，例如採行讓北方難民在江南擁有戶籍的「土斷」制度。但三六五年發生了一件大事，原本收復的洛陽遭鮮卑族建立的前燕奪走。桓溫於是再度北伐，沒想到這次竟一敗塗地，九死一生下好不容易才逃回徐州。這場大敗仗讓鮮卑族的前燕與氐族的前秦興起南侵的念頭，桓溫的氣勢嚴重受挫。

歷經這件事之後，桓溫決意加快篡位的腳步，而這時拯救了東晉的人物，就是東晉後期知名宰相謝安。謝安是河南的陳郡陽夏出身的望族子弟，年輕時便聞名遐邇，連王導也聽過他的大名。但謝安一直沒有任官，長年住在會稽的別墅裡，與王羲之（號稱「書聖」的著名書法家）、佛僧支遁（以老莊思想為基礎的清談佛教提倡者）等人來往。過了四十歲後，謝安才在桓溫的軍府裡擔任司馬（副官）一職。

桓溫深愛謝安的才能，極力想要將他留在身邊，但謝安反對桓溫篡奪帝位。後來桓溫擁立簡文帝作為傀儡皇帝，為其禪讓計畫鋪路，當簡文帝駕崩時，謝安為了守護東晉而修改簡文帝的遺詔，將傳位對象從桓溫改成了簡文帝的兒子孝武帝。

謝安

就在發生這件事的不久後，桓溫生了重病。謝安猜想桓溫死期已近，於是採拖延戰術，不斷設法延後禪讓的日期。這是相當危險的做法，一個處理不當就會引來誅族之禍，幸好桓溫於三七三年去世，稱帝的野心終究沒有實現。

宛若王導再世的謝安施政風格

桓溫去世之後，朝政大權落在拯救東晉免於滅亡的謝安手上。謝安的施政風格頗有王導之風，被譽為王導再世。他採取維持諸勢力均衡的方針，致力於「寬治」策略。在老成持重的理念下，謝安在桓溫死後將荊州兵權委任給桓溫一族的桓轄與桓沖，以避免因朝廷與西府之間發生內亂而更加削弱東晉國力。

另一方面，謝安也沒有忘記加強朝廷的防禦。他提拔謝氏一族中不僅公認天資聰穎，而且當初桓溫在世時也是讚不絕口的謝玄為北府的領導者。這樣的人事安排不僅顧及了朝廷與西府之間的平衡，還有另一個同樣相當重要的理由，那就是在一觸即發的南北局勢下抵禦來自北方的威脅。

先前筆者在描述桓溫的北伐時，曾提及氐族建立的前秦逐漸崛起，而到了謝安執政的時候，前秦進入賢明君主苻堅的時代，國力可說是達到顛峰。其具體的過程，筆者已在前章說明過。謝安提拔謝玄時，強盛的前秦覬覦南方的野心越來越明顯，就連四川（攻打江南時的重要戰略據點）及淮南（與江南之間只隔了一條長江）也逐漸落入其掌控之中。

為了對抗來自前秦的威脅，謝玄延攬了劉牢之、何謙等猛將，加強了北府的實力。自此之後，北府軍便常常擊敗前秦的軍隊。但這似乎反而激發了前秦的決戰之意，西元三八三年，苻堅終於派出了號稱百萬的大軍，兵分兩路對江南大舉進攻。

前秦軍隊以破竹之勢不斷南下，主力部隊攻陷安徽的壽陽，頗有一鼓作氣消滅東晉的聲勢。沒想到接下來的淝水之戰，前秦軍的先鋒大敗。前秦軍是由華北五胡諸族所組成的聯合軍隊，淝水之

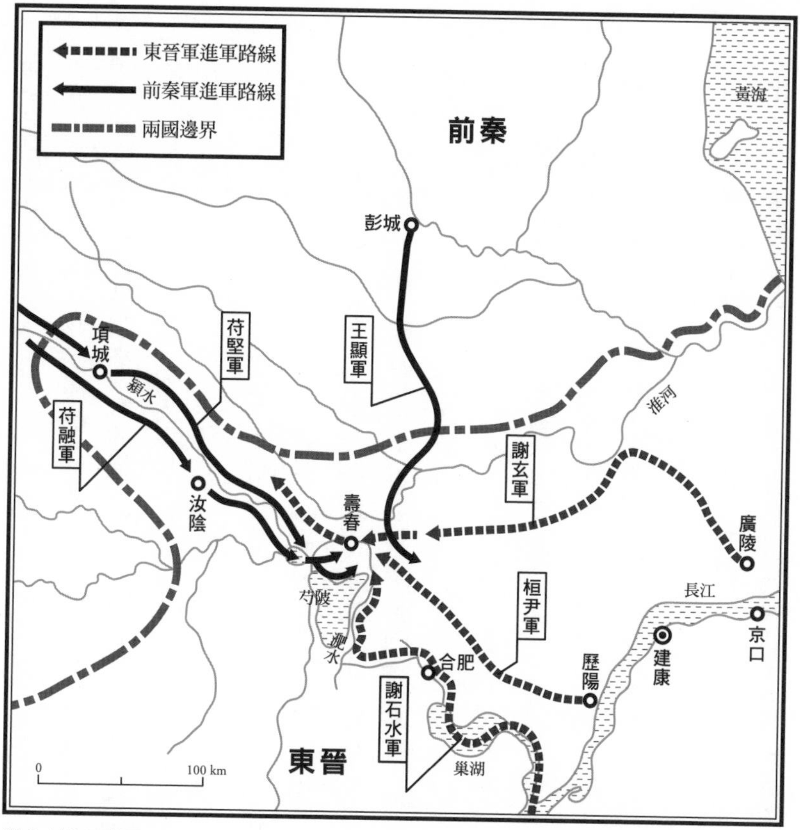

淝水之戰示意圖

戰一敗，頓時亂成一團，完全失去控制。據說當時屍橫遍野，淝水因屍體而堵塞，連苻堅也中了箭，最後獨自騎著馬逃走才撿回一條命。任何人都沒想到這場戰爭是由東晉軍大獲全勝收場。

據說接到東晉軍戰勝的消息時，謝安正在與客人下棋。謝安聽了捷報之後神色泰然，與平常毫無不同。他若無其事地下完了棋，送客人離開後，才發現木屐底部的屐齒不知何時撞斷了，自己竟然沒有察覺。

經由這個故事，我們可以知道連謝安自己也沒料到東晉軍能夠贏得這麼徹底。除此之外，我們也能看出謝安是性格沉穩慎重、喜怒不形於色，隨時都表現出氣定神閒態度的人物。這也反映出了當時貴族社會的價值觀。

雖然謝安可說是淝水一戰的最大功臣，但戰後他卻開始遭到逐漸掌握權勢的皇族司馬道子的排擠。戰爭結束的兩年後，謝安過世，東晉進入司馬道子擅權的時代，開始步向毀滅之路。

孫恩之亂

謝安為了阻止桓溫篡位而擁立的孝武帝無心政治，將朝政完全交由同族的司馬道子處理，才導致了司馬道子的擅權。不僅如此，道子是個跟孝武帝一樣沉溺於享樂生活的人，為了私益而濫用公權力，引來朝野不滿及社會不安，整個世間迅速籠罩在動盪的氣氛當中。在這樣的狀況下，孫恩所發動的宗教叛亂，可說是為東晉核心地區的長江下游流域帶來極重大的傷害。

叛亂首腦孫恩，是五斗米道領袖孫泰的姪子。五斗米道（亦稱天師道）是東漢後期的張陵所開創的宗教，可說是中國本土宗教道教的源流之一。五斗米道受到黃巾之亂首腦張角的太平道影響，認為人會生病是因為犯了過錯，要贖罪悔過就必須犧牲自己對他人奉獻。這套教義由張陵的兒子張衡、孫子張魯代代繼承下去，在漢中及蜀地一帶逐漸紮根，到了張魯投降曹操後，更往東方延伸滲透，信徒在貴族之間也快速增加。

孫泰拜錢唐人杜子恭為師，藉由幻術煽動民眾，要求信徒將所有財產、甚至是子女都捐獻給五斗米道。在不安定的社會環境下，信奉孫泰五斗米道的人暴增，就連當時掌權的司馬道子的兒子司馬元顯等國家中樞人物也信之不疑，五斗米道的聲勢可見一斑。

孫泰看出東晉氣運已盡，打算發動叛亂，所幸司馬道子及早察覺而加以誅殺。但事態並沒有因此而平息，孫泰的姪子孫恩繼承其地位，決意為孫泰報仇。

孫恩為了培養出一批不怕死的狂熱信徒，每當有信徒病死便稱其為「成仙」並加以祝賀。西元三九九年，孫恩率領數十萬信徒舉事造反，攻打三吳之地。這是一場相當詭異的叛變，參與的女信徒在行軍途中倘若覺得懷裡的嬰兒礙事，就會將嬰兒放入袋子或籠子，投入河中並祝禱「賀汝先登仙堂，我當尋後就汝」。孫恩的軍勢席捲三吳之地，接著將矛頭指向了東晉首都建康。

建康因此而陷入了緊急狀態，北府領導者劉牢之率領部下劉裕等人迎戰，好不容易才加以擊退。

桓玄的霸權

但是事態並未好轉，反而更加棘手了。荊州刺史桓玄繼承了父親桓溫的野心，認為孫恩之亂是個大好機會，於是發兵沿長江東行，朝著建康進軍。

桓玄軍循江而下，名義上是為了幫助建康抵禦孫恩的大軍。事實上攻打建康的孫恩軍隊早已遭北府的劉裕等人擊潰，但桓玄發兵的真正目的是為了篡位，因此並沒有因孫恩軍的敗退而停止東進。司馬道子等朝臣沒有能力抵禦桓玄軍，只好將所有希望寄託到擁有劉裕等部將的北府領導者劉牢之身上。

然而劉牢之不聽部下劉裕等人的勸諫，決定向桓玄投降。桓玄就這麼輕而易舉地剷除了司馬道子、司馬元顯父子的勢力，接著登基為帝，定國號為楚，實現了桓溫以來父子兩代的心願。

但桓玄登基後開始打壓劉牢之、劉裕等人的北府軍團，並成功孤立了劉牢之。雖然劉牢之最後憤然自盡，但桓玄的打壓行動已激起了北府軍團的怒火。

劉裕的反叛

劉牢之的屬下劉裕出生於寒門之家，原本是江蘇彭城人，後來移居京口（今鎮口）。劉裕年幼喪母，小時候過得非常貧苦。

史書上記載，南朝宋國第三代皇帝孝武帝，打算拆除祖父宋武帝劉裕的臥室，發現牀頭有一片土牆，牆上掛著葛布製的燈籠及麻製蠅拂，由此可知劉裕即使當了皇帝，依然沒有忘記從前的貧苦歲月。

孫恩之亂的爆發，為劉裕提供了打響名氣的絕佳機會。當時劉裕在北府劉牢之底下擔任參軍一職，在這場鎮壓叛亂的戰爭中打了漂亮的勝仗，建立起北府領導者接班人的地位。當時的北府領導者劉牢之如同前述，被桓玄逼上絕路後，劉裕成功率領群情激憤的北府軍團向桓玄發動突襲。堪稱六朝時代一大英傑的劉裕，就這麼在政權中心嶄露頭角。劉裕一舉擊敗桓玄，桓玄退回根據地荊州，圖謀東山再起，卻再次敗給劉裕。最後桓玄企圖自荊州逃往蜀地，劉裕趁勝追擊，終於成功將桓玄勢力徹底殲滅（四〇四年）。

劉裕凱旋歸來後，擁立遭桓玄廢位的晉安帝復辟，推動晉室重祚。但任誰都看得出來，所謂的重祚只是徒具形式而已，繼桓溫、桓玄的篡位事件之後，改朝換代可說是木已成舟。

其後劉裕採取的行動，與桓溫大同小異。為了使禪讓能夠名正言順，首先他必須提高自己對內及對外的聲望，因此他發動了北伐。

劉裕北伐

當時的華北，鮮卑拓跋部所建立的北魏可說是聲勢如日中天，鮮卑慕容部所建立的後燕也遭北魏消滅。同為慕容部出身的慕容德所建立的南燕，則在山東半島苟延殘喘，承受著來自南北兩個方向的強大壓力。南燕一邊防禦著北方的威脅，一邊趁著東晉末年江南地區陷入混亂，將勢力範圍延伸至原本屬於東晉疆域的淮南。劉裕便以此為理由，趁機對南燕發動攻擊。

劉裕消滅了南燕後繼續西進，想要趁勢收復洛陽、長安，由此便可看出劉裕這場北伐的雄心壯志。但此時潛伏於江南的五斗米道勢力趁著東晉軍北伐而建康空虛之際，再度藉由水路進逼建康（此時孫恩已死，五斗米道領袖為孫恩的妹婿盧循），劉裕只好趕緊班師退回江南。

守禦建康的何無忌、劉毅等北府軍在盧循軍的進逼下趨於劣勢，但劉裕迅速回軍後重整軍勢，在建康的石頭城迎戰五斗米道勢力的孫恩殘黨，成功大破敵軍。盧循引軍逃往廣東，劉裕為了斬草除根而派軍追擊，於四一一年將之完全殲滅。

沒有了後顧之憂，劉裕第二次發動北伐，消滅了苻堅的前秦，並進逼羌族於關中地區建立的後秦。當時的後秦已失去了草創時期的聲勢，一來不斷受北方匈奴赫連勃勃的侵擾，二來優秀君主姚興去世，國力早已開始走下坡，根本無力阻擋劉裕這股新興勢力的大軍。

因鳩摩羅什翻譯法華經等經書，加上佛教盛行，後秦在五胡十六國時代曾有一段大放異彩的時

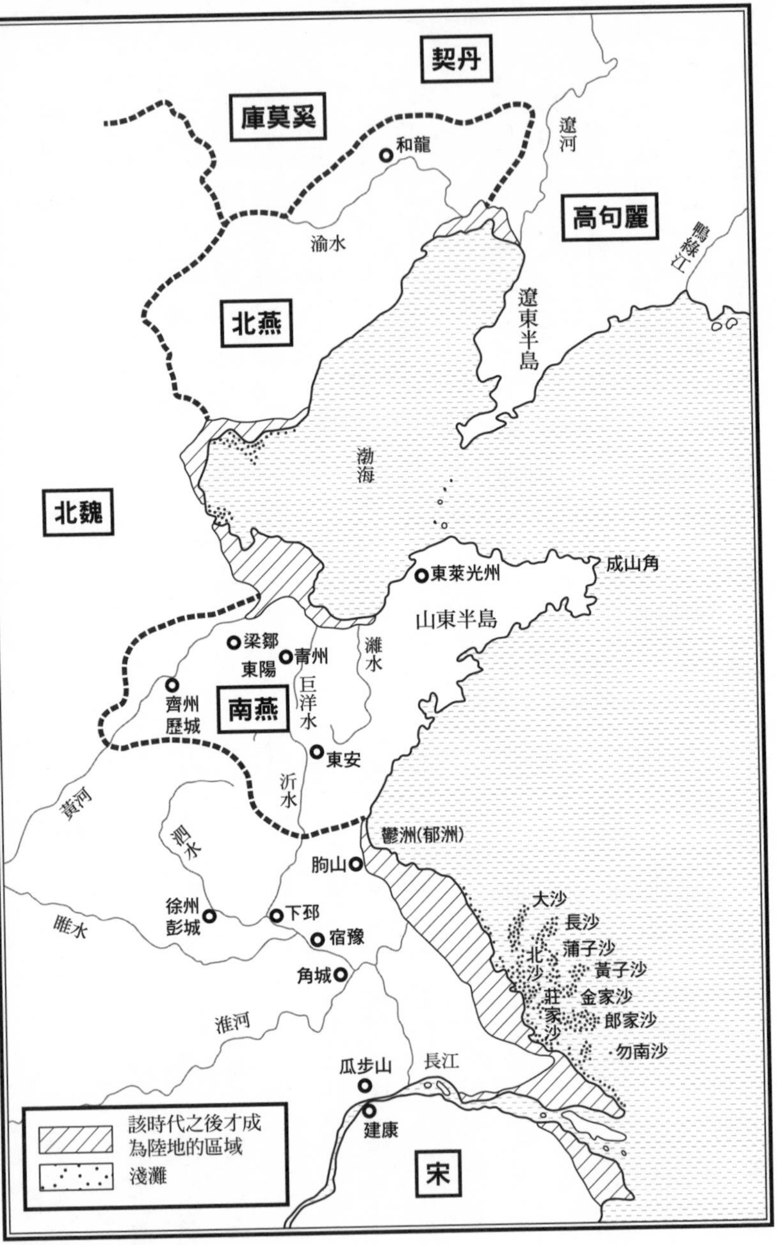

劉裕崛起時期的東亞局勢

期。但在劉裕的北伐之下，後秦就此亡國（四一七年）。

劉裕收復了洛陽及長安，正進駐於長安時，參謀劉穆之突然病逝。對劉裕而言，劉穆之就相當於漢高祖劉邦身邊的張良一樣重要。由於當時劉裕已有逼迫東晉禪讓的圖謀，劉裕擔心自己的重要心腹一死，江南恐怕會隨之生變，因此決定立即班師回朝。

當時的華北，匈奴正統君主赫連勃勃盤踞於陝西北部，強盛的北魏（鮮卑拓跋部）盤踞於山西至河北一帶，匈奴的沮渠蒙遜盤踞於甘肅北部，各自對著長安、洛陽虎視眈眈。消滅後秦的劉裕勢力一旦南歸，造成勢力平衡出現缺口，接下來會發生什麼事可說是顯而易見。自此之後，江南政權不斷失去位於華北的據點，相較於北方勢力逐漸退居弱勢。

統萬城　建立夏國的赫連勃勃徵調十萬民伕興建首都，命名為統萬城，意為「統一天下、君臨萬國」。

原本在淝水之戰結束後，華北在混亂中逐漸形成後秦與後燕兩大勢力對峙。但後來北魏消滅後燕，瓦解了平衡關係，劉裕勢力又在此時消滅南燕及後秦並南歸，導致華北諸雄蠢蠢欲動，最終由北魏統一了華北（四三九年）。

土斷制度的實施

劉裕與桓溫在施政方針上亦頗有相似之處。其最具代表性的政策，就是實施土斷制度。

所謂的土斷制度，前文已稍微提過，指的就是讓華北移居江南的遷

大夏石馬　赫連勃勃時期（夏國）的石馬，現殘存於西安。

徙者以現居地申報戶籍，以利地方官府管理稅賦勞役的制度。

隨著西晉的滅亡，許多百姓為了逃避戰亂而自華北遷徙至江南，這些百姓有的向豪族尋求庇護，有的則淪落為無戶籍的流民。為了避免這個情況，東晉在江南設置了與華北相同名稱的州、郡、縣，讓這些流民除了原本的戶籍（黃籍）之外，能在江南也擁有新的戶籍（白籍）。

但是這套「僑州、僑郡、僑縣制度」，即使是以最小的僑縣來看，也只是將流民集團視為「縣民」的行政措施而已。由於並非在現實中擁有該縣的地理區域，因此要達到原本對縣的要求可說是難上加難。不僅如此，原本的居民與南遷的居民混雜而居，明明住在相同的地方，卻因黃籍與白籍的戶籍種類差異而出現稅役負擔及管理體制上的差別，因而衍生出了歧視、混亂與違法行為等種種問題。

土斷制度的最大目的，就是消除這些弊端，達到增強國力的效果。桓溫所實施的庚戌土斷（三六四年），還算是頗有成效。我們目前已無從考證庚戌土斷的實施細節，但根據當時的史料，我們知道劉裕的義熙土斷（四一三年）是以桓溫的庚戌土斷為參考對象。

劉裕的義熙土斷獲得了相當大的成功。藉由這個土斷制度，移居百姓的戶籍由白籍轉為黃籍。至於僑郡、僑縣的處置方式，有些是廢去其郡或縣，將移居百姓轉入江南居住地的戶籍；有些則是在郡或縣劃分出實際地理區域，使移居百姓擁有該郡或縣的戶籍。因為這個緣故，華北有許多郡或縣，在江南也有相同的地名。

此時期特別值得注意的一個現象，可見於東晉末年范甯對時政所下的評論：「昔中原喪亂，流寓江左，庶有旋反之朝，故許其挾注本郡。自爾漸久，人安其業，丘隴墳柏皆已成行。」

由此可知自江南陷入混亂以來已歷經超過一百年的歲月，這些北來百姓經過世代交替，有許多人已開始適應江南的生活。對新的世代而言，江南就是自己出生的故鄉。

自八王之亂、永嘉之亂起，華北便陷入長期的兵荒馬亂狀態。但在鮮卑拓跋部的北魏統一華北之後，華北逐漸趨於穩定，邁入了嶄新的時代。至於江南的政權，則原本以北來貴族為統治階層，在諸般勢力建立起微妙平衡的前提下，以匡復中原故地為基本理念，形成以征戰為目的的江南王朝。但隨著時間的流逝及華北的安定化，江南王朝的本質也被迫跟著改變。

貴族制度的變化與宋、齊軍事政權

武人政權宋朝的誕生

西元四二〇年，劉裕接受東晉末代皇帝晉恭帝的禪讓，開創了南朝中的宋朝，是為宋武帝。南朝的宋、齊、梁、陳諸朝，便是以宋朝為先驅。宋朝的最大特徵，就在於組成其政權的核心成員並非貴族，而是武將。

宋武帝的在位期間相當短，即位兩年後便病逝了。臨死之前，他下令由皇族或近親擔任北府領導者，並由皇子擔任西府領導者。而宋朝代代嚴格遵守這一道命令。

不管是魏晉時代，還是後來祖逖、王敦等人活躍的東晉時代，都有很多貴族以武將的身分在政

宋武帝劉裕

壇上呼風喚雨。就連北府、西府的領導者，也往往是由貴族擔任，例如謝玄、庾亮等人便是例子。但是進入宋朝後，劉裕改變方針，剝奪了這些貴族的軍事權限。最大的理由，就在於東晉是因西府與北府之間的鬥爭而滅亡，但最後獲得勝利的劉裕是出生於清寒之家的武將，這也可以說是宋朝以後諸朝的重要特徵之一。

然而倘若仔細審視劉裕的晉宋禪讓歷史，會發現過程並非那麼順利。有許多貴族不承認劉裕政權的正統性，因而頑強抗拒。

宋文帝的政治

宋少帝之後，宋文帝劉義隆即位（在位期間西元四二四至四五三年）。有一次，宋文帝想將庶民出身的寵臣中書舍人（相當於書記官）徐爰提拔為貴族，於是對他說：「卿欲作士人，得就王球坐，乃當判耳。（中略）若往詣球，可稱旨就席。」徐爰於是照著宋文帝的話做了，但王球卻揮舞扇子將徐爰趕走。宋文帝得知後，只說了一句：「我便無如此何。」藉由這個故事，我們可以知道當時貴族的力量甚至連皇帝的權力也難以撼動。

因為這個緣故，宋文帝時期的太平盛世是重用名門貴族王弘、王華、王曇首、殷景仁等人所獲得的成果。在這個現象的背後，我們可以看到武家出身的宋文帝對「文」的憧憬與尊重，但另一方面，我們也可以發現其實宋朝的皇帝跟貴族之間隱藏著衝突，但兩者卻可以掩蓋爭端而維持良好的互補關係。

但是貴族在東晉時代之前都握有兵權，進入宋朝後卻遭奪權，這個決策畢竟還是具有重大意義。宋文帝重用王弘等人，與貴族一同以合議的方式處理朝政，維持了三十年的太平盛世（因年號為元嘉，故後世稱為元嘉之治），但即使是在治世期間，宋文帝亦不曾將北府或西府的兵權交到貴族手上。

元嘉之治的終結

貴族的沒落，也可以透過寒門、庶民的崛起看出端倪。筆者在前文曾提過建立宋國的劉裕是出身於寒門之家的武將，而武將掌握權勢，正為貴族以外的下層階級崛起開了先例。

宋文帝元嘉之治的結束，肇因於北魏的南侵。元嘉之治後期（四五〇年），宋文帝基於國內安定且獲得貴族支持，大膽地發兵討伐北魏。但當時北魏的太武帝已併吞諸國，於四三九年完成統一華北壯舉，國力如日中天。

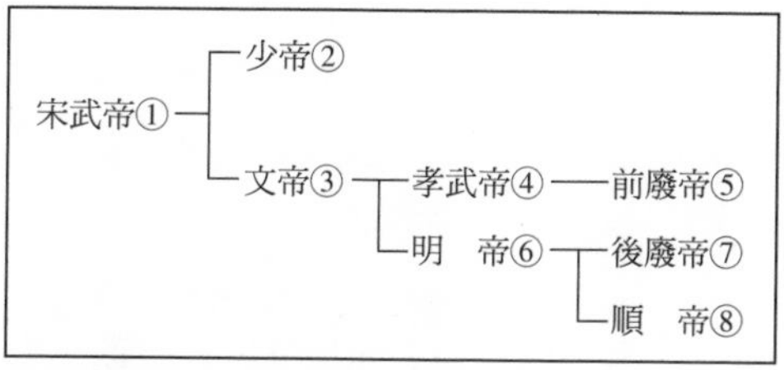

劉宋系譜

宋文帝

過慣了和平生活的宋朝軍隊，對上身經百戰的北魏軍隊，不啻以卵擊石。宋文帝的北伐反而導致北魏入侵淮南，甚至一度造成北魏五十萬大軍與建康只有一江之隔的危險狀態。後來雖然化解了危機，但淮南土地因戰亂與掠奪而荒廢得不堪入目，而且與北魏一戰消耗太多人力與物力，導致此後宋朝國力快速衰退。

在此慘澹氣氛下，又發生了宋文帝遭皇太子殺害的巨變。其後皇太子的勢力又遭當時擔任江州（江西）刺史的弟弟劉駿（即孝武帝，在位期間西元四五三年至四六四年）擊破，皇太子及其四個兒子都被斬首，屍身拋入長江，下場可說是相當悲慘。

疑心生暗鬼的連鎖反應

孝武帝便是在這種子弒父、弟又弒兄及其家屬的人倫悲劇下登基為帝。一旦發生這樣的悲劇，就連除去了亂象的孝武帝自己也會陷入疑神疑鬼的狀態，導致不斷殘殺兄弟及族人的惡性循環。而且這樣的風氣並非只存在於宋朝內部，就連後來的南齊及梁也會受到不良影響，甚至成為王朝興衰的肇因。

舉例來說，孝武帝去世後，原本由長子即位（前廢帝），但後來遭宋明帝殺害並篡位。宋明帝登基之後，共殺害孝武帝的兒子多達十六人。孝武帝剩下的十二個兒子，也在宋明帝的太子（後廢帝）在位期間全數遭到殺害。像這樣血親相殘的悲劇不斷上演，最後終於顛覆了宋朝。一名皇子在臨死之前，感慨萬千地說出「願身不復生王家」之語，道盡了南朝諸國想要掙脫疑神疑鬼的禁錮卻難以自己的精神狀態。

消滅宋朝並建立南齊的蕭道成，親眼見證了宋朝如何因骨肉相殘而步上滅亡之途。因為這個緣故，他為了不讓自己的孩子們重蹈覆轍，可說是費盡了苦心。然而南齊最後還是難逃亡國的命運，由此可知這個現象的本質並沒有那麼單純。

宋朝奪去了貴族的兵權，卻發生掌權的皇族之間互相猜忌。這些皇族既然連親人都無法信任，只好另外尋找能夠信任的人。而在當時的狀況下，要在現實中找到值得信賴的人物，對方肯定不是皇族，甚至是身分卑微的人。宋朝最後遭異姓武將蕭道成篡位，或許是必然的結果。

劉裕以卑微的身分發跡，一生中總是憑著自己的實力打倒並殺害敵對者，這樣的價值觀當然也會顯現在其家庭教育上。何況其子孫成了位高權重、手握重兵的皇子，再加上親人之間互相猜忌，最後導致骨肉相殘也是可以預期的結果。史書中亦曾提及，宋朝皇族間的悲劇，應歸咎於家庭教育的失敗（參閱《廿二史劄記》）。

我們不能否認這是非常重要的肇因之一，但倘若以更宏觀的角度審視當時的時代，會發現南朝自宋之後還發生了許多次類似的案例，由此可知另外還有著我們不應該忽略的重要因素。

出現於社會各階層的以下犯上風氣

而這個重要因素，就在於南朝時代有著相當嚴格的身分階級制度，但是社會各階層卻普遍存在著以下犯上的風氣。不僅是中央，就連地方的軍府也出現了許多希望幫助領袖揚名立萬，讓自己跟著出人頭地的基層人士。

不論是於公於私，居上位者都不斷承受著來自下位者的這種壓力。負責統率藩鎮的皇子們承受了來自屬下們的升官慾望，到頭來只好想盡辦法篡奪皇位。

想要靠與上位者打好關係以獲得更高地位的人，可不是只有武將而已。另外還有很多人憑藉武力以外的方式贏得上位者的青睞，得到了飛黃騰達的機會。特別是靠著巴結皇帝以壟斷權勢的弄臣，在當時的史書內被稱為「恩倖」。

事實上，皇帝獨自處在國政的頂點，每天有著堆積如山的案件必須處理。皇帝自己一個人肯定處理不完，卻又不能把發落這些案子的最終權限交到那些貴族的手上。因為那些貴族總是在背地裡嗤笑皇帝的武將家世，宛如是見風轉舵的牆頭草。

另一方面，宋文帝之後的孝武帝，則是推動中央集權，把權力全部攬在自己身上。但是權力過於集中的結果，當然導致皇帝身邊需要一大群供他使喚、幫他辦事的人。在這樣的前提下，為政者的需求與庶民階層的崛起形成了互相幫助、各取所需的狀況。雖然在宋文帝時期，便已出現這樣的徵兆，但直到孝武帝之後的南朝諸國，才開始出現恩倖政治大行其道的現象。

我們可以發現一個現象，那就是「恩倖」大多是商人或具有商業背景的人物。這些人活躍於南朝的政治界，與貨幣經濟的發展息息相關。

貨幣經濟的發展

成書於這個時代的《顏氏家訓》，是歷史上著名的家訓書。根據書中記載，南朝有所謂的「二萬斛船」。伴隨著經濟發展，南朝在物資的流通上，開始大量利用以長江為首的大小河川及渠道。以當時（西元五、六世紀）而言，這不僅是世界上獨一無二的現象，而且在很早的時期便已發展成熟。

這點光從貨幣流通的狀況，就可以看得出來。當時貨幣流通的熱絡程度，連早熟也不足以形

南朝的貨幣

容，甚至能稱之為異常。不僅是首都及三吳之地，包含長江流域及與其連結的漢水等大小河川流域，都可看見貨幣的大量流通。相較之下，華北由於歷經西晉末年的動亂及五胡十六國的連年戰禍，因此基本上還是維持著以物易物的經濟型態，這點可說是與江南截然不同。

但南朝時代貨幣流通的特徵，可不是只有流通區域廣大而已。其最大的特徵，是早在當時五、六世紀的時期，貨幣便已滲透入商業流通、國政及庶民生活等的所有環節之中。各行各業的人皆是收取貨幣作為酬勞，貨幣成了世人夢寐以求的東西，高利貸靠著借貸貨幣謀取暴利，官吏為了獲得貨幣而貪污枉法，商人們紛紛將貨品運送至擁有廣大消費市場的首都建康。貴族或大地主所擁有的莊園，也是商品流通機制的環節之一，負責生產商品以供應消費市場的需求，與西洋中世紀的莊園頗不相同。所有交換所需的方式，都是透過貨幣。

國家為了因應這個狀況，也以銅錢作為徵收稅賦的媒介，官吏們的俸祿也是以貨幣支付。尤其是宋、齊之後的梁朝，文武百官的所有俸祿皆全面改採貨幣支付。

貨幣經濟盛況的極限

但是這個堪稱異常的貨幣經濟盛況，遇上了一個極大的瓶頸。當時的貨幣是以銅錢為主，但銅礦卻出現供不應求的情況。支票、紙幣的出現，是唐宋時代之後的事，在六朝時代還沒有這些東西。因此銅礦的不足，對經濟發展造成了極大的阻礙。

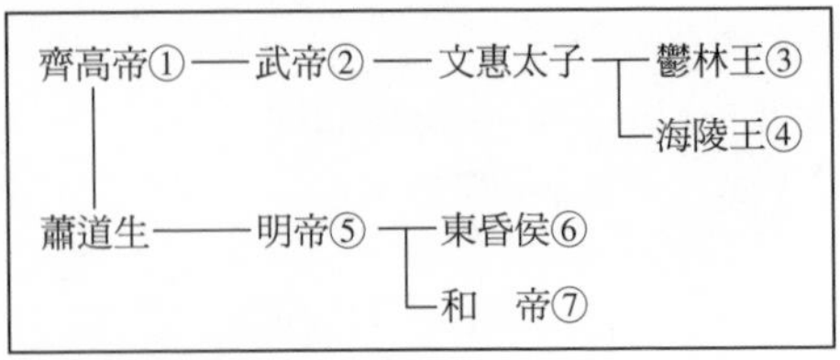

南齊（蕭氏）系譜

國家採取了兩項補救措施，一是提升貨幣的實質價值，讓一錢可以當過去的十錢用，二是允許民間自行製造貨幣。但是想當然耳，前者的成效有限，而後者則會導致市面上出現各種不同的貨幣樣式，而且有許多不法業者會刻意在鑄造貨幣時加入不純物質，以提升利益。

尤其是後者的貨幣不統一現象，對經濟發展造成極大傷害，一直到南朝時代結束，國家對這個問題都提不出真正有效的解決辦法。梁朝時為了解決貨幣量不足的問題，曾經試著改以鐵錢代替銅錢，卻反而造成貨幣樣式混亂的問題極度惡化。

這種貨幣經濟在發展過程中衍生的問題，對作為國家徵稅對象的庶民百姓造成了極大的危害。國家向百姓徵收稅賦時，總是要求以銅錢支付，而且必須是沒有摻入不純物質的銅錢，這可以說是變相的大幅增稅。南朝後期有許多百姓藉由竄改戶籍來逃稅，或是因日子過不下去而起義造反，這一類政治、經濟上的問題可說是背後的主因。

但不管怎麼說，這種連銅錢貨幣供給量也追趕不上，甚至只好以鐵錢代替銅錢的快速經濟發展，可說是這個時代的重要特徵之一。但是為何會發生這樣的情況，以及這與之後唐宋時代的江南發展有何關聯，目前我們尚未徹底釐清。

但以宏觀的角度來看，前述庶民階層的崛起，以及商人出身的恩倖在南朝政界的活躍，都可說是因這個情況而出現的時代產物。由此衍生的種種問題，南朝政權無法加以克服，造成庶民百姓的疲累與不滿，政權的基礎也隨之動搖。這一點將於下一章詳述。

在西元四五〇年北魏南侵之後，宋朝國力便一蹶不振，到了宋明帝時代，淮水以北至山東半島已全遭北魏奪走。後來消滅宋朝、建立南齊的蕭道成（齊高帝），正是崛起於這一帶北部戰線的軍閥勢力。

南齊的興亡

他本來是山東省嶧縣蘭陵人，後來基於土斷制度，戶籍變更至晉陵武進（今江蘇省常州市）的南蘭陵。他在抗北魏據點的淮陰地區（江蘇省）以軍閥的身分不斷累積實力，最後被徵召至中央，擔任軍政職務。宋朝末年，他在平定了江州刺史桂陽王劉休範、荊州刺史沈攸之等人的叛變後，趁機消滅國力空虛的宋朝，建立了南齊。

南齊初期，齊高帝及其子齊武帝一改宋孝武帝以來的施政方針，以回到尚未受北魏侵犯前的元嘉之治時期的安定社會為目標，在改革下成功讓社會恢復了一定程度的小康狀態。其象徵性的政策，就是廢除了「臺使」制度。

從前的宋孝武帝時期，宋朝因與北魏交戰而導致國庫空虛，宋孝武帝為了安定中央財政，自中央派遣使者至地方監督官員的徵稅狀況，這就是「臺使」。但許多臺使仗勢著其中央高官的身分，犯下許多不當斂財的違法行徑，令百姓深受其害。齊武帝的兒子竟陵王蕭子良有鑒於此弊端，建議朝廷廢止了這個制度。此外，當時還採取了延長地方官任期以鞏固其地位的政策，希望能藉此改善民政。

但當時的社會局勢光靠這些政策已難以安定民心。宋文帝末年時期，朝廷曾為了攻打北魏而向百姓徵兵；到了宋孝武帝時期，又不斷加稅及過度徵調勞役，而這些稅役徵調的工作，則全交由臺使負責。

但另一方面，當時的士人（貴族）並不用負擔稅役。每個人的戶籍上都會註記是「士人」還是「庶民」，但是財力雄厚的庶民可以藉由賄賂，將註記改為不用負擔稅役的士人。西元四八六年，朝廷決定對戶籍實施檢查並加強課稅，但此舉引來百姓反彈，為南朝財政提供基礎的浙江一帶甚至發生了庶民叛亂事件，由於領頭者為唐寓之，史稱唐寓之之亂。

百姓對戶籍的竄改，不僅讓士、庶的區別變得模糊不清，而且造成稅賦、勞役來源減少，使財政更加吃緊。如此一來，沒有竄改的百姓就必須負擔更重的稅役，形成惡性循環。

此外，齊武帝沿襲了上代重用恩倖的風氣，並沒有加以匡正。總而言之，宋朝的諸般弊端到了南齊依然沒有獲得根本的改善。

不僅如此，後來繼位的齊明帝非但沒有設法鞏固王朝基業，反而還實施恐怖政治，將諸王一一殺害，造成皇室更加分崩離析。因為這些緣故，南齊從建國到亡國只有短短二十三年。

第五章　南朝後期的政治與社會

梁武帝時代

南齊的齊明帝為了守住自己的皇位，不惜殺害齊高帝、齊武帝的兒子多達二十餘人，可說是暴虐到了極點。其皇位由帶有「惡童天子」臭名的東昏侯繼承，隨後遭蕭衍（即梁朝開國皇帝梁武帝，在位期間西元五〇二至五四九年）於雍州襄陽（今湖北省襄樊市）舉兵消滅。

梁朝建國

蕭衍是南蘭陵人（今江蘇省常州市），屬於南齊蕭氏一族，父親蕭順之是南齊開國皇帝蕭道成的族弟，亦是南齊的開國功臣。蕭衍在這樣的環境下長大，從小就展現出文武雙全的才幹與教養，族人們皆對他寄予厚望。他是南齊皇族內的知識份子，為史上著名的竟陵王蕭子良的「八友」之一，學識涵養豐富，對儒學、老莊思想及佛教學都有極深造詣。

南朝諸國的開國皇帝皆是不具貴族身分的武將，唯獨蕭衍可說是個特例。

南齊末年（四九八年），蕭衍擔任雍州鎮將，雍州是湖北要衝據點，為了抵禦北魏入侵而領兵迎戰。當時東昏侯的暴政正是最嚴重的時期，連蕭衍的哥哥蕭懿也遭到殺害。五〇一年，蕭衍終於集結藩鎮屬官及襄陽地方的豪族、土豪勢力，向東昏侯興師問罪，最後攻陷建康。隔年（天監元年）接受禪讓，開創了梁朝。

蕭衍（梁武帝）懷抱著經世濟民理想與責任感，即使是寒冬也會在凌晨兩點起床處理政務。他採取寬政的方針，致力於恢復百姓生計。在官吏任用策略上，他一方面明確區分士庶貴賤，一方面又為了順利推動國政，而採取重視個人才能與教養的方針，督促貴族階層發起自我革新，同時並進行官制改革，重整貴族制度。

在梁武帝的努力下，這個時期成為南朝史上少見的太平盛世，百姓過著安定、和平的生活。梁武帝在位長達近五十年，由於施政有方，文化繁盛一時，後人以詩稱讚：「南朝四百八十寺，多少樓臺煙雨中」。

梁武帝的改革

梁武帝即位後，召來竟陵王蕭子良「八友」中的知音好友范雲、沈約等人，想要一舉排除自宋朝孝武帝後日趨嚴重、且對政治界造成重大危害的「恩倖」陋習。但是歷經宋、南齊兩朝之後，構成王朝基礎的貴族階級早已頹廢喪志，失去了從前的進取風氣。因此，「恩倖」的問題並非只要不再重用寒民或商人就可以解決。

前節曾提過，蕭衍是南齊的蕭氏一族，在南齊時代屬於貴族的家世。但在南齊時代，蕭氏本身是因為武將蕭道成建立南齊，才一躍成為貴族家世，所以南蘭陵蕭氏給人一種「鹹魚翻身」的印象，與一般貴族有所不同。

但從另一方面來看，在這些「鹹魚翻身」的貴族之中，反而能看見一些從前貴族所擁有的進取精神。因此蕭衍在進行改革時，他不再信任那些地位尊貴的貴族，而是重用與自己的家世相仿，出身下級貴族的知識份子。

他利用自己遴選的謀士們重新修訂禮制與法律，以重整貴族社會為目標。而這套改革的最大特徵，就在於官制的改革。他大幅變更過去的官制，將九品中約相當於六品以上的官銜又區分為十八個等級（十八班制）。過去的九品官制，官品數字越小表示官位越高，例如一品高於二品，二品高於三品，但是十八班制卻是採取相反的做法，官班數字越大表示官位越高。（因此十八班比十七班高，十七班又比十六班高）

在貴族制度下，出生在貴族世家的人就是貴族，能夠在朝廷擔任高官，而出生在庶民之家的人永遠不可能獲得與貴族相同的榮耀。貴族不喜歡擔任政務繁忙的要官或處理爭訟案件的法官，而喜歡擔任工作較輕鬆的祕書官之類職位。因為這個緣故，官吏制度內出現了貴族趨之若鶩的「清官」及貴族避而遠之的「濁官」之別。

官吏原本應該任憑皇帝差遣，依照皇帝的指示執行政令。但清官濁官的區別，卻會阻礙皇帝權限的正常運作。梁武帝於是決定對這種僵化的官吏制度動刀，他藉由將原本的階級分得更細且倒轉數字的尊卑意義，徹底打破傳統的基準，讓皇帝對官吏制度握有更強的支配權限。例如御史中丞這一類職位，由於負責的是對犯法官吏進行彈劾，因此貴族多避之唯恐不及，但是在皇帝權力的行使上，這些官職卻具有舉足輕重的意義。梁武帝藉由官班制度讓這一類官職的地位獲得實質上的提升，藉此增強皇帝對官吏的支配權，由此便可看出梁武帝的意圖。

除了十八班制之外，梁武帝對原本下級士族所擔任的六至九品官職也做了一番改革。共分為七班，統稱為「流外」，並變更為非貴族人士初任官的官職。

當時的上級貴族以鄉品二品起家（門第二品），但梁武帝經由改革，在這些舊有貴族內加入了地位較低的鄉品三至五品起家的士族，對貴族的整體結構進行了重新整編。

學術文化的興盛

此外，梁武帝即位後，除了貴族子弟就讀的國子學之外，還設置了名為五館的教育機構。在五館內，由通曉儒教經典的五經博士負責教育學生，而這個教育機構並非只是教授學問的地點，更是官吏的培養與考試遴選機構。

五館招收學生的對象以寒門子弟為主，據說即使是身分極為低賤者也有受到採用的例子。由此可知，這個官吏遴選方式有著只看才能高低而不論身分貴賤的特性，可說是隋朝之後的科舉制度的原型之一。

由於朝廷的獎勵政策，梁朝的學術風氣盛極一時。梁武帝自己也是精通儒學、老莊思想及佛教學的當代一流學者，由這樣的人物站在政治頂點推廣學術，讓梁朝的學術文化攀上了高峰。例如收錄自古以來優美詩文的《文選》、魏晉以來文學理論集大成的《文心雕龍》，以及一首首字句雕琢、風格輕豔的「宮體詩」，都是這個時代的文化產物。

特別是梁武帝的長子昭明太子蕭統下令編纂的《文選》，匯集了自周朝到梁朝將近一千年間各種含意深遠且表現華美的詩文，對唐朝之後的文學造成了極大的影響。不僅如此，而且在日本聖德太子的「十七条憲法」中也可看見《文選》的影響。到了日本的奈良時代及平安時代，《文選》成為知識份子的必讀之書，對《萬葉集》等日本文學的薰陶也相當深遠。

梁武帝與其虔誠的佛教信仰

在論述梁武帝這個人時，一定要提到他虔誠的佛教信仰。梁武帝原本只是對佛教有著一定程度的理解，但到了在位的中後期，他突然成了相當虔誠的佛教徒。他基於這股信仰，將佛教導入政治的世界，企圖透過佛教實現理想的社會。

他建設了許多寺院，並且舉辦大型法會。原本中國人祭祖是以牛之類的牲畜為祭品（這稱為血食），但梁武帝認為這犯了佛教的殺戒，因此提倡以水果代替牲畜祭拜祖先。

佛教認為世人皆苦，而苦的根源是世人對虛幻無常的物質或現象過於執著。唯有斬斷這份執著，才能頓悟解脫。像這樣的佛教觀，等於是把現實世界視為沒有實體的虛假世界。但中國人自古以來就重視祭拜祖先，並且重視藉此緊密結合的家族關係。堪稱中國民族宗教的儒教，正是反映了這些思想的宗教體制。在這種儒教國家體制之下，皇帝親自提倡在祭祖時取消血食，原本是不符合其皇帝身分的行為。

梁武帝

「孝道」是中國社會最重視的品德，皇帝身為萬民師表，更應該加以尊重及實踐，而梁武帝卻徹底改變了這個方針。

梁武帝的四度「捨身」

要知道梁武帝有多麼虔誠，從他的「捨身」行動便可窺知一二。「捨身」若依字面意思解釋，指的是捐獻身軀以供養佛祖的壯烈行為。但在佛教信仰儀式裡，「捨身」儀式通常是以布施錢財代替捐獻身軀。梁武帝在位期間共「捨身」了四次，分別在西元五二七年、五二九年、五四六年及五四七年。

「捨身」過程如下。首先皇帝會前往同泰寺，召集僧俗眾人，舉行大型法會。接著皇帝會脫去皇袍，穿上法衣，拋棄世俗身分，在佛寺裡服雜役，並為比丘、比丘尼講解佛經。接著群臣會帶著一億萬錢前來贖回捨身的皇帝，並懇求皇帝返回皇宮。皇帝必須拒絕兩次，到第三次才能答應還俗。接著皇帝會再度召集僧俗眾人，舉行大型法會。回到皇宮後，皇帝會實施大赦及改元。

後世有些史學家認為梁武帝如此大張旗鼓地舉行佛教儀式，反而加速了梁朝的滅亡。但在這一連串乍看之下有些匪夷所思的儀式之中，最值得注意的還是最後的大赦及改元。照常理來說，中國的國家儀式必須遵循儒教禮儀，但梁武帝卻將其中一部分融入了佛教儀式之中。

原本所謂的改元，是一種象徵身為世界統治者的皇帝重獲新生，世界也跟著萬象更新的政治概念。至於大赦的意義，則是讓皇帝與萬民一起享受新世界的美好，藉以聯繫皇帝與人民感情。但梁武帝卻將其與佛教合而為一。

佛教傳入中國後，在本書所介紹的魏晉南北朝時代迅速擴張其宗教版圖。光從殘存到今日的大量佛教遺跡，我們就可以感受到當時佛教的盛況。而佛教在中國這片廣大土地能順利紮根的一大原因，就在於安定繁榮長達四百年的漢朝帝國滅亡，百姓在魏晉南北朝的時代裡飽受長年戰火的摧殘。傳統的儒教價值觀已無法為百姓帶來心靈的救贖，百姓只好轉向佛教這個異國宗教尋求寄託。

除此之外，對於在這個時代移居至中國的非漢民族而言，佛教由於同樣是來自異國的宗教，因此有種莫名的親近感。在這樣的社會背景下，佛教成功滲透到了中國的每個地區，也正因為如此，這個時代的為政者往往會透過推崇佛教來拉攏民心。關於這點，本書第二章已提過一些具體的例子。此節提到的梁武帝捨身之舉，若以整個歷史的潮流來看，或許也可視為大勢所趨。

但不論如何解讀，至少我們可以確定一點，那就是梁武帝實施捨身儀式的理由，絕非只是單純篤信佛教而已。他將佛教融入國家儀式中，讓「萬象更新」的儀式與佛教的「捨身」儀式合而為一，或許是為了增加人民百姓對國家的向心力。

事實上，在當時的北朝，同樣採取利用佛教來鎮護國家的政策，而梁武帝對於這一點當然心知肚明。因此我們可以說，梁武帝對佛教的癡迷，還包含著抱持統一天下野心的南北兩朝之間的政治戰略意義。

梁武帝醉心於佛教，自詡為「大慈悲皇帝」，為梁朝帶來了興盛的佛教風氣。但另一方面，隨著時代的推進，皇族的放任、近臣的擅權及貴族階級的好逸惡勞等弊端也跟著故態復萌。

梁武帝的弟弟臨川王蕭宏，在梁軍與北魏軍交戰時，身為總大將卻臨陣脫逃，導致梁軍慘敗。照理來說罪責不輕，但梁武帝卻沒有對此追究，繼續委以重任，展現出寬宏大量的姿態。還有一次，梁武帝聽到風聲，弟弟蕭宏在家裡暗藏兵器，似乎圖謀造反。梁武帝於是帶了一名隨從，親自到弟弟家拜訪，酒宴過後，梁武帝在弟弟家中四下查看，才發現弟弟藏的不是兵器，而是三億多的錢及絹、錦等貴重物品。事實上臨川王蕭宏本來就是有名的貪婪無度，但史書上記載，梁武帝在突襲檢查時沒有找到兵器，雖然發現許多來歷可疑的財富，卻沒有譴責弟弟，反而說了一句「阿六，汝生活大可」，還與弟弟開心飲酒。

梁武帝的失政

像這樣過度鬆懈的「仁政」，衍生出了許多皇族、近臣恣意妄為或徇私弄權，而皇帝卻睜一隻眼、閉一隻眼的問題。再加上後來昭明太子（西元五〇一至五三一年）去世，梁武帝改立其弟弟蕭綱（簡文帝）為太子，引發皇族不滿，諸王之間起了爭執，王朝的基礎逐漸土崩瓦解，這也是導致梁朝滅亡的原因之一。同樣的現象也發生在西晉時代，或許我們可以將之視為時代的通病吧。

流於放縱的施政方針及對佛教的沉迷為國家帶來了危機，但梁武帝卻毫不自覺。梁武帝一直認為自己的施政相當完美，而且對此深信不疑。

有一次，散騎常侍賀琛上諫，大意如下：「近來百姓逃亡的情況相當嚴重，追究其原因，就在於朝廷派出的使者對稅租苛斂誅求之故。社會風俗越來越流於奢華，官吏明明擁有充分的俸祿，卻為了飲宴作樂與眷養女妓而貪贓枉法。原本官家的資產，都遭有權勢者或惡霸之家侵占，這些人對百姓巧取豪奪，導致財政支出不斷擴大，稅金都被耗盡。如今百姓已疲累不堪，請下令簡樸節約，使百姓休養生息。」

梁武帝看了之後非常生氣，對其內容一一加以反駁：「朕向來過的是節儉樸實的生活，就算要進行土木工程，也一定會支給酬勞，從不曾讓百姓做白工。何況朕從來不近女色，也不愛飲酒或聽樂曲，這樣怎麼能算是過奢華生活呢？倘若有哪一名官吏為惡，你就應該指出那個人是誰；倘若你認為財政上哪個部分應該節省，也應該明確指出來。」

然而當時朝廷對官吏的管理相當鬆散，不論中央或地方，官吏掠奪百姓、收取賄賂或誣陷冤枉的情況越來越嚴重，甚至發生過王侯子弟及其隨從在光天化日之下於都城內殺人搶劫，負責維持治安的官員卻睜一隻眼閉一隻眼的例子。

梁武帝的通貨政策

若將焦點轉向經濟層面，會發現這部分也出現了嚴重問題。先前筆者已提過，南朝在貨幣經濟上的發展可說是突飛猛進。但是鑄造銅錢所需的銅礦不足，導致私鑄的劣質貨幣大量流通，妨礙了貨幣經濟的正常機制。

梁武帝即位後，為了解決這個弊端，他盡全力發行良質的貨幣，以消除百姓對通貨的不信任感。在他的努力之下，梁朝所統治的江南出現了頻繁的商品交易行為，長江上甚至往來著載重量高達二萬斛的大船。

但是到了五二三年（普通四年），梁武帝為了根本解決銅礦不足的問題，決定鑄造鐵錢以取代銅錢。若以現代的眼光來看，這實在是很荒謬的政策，但梁武帝煞有其事地加以施行，甚至連官吏的俸祿也改為以鐵錢支付。然而從另一個角度來想，光從朝廷企圖以鐵錢支付俸祿這點，便可看出貨幣經濟對南朝的影響有多麼深遠，以及其衍生出的問題有多麼嚴重。

剛開始的時候，鐵錢政策似乎確實為貨幣不足的問題帶來了一點幫助。然而一旦以鐵錢大量取代銅錢，由於鐵比銅便宜得多，可想而知私鑄貨幣的犯罪行為一定會更加猖狂。換句話說，一旦使用鐵錢，百姓對貨幣的信賴度就會大幅下滑。事實證明，五三〇年代鐵錢的價值迅速跌落谷底，這也證明梁武帝的通貨政策是徹底失敗了。

經濟的混亂導致農民階層的瓦解與流亡，讓社會不安變得更加惡化。

侯景之亂

就在這個時期，北朝東魏的將軍侯景向梁朝請求歸降。侯景是北方人，在北朝末年的大亂中發跡，成為東魏掌權者高歡的左右手。但高歡死後，兒子高澄繼位，侯景成了遭中央政權提防的人物。侯景察覺這個狀況後，決定將河南十三州獻給梁朝。

梁朝得知可以不戰而得河南之地，當然接納了侯景的歸順。但東魏立即發兵討伐，打敗了侯景及梁朝派出的援軍，重新奪回河南之地。在此同時，東魏並向梁朝求和，表達不希望繼續征戰的想法。梁朝內部經過一番議論之後，決定接受東魏的講和，並派出和平使者前往東魏。此時的侯景因與東魏交戰失利，正帶著敗兵殘將逃往壽春。梁朝擅自與東魏講和，讓侯景的處境變得相當尷尬。

於是侯景拉攏了向來對梁武帝心懷不滿的臨賀王蕭正德，僅帶著一千名士兵渡過長江，於五四八年十月二十二日偷襲建康。這場行動攻得梁朝措手不及，整個都城亂成了一團。畢竟自五十年前梁武帝攻打南齊之後，首都建康就不曾受戰火波及，此時的混亂可見一斑。

而且根據該時代的官員顏之推留下的紀錄，當時都城裡的人都很軟弱，「未嘗乘騎，見馬嘶歕陸梁，莫不震懾」，甚至還將馬當成了老虎。在那個時候，從前的建國功臣們都去世了，後進的精銳武將也都被派往各地據點鎮守，留守建康的士兵幾乎都是對戰爭毫無經驗的門外漢。

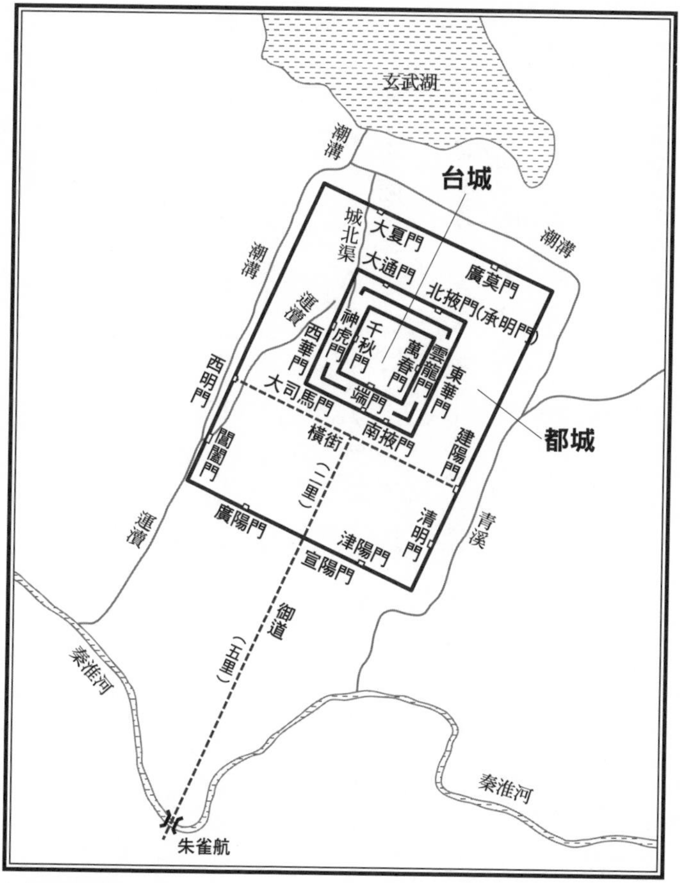

梁朝建康地圖

侯景一邊指揮屬下攻打西邊的石頭城及北邊的白下城，一邊親自率兵突破南邊的朱雀航，渡過了秦淮河，進入市區內。原本侯景的兵力相當單薄，但對梁朝國政心懷不滿的民眾紛紛加入陣容，到二十五日時，建康都城的四面都已遭侯景軍的黑色旌旗團團包圍。

守城的梁軍與攻城的侯景軍展開激烈戰鬥的同時，各地援軍紛紛抵達建康。第一波援軍是梁武帝的第六子邵陵王蕭綸，兵力共三萬，於十一月抵達。侯景軍因軍糧不濟，見到這批援軍出現在都城東北方時，都嚇得驚惶失措。不過，天降大雪與初戰勝利的氣勢，讓侯景軍一舉殲滅了這波援軍，但其後依然有大批援軍朝建康趕來。

建康淪陷

另一方面，困守城內的梁軍卻發生了變化。孤軍奮戰的守城指揮官勇將羊侃突然病逝，城內軍心動搖。侯景不斷投入登城車、火車、蝦蟆車等攻城兵器，又自都城北方的玄武湖引水對臺城發動水攻，同時還為了準備與援軍交戰而事先焚毀建康南方秦淮河南岸的民宅及寺廟，充分展現了其身經百戰的軍事才能。

由於援軍為聯合部隊，而諸王之間互相猜忌，救援行動處處掣肘。有些帶兵者成了侯景軍的內應，有些更甚至與侯景軍同樣是以掠奪為目的。剛看到援軍抵達時，群眾歡欣鼓舞，但不久之後，希望便轉為失望。

在這樣的僵局之下，守城軍困守城內超過一百天，儲備糧食早已耗盡，士兵們爭相捕捉老鼠、小鳥果腹，有些人甚至脫下鎧甲以大鍋煮來吃。更慘的是侯景軍又在水源處下毒，導致城裡每個人的身體都青黑浮腫，腫脹的屍骸在城內各處堆積如山。史書中記載「橫屍重遝，血汁漂流」、「煙氣衝天，臭聞數十里」、「橫屍滿路，不可瘞埋，爛汁滿溝」。據說剛開始圍城時，城內有男女百姓十餘萬、士兵三萬，但後來能拿武器禦敵的人只剩下兩、三千。另一方面，侯景軍也由於無法與儲藏軍糧的東城取得聯繫，陷入軍糧只能支撐一個月的窘境。

於是侯景想出了一條計謀。那就是假裝與梁軍議和，趁議和的期間取得軍糧、修補兵器並給予士兵們喘息的機會。

梁朝皇太子主張接受議和，而年紀老邁的梁武帝察覺這可能是侯景的詭計，因此寧可戰死也不願議和。皇太子的看法是侯景圍城時日已久，援軍卻互相牽制而不肯進軍，不如先接受議和再徐圖良策。梁武帝見皇太子如此堅持，只說了一句：「汝自謀之，勿令千載貽笑。」

秦淮河與浮航　自南京南郊的文德橋遠眺孔廟。文德橋的所在位置，在梁朝原本是著名浮橋「浮航」。近處的河面為秦淮河。

五四九年二月，梁朝以解除臺城之圍為條件，答應割讓江西四州。但是侯景在議和後還是遲遲不肯退兵，任憑城內幾番催促，還是守住了建康不走。此時在援軍方面，原本令侯景最憂心的荊州刺史湘東王蕭繹（後來的梁元帝）在得知議和一事後，決定不派援軍前往建康，此舉讓局勢變得更加混亂。侯景在觀望了一陣子之後，於三月違反約定，再度對臺城發動不分晝夜的猛攻。臺城此時早已無力抵抗，號稱固若金湯的建康城就這麼在十二日落入侯景軍的手中。梁武帝遭到軟禁，臨死前口內苦澀懇求喝一口蜜水，卻沒有獲得同意。臺城淪陷的兩個月後，梁武帝蕭衍就這麼結束了其長達八十六年的人生。武帝一死，皇太子雖然即位（簡文帝），卻不過是個遭侯景嚴密監視的傀儡皇帝。

梁元帝與江陵的淪陷

梁武帝死後，侯景嘗試「挾天子以令諸侯」，但各藩鎮並不服從。侯景只好動用武力鎮壓，並挑了物產最豐饒的三吳之地下手。這個地區是整個江南自東晉南渡以來最富庶的地區，更是江南政權的經濟基礎，卻跟建康城一樣在侯景的侵襲下慘遭蹂躪。首都及三吳之地這些南朝政經樞紐地帶，在侯景之亂下幾乎毀於一旦。

蕭繹打倒侯景，自立為帝

另一方面，梁武帝的第七個兒子蕭繹盤踞於荊州江陵，一方面儲備實力，一方面吸收來自建康的朝臣及難民，勢力不斷地擴張。侯景軍在席捲三吳之地後，繼續往西進攻，兩軍在巴陵大戰了一場。

蕭繹任命名將王僧辯為侯景討伐軍的指揮官，王僧辯巧妙地利用水軍成功擊潰了侯景軍的精銳前鋒。侯景軍往建康的方向敗退，王僧辯趁勝追擊，沿著長江而下，在湓口（江西九江）遇上了由廣東北上的陳霸先軍。王僧辯與陳霸先一同發誓要討伐侯景，兩人於是合兵朝建康繼續進逼。侯景逃回建康後，殺害了簡文帝，自行登基為帝，接著出兵迎戰王僧辯、陳霸先的軍勢。但王、陳的軍隊自秦淮河北岸登陸後氣勢大盛，侯景無法抵敵，只好往東逃竄。但是到了錢唐時屬下反叛，侯景只好將兩個成為累贅的兒子扔進水裡，帶著數十人自海路逃往山東。然而最後侯景還是遭隨從出賣，於五五二年四月在海上結束了其曲折離奇的一生。

在王僧辯等人的努力下，侯景之亂終於獲得平定，盟主蕭繹受王僧辯等人擁戴而登基為帝（梁元帝，在位期間西元五五二至五五四年）。但建康及三吳之地早已殘破不堪，因此即位儀式並非在南朝首都建康，而是改到了江陵舉行。

然而皇族宗室的內部鬥爭並沒有因此而止歇，武陵王蕭紀打著討伐侯景的旗號自成都發兵東下，梁元帝只好出兵迎戰。這場戰爭雖由梁元帝獲勝，但四川卻落入了趁火打劫的西魏手中。這可說是同族相爭，卻由西魏得了漁翁之利。在這樣的局勢下，又發生了一件大事。鎮守在漢水中游重鎮襄陽的岳陽王蕭詧，因向來與梁元帝交惡，竟然投降了西魏，並借助西魏的兵力進逼江陵。

江陵淪陷的悲劇

在西魏攻打江陵之際，由於侯景之亂剛平定，王僧辯等人率領的梁朝主力部隊還在忙著鎮撫長江下游流域及阻擋北齊的侵犯，因而來不及派兵救援。五五四年十一月，西魏以五萬兵力便攻陷了江陵。才華洋溢、好讀老莊且為後世留下不少著作的梁元帝，在落城的前一刻焚毀了城內收藏的十四萬卷書，並留下「文武之道，今夜盡矣」的遺言。

然而悲劇並非到此結束。根據這個時代的正史《梁書》記載，江陵淪陷之時，所有遭俘虜的百姓都被分給西魏將士作為奴隸。這些人被迫在寒冬中徒步而行，千里迢迢地走到西魏首都長安。至於體力無法負荷的老弱婦孺，則都先遭到了殺害。此時被帶往長安的人數有各種說法，包含數萬、十餘萬、五十萬、一百四十萬等等。若依西魏軍五萬來推測，最符合現實的應是十餘萬這個數字。

史書上還記載了一個名叫殷不害的人物，他在江陵淪陷時與母親失散了，為了尋找母親，他不眠不休地四處奔走。當時正是天寒地凍的時期，天空不斷飄下冰雪，路上到處是老弱婦孺的屍骸。殷不害沿路呼喚母親的名字，一邊嚎啕大哭，凡是看見溝渠中的屍體，一定會跳下去仔細查看，以致全身濕透凍僵。到了第七天，他終於找到了母親的遺體……

此外還有一個姓劉的士大夫，在江陵淪陷時遭西魏將軍梁元暉俘虜。劉在侯景之亂時家破人亡，身邊只剩下一個年幼的小兒子。江陵淪陷後，他被迫啟程前往長安。他揹著小兒子，腳上戴著腳鐐行走，但因為風雪太大，實在無法繼續前進。梁元暉這時命令劉拋下兒子，劉苦苦哀求，希望以自己的命換兒子的命。梁元暉卻奪下兒子，扔入雪中，並以棍棒及拳頭毆打劉，要他繼續往前走。劉每走一步，就回頭厲聲哀嚎，精疲力竭加上悲慟難當，幾天後就死了……以上就是史書中所記載當時發生的慘劇。

顏之推的《觀我生賦》

顏之推（五三一至六〇二年前後）是在南北朝後期的亂世中堅強活下來的人物。中國歷史上存在著不少訓誡家族子孫用的「家訓書」，而顏之推的《顏氏家訓》堪稱其中的翹楚。顏之推親眼見證了南北朝時代繁榮一時的三大首都（建康、江陵、北齊首都鄴）的淪陷與滅亡，而且一生歷經四個王朝（梁、北周、北齊、隋）的興衰，可說是渡過了波濤起伏的人生。不僅如此，他曾經為了逃出北周的嚴苛軍政，賭命在黃河河水暴漲時帶著妻小乘坐小舟順流而下，一夜之間由陝（靈寶）直達七百里外的河陰（孟津），成功逃亡至北齊。如此勇敢的事蹟，讓顏之推這號人物得以在中國歷史上留名。

江陵淪陷之時，顏之推不僅也身在其中，而且他還是歷史上少數被擄往長安後，依然存活下來的人之一。

顏之推回顧自己的坎坷一生，作了一首《觀我生賦》，一直流傳到今日，其中一節如下：

> 民百萬而囚虜，書千兩而煙煬，
> 溥天之下，斯文盡喪。
> 憐嬰孺之何辜，矜老疾之無狀，
> 奪諸懷而棄草，踣於塗而受掠。

在這描述江陵淪陷的一節中，流露出的是對前述殷不害、劉某等血淋淋悲劇的痛心疾首之情。顏之推是在年老之後，才回顧自己的人生經歷，為了子孫而寫下流傳千古的《顏氏家訓》，其序言部分還寫了這麼一段話：

> 夫聖賢之書，教人誠孝，慎言檢跡，立身揚名，亦已備矣。魏、晉已來，所著諸子，理重事複，遞相模效，猶屋下架屋，床上施床耳。吾今所以複為此者，（中略）追思平昔之指，銘肌鏤骨，非徒古書之誡，經目過耳也。

顏之推認為無論如何，都必須把自己在侯景之亂、江陵淪陷等禍事中學到的教訓告訴子孫。在他的字裡行間，我們能夠感覺到那股餘悸猶存的心情。

建康與江陵是南朝諸國的核心地區。不論是政治或經濟，都是以此兩地為中央樞紐。但建康的繁華因侯景之亂而毀於一旦，連三吳之地也跟著遭殃；另一個核心的江陵也隨著大量無辜百姓的犧牲而失去了舊日繁榮。至於那些好不容易從江陵走到長安的人，除了少數幸運兒之外，也必須以奴隸的身分結束其一生。

俘虜後來的命運

自西魏進入北周時代後，朝廷曾經下令讓當年從江陵被擄來的江南百姓恢復自由之身。首先在五六五年六月，北周皇帝下詔，釋放來自江陵的奴隸中年紀超過六十五歲的老年人。此時距離江陵淪陷，已過了十一個年頭。但以當時的平均壽命來看，這些從江陵歷盡風霜抵達關中並活到六十五歲以上的奴隸，幾乎都已是年老力衰。朝廷美其名為釋放，說穿了是放逐這些派不上用場的無用之輩。

五七二年十月，皇帝再次下詔釋放來自江陵的奴隸，而且這次沒有年齡限制。此時距離江陵淪陷已過了十八年。雖然這次的釋放令不限年齡，卻附帶了另一個條件，那就是奴隸的主人倘若想將這些奴隸留在身邊，也可以這麼做，只是必須重新給予他們「部曲」、「客女」的身分。這個時代的部曲、客女，是介於奴隸與平民之間的身分，跟奴隸同樣被歸類在「賤民」一類，並非真正的良民百姓。換句話說，如果主人想將這些江陵奴隸留在身邊繼續奴役，只要將他們的身分從奴隸改成賤民就行了。如果過去這些奴隸表現不錯，與其讓他們完全自由，大多數的主人都會選擇以部曲之類賤民的方式繼續奴役他們。

這些人雖然在江陵淪陷時保住性命，在天寒地凍的長途跋涉時苦撐了下來，甚至熬過漫長的奴隸生活，卻不知是幸還是不幸。到了晚年能恢復自由之身的幸運兒，想必是少之又少吧。

以這樣的觀點來看，顏之推能夠歷經那麼多悲劇卻得以壽終正寢，可說是特例中的特例。他在對子孫的訓誡中，還有這麼一段：

> 自荒亂已來，諸見俘虜。雖百世小人，知讀論語、孝經者，尚為人師；雖千載冠冕，不曉書記者，莫不耕田養馬。以此觀之，安可不自勉耶？若能常保數百卷書，千載終不為小人也。（中略）父兄不可常依，鄉國不可常保，一旦流離，無人庇廕，當自求諸身耳。諺曰：「積財千萬，不如薄伎在身。」伎之易習而可貴者，無過讀書也。

顏之推訓誡子孫的這番話，完全是基於自己的人生體驗，並非空泛的老生常談。在歷經了無數苦難後，顏之推深刻體認到，貴族要永遠保持貴族身分，就必須在讀書求學上精益求精。而這樣的觀念，正與後來科舉制度的唯才是用理念不謀而合。顏之推能有這樣的遠見，正是因為知道只重視血統的貴族世家在時代洪流中有多麼不堪一擊，並且親眼見證了沒有辦法找出活路的南朝貴族，終於步上了滅亡之途。

此外，顏之推在書中對宦官田鵬鸞讚譽有加，因為這名宦官勤奮好學，而且為了保護君主不惜犧牲生命。但值得注意的是田鵬鸞是蠻族，在四、五歲時遭閹割成為宦官，多半原是戰俘或賣身之人。蠻族在這個時代遭到漢族嚴重歧視，被認為是比北方的胡族更加「愚昧」的種族。因此一般而言，漢族絕對不會給予蠻族正面的評價。但在顏之推的字裡行間，可以看出他除了強調讀書求學的重要性之外，還對基於身分、性別或種族而歧視他人的觀念抱持強烈反感。

這有點類似華北所產生的跨越胡漢仇恨鬥爭、追求雙方和睦融合的潮流。就這點而言，顏之推可說是走在時代的前端，已擺脫了魏晉南北朝派閥主義及民族鬥爭的窠臼。

陳朝的興亡

陳霸先與陳朝

梁朝王僧辯等將領聽到江陵淪陷的消息後，原本決定擁立梁元帝的第九子蕭方智為帝，但是當時負責以使節身分與北齊交涉的著名文士徐陵，向王僧辯主張西魏得到蜀地、襄陽、江陵等地後勢力大增，梁朝必須與北齊聯手對抗西魏才能存活。王僧辯最後接納了這個提議，於是改立北齊送回來的蕭淵明（梁武帝蕭衍的哥哥蕭懿的第五子）為帝，並以蕭方智為皇太子。

陳霸先得知這件事後相當憤怒，認為蕭淵明並非正統皇位繼承人，何況背後還有北齊勢力介入。於是陳霸先在西元五五五年九月，自其鎮守的北府京口發兵攻打建康，殺死王僧辯，重新擁立

陳武帝　南陳建立者，傳聞其墓萬安陵曾遭王僧辯的兒子王頒等千餘人掘墳焚屍，根據《北史》記載，當時陳霸先（武帝）的屍首鬍鬚完整，宛如生前一般。

蕭方智為帝，是為梁敬帝。兩年後的十月，陳霸先接受禪讓，開創了陳朝，是為陳武帝（在位期間西元五五七至五五九年）。

陳霸先出生於吳興（今江蘇省吳興）的貧賤之家。過去南朝諸國的開國君主都是自北方遷徙至江南的人，唯獨陳朝的開國君主是江南出身的武將，這可說是陳朝的一大特徵。

這個現象的背後，意味著梁朝末年的戰火摧殘，已經讓過去以建康及江陵為基礎的南朝貴族制國家結構開始瓦解。正如同筆者在前文的描述，梁朝末年的混亂已讓貴族失去了昔日的威風，取而代之的是江南社會的土豪及將帥人物開始嶄露頭角。以長江中游流域為據點的王琳，以及江西的周迪、浙江的留異、福建的陳寶應等人正是典型的例子，陳霸先的政權也與這些勢力有著相同的特性。

除此之外，陳朝還有另一個值得注意的特徵，那就是這個國家發跡於廣東以南的未開化地區（當時稱為「嶺南」），而在江南核心都市建康樹立政權，在此之前的歷史從未發生過這樣的現象。雖說陳朝失去了四川、湖北、湖南、淮南等地，疆域在南朝諸國中最為狹小，但南朝整合了包含嶺南在內的整個中國南方，這點可說是具有重大歷史意義。

以宏觀的角度來看，可視為漢族自江南往福建、廣東等南方世界擴大延伸，並與當地諸民族融合，這是中國歷史上相當重要的一股潮流。關於這一點，將於下一章述。

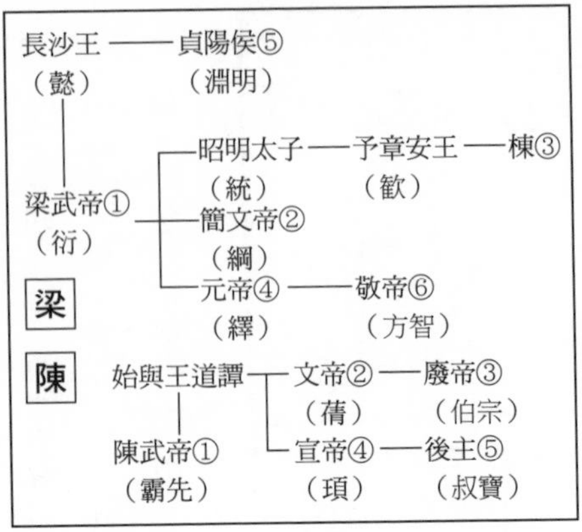

梁、陳系譜

另外還有一件事值得一提。梁朝末年，交州（現在的越南一帶）有個名叫李賁的人物率眾造反，不服梁朝的統治。陳霸先在討伐李賁勢力時立了大功，據說梁武帝為了獎賞他，派畫師為他畫了肖像畫。

雖然畫肖像畫一事的真假不得而知，但可以肯定的一點，是陳霸先早在這個時期，便開始培養自己的軍隊，並與當地勢力建立良好關係。就在這個時期，發生了侯景之亂。陳霸先為了救援首都建康，自嶺南出發，一邊聯繫途中的各地豪傑，一邊沿著江西揮軍北上，最後如同前述，在湓口（江西九江）與王僧辯會合。

梁末陳初的叛亂

在梁末陳初的時期，原本是南朝諸國政經基礎的建康、江陵等地區化為廢墟，連帶讓居住在這些地區的北來貴族階層所建立的社會上層結構遭受毀滅性的打擊，這使得原本位居北來貴族階層地位之下的南朝本土社會結構開始發揮其影響力。

當時的史書記載：

梁末之災沴，群凶競起，郡邑巖穴之長，村屯鄔壁之豪，資剽掠以致強，恣陵侮而為大。（中略）世祖或敦以婚姻，或處其類族，豈有不能威制，蓋以德懷也。

而具體的人物，就是前文提到的長江中游流域的王琳、江西的周迪、浙江的留異、福建的陳寶應等人。以陳寶應為例，史書中記載他是福建晉安人，早在其父親陳羽的時代便已手握私兵，對晉安郡的郡政發揮了影響力。梁元帝見陳羽勢力龐大，只好任命其為晉安郡的太守。到了兒子陳寶應這一代，已發展成為一手掌握福建地區兵權的軍閥勢力。

因為陳寶應也姓陳，後來的陳朝為了拉攏這股勢力，承認陳寶應為皇族宗親，其子女不論年紀大小皆封爵。

然而根據史書記載，這個陳氏一族與福建的蠻族有所往來，不僅接納蠻族的風俗，髮型及行為舉止也仿效蠻族的傳統。不僅如此，而且陳氏受蠻族擁戴為族長，與蠻族之間亦有著血緣關係。

這樣的現象代表著什麼樣的歷史意義？筆者在前面的章節及本章，都曾提過江南及荊州等地的貨幣經濟發展及六朝貴族文化的繁榮，並指稱這是江南社會文明開化的特性。然而事實上在六朝時期的中國中南部本土社會之中，同時存在著與此背道而馳的相反現象，而其中的典型例子，就是史書中所記載的梁末陳初時期「郡邑巖穴之長」的割據勢力。

這裡的「巖穴」指的是什麼？根據當時的文獻記載，「巖穴」一詞亦可稱為「洞」，而自這個時期開始，「洞」是漢族對於非漢族聚落的普遍稱呼。關於「洞」的分布地點，可參照下頁圖。

這個圖上同時標示了孫吳時代讓孫吳勢力無法順利統治江南的山越民族的分布，以及與其重疊

山越分布圖

的奇特風俗「畜蠱」（飼養毒蟲）的分布狀況。事實上，洞、山越、畜蠱這三個字眼都與非漢民族有關。那麼，這些字眼到底各帶有什麼樣的意義呢？

簡而言之，正如同前文的描述，南朝貴族制國家結構的核心地區建康、江陵等地遭到摧殘，導致社會上層結構消失，南朝本土社會基層結構開始發揮其影響力。而這樣的南朝本土社會結構在中國歷史發展上扮演什麼樣的角色，將於下一章詳加探討。

發生於梁朝末年的各地土豪將帥割據現象，直到陳武帝之後的陳文帝時代才有餘力加以平定。陳文帝不僅消滅了江西的周迪、浙江的留異、福建的陳寶應等割據勢力，而且又成功集結王僧辯的舊屬，平定了長江中游流域的王琳勢力，終於奪回整個江南的統治權。到了陳宣帝時期，又自北齊手中奪回淮南，國勢逐漸開始走上坡。

陳朝的滅亡與隋朝統一中國

但是陳朝能從北齊手中順利奪回淮南，或許該歸因於北齊正進入最後一個皇帝（齊後主）的時代，國力已極度衰弱的緣故。時代的大趨勢，正逐漸倒向承接西魏的北周政權。

北周於西元五五六年建國，在五七六年傾全力攻打北齊，隔年成功統一華北。自此之後，北周逐漸形成一個極度強盛的國家，除了其自身原本擁有的領土之外，又獲得了四大疆域，第一是曾為北齊核心地帶、擁有強大經濟力的山東，第二是直到梁武帝時代之前都是南朝領地的四川，第三是以漢水中游流域的襄陽為中心的雍州（今湖北省），第四是以江陵為中心、從前讓劉備與孫權搶破頭的荊州。

對於盤踞在江南地區且以建康為首都的南朝諸國來說，長江形成了天險，敵人要渡過淮水後自長江北岸直接攻打建康並不容易。但江南政權雖有天險保護，卻也存在著極大的弱點，那就是當敵人自長江上游沿江而下發動攻擊時，往往難以抵禦。

正因為如此，從前的曹操才會企圖自漢水流域南下征服荊州，再從荊州攻打孫吳。此外，梁武帝能夠沿漢水而下攻陷建康，以及盤踞荊州的桓溫、桓玄等藩鎮勢力能夠對中央政權發揮極大的影響力，都是基於這種江南軍事地理上的特徵。

在隋朝統一天下前的陳朝，已經失去了四川、襄陽、江陵這些要地。再加上隋朝在優秀君主隋文帝楊堅的統治下國力昌隆，統一天下的氣勢越來越高漲。另一方面，與之相抗衡的陳朝君主陳叔寶（陳後主）卻與貴妃張麗華躲在宮中過著荒唐糜爛的生活，完全不理朝政。

不僅如此，隋朝利用了江南地區農作物收成比北方早的弱點，每到江南的收成時期便佯裝發動攻勢，讓陳朝疲於奔命。就好像逐漸收束的緊箍咒，讓陳朝不得不屈服。

等到隋朝派遣五十萬大軍南下時，陳朝早已無力抵抗。西元五八九年，陳朝滅亡，自陳後主以下的皇族及官吏都遭俘虜，大批戰利品被送往北方。建康的建築物全遭破壞，長年作為南朝文化中心的繁華毀於一旦，長達兩百七十年的南北朝時代也終於畫下了句點。

第六章　江南的開發與民族鬥爭

孫吳與山越

在記錄南朝歷史的史書《南史》中，關於南朝梁末時期（西元五五二年十二月）有這麼一段文字記載：「淮南有野象數百，壞人室廬。」所謂的淮南，指的是流經中國中部的淮河及長江之間的地區，若以現在中國行政區域來看，相當於長江以北的江蘇省、安徽省一帶。根據史書中的這段記載，我們可以知道當時淮南棲息著數百頭野生大象。

六朝時代的大象

如今的中國，大象只棲息於雲南省南部，而且數量已相當稀少。然而根據此記載，五世紀中葉時，淮南地區有著至少多達數百頭的野生大象。在這個年代的其他史書裡，也可找到關於野生大象的紀錄，可見得其棲息範圍相當廣大。何況「象」這個字原本就是依大象的模樣所作的象形字，可見得在更古老的時代，大象在中國的棲息範圍一定更加廣大。

為什麼筆者要在本章開頭特地提到大象？那是因為當時的淮南地區既然棲息著數百頭野生大象，表示那裡還有著適合大象生存的自然環境。但是筆者在第四章、第五章曾提過，南朝的貨幣經濟相當發達。乍看之下，這兩個現象之間似乎存在著不小的矛盾。

這意味著一個或許能稱之為理所當然的事實：在這個時代，中國中部的淮南及其南方的江南地區的開發、發展狀況，絕對不能與現在發展速度突飛猛進的江南上海地帶相提並論。

雖然魏晉南北朝是個以江南為中心的貴族文化開花結果的時代，但我們不能因此而忽略了當時的南方還帶有這種尚未充分開發的顯著特徵。野生大象的紀錄，正是最佳的佐證。

山越與短人

孫權時代的黃武五年（二二六年），有一名為秦論的賈人（商人）自大秦（指羅馬帝國）來到孫權統治下的交趾（今越南河內）。當時交趾太守吳邈派人護送秦論前往會見孫權，孫權見了秦論，後詢問大秦的風俗民情，秦論詳細回答。當時正好諸葛恪討伐了丹陽黟歙地方（今安徽省南部）的山越，擄獲了一批「短人」，帶來獻給孫權。秦論見了這些短人，說道：「我在大秦偶而也會看見像這樣的人。」於是孫權從這批俘虜中挑出男女各十人送給秦論，並命令會稽（今浙江省紹興）出身的下級官吏劉咸護送秦論離開。[1]

獻上這批「短人」的諸葛恪，喜愛《三國志》的讀者們想必都知道，他是諸葛亮（孔明）的侄子，更是孫吳時代的著名重臣。前文中提到的山越討伐，正是諸葛恪的重要功績之一。

所謂的山越，指的是「住在山中的越人」。而所謂的「越」，就是成語「吳越同舟」的「越」，也是以「臥薪嘗膽」的典故而留名後世的越王句踐的「越」。此外，現在的越南這個國家的「越」，也是源自類似的概念。在三國時代，這些越人居住在江南的山岳地帶。當吳國全力對抗北方的魏國時，山越在後方起了牽制的作用。

當時山越的勢力相當龐大，就連孫權也視之為勁敵。猖狂的山越讓孫權窮於應付，逼得孫權不得不寫信向魏國低頭謝罪，還在信中寫下「若罪在難除，必不見置，當奉還土地民人，乞寄命交州，以終餘年」等語。

由此可知，吳國在對抗魏國的過程中，這些山越勢力形成了極大的阻礙。正因為如此，諸葛恪討伐山越，可說是立下了大功。前文中提到「短人」這個稱呼，那是因為遭諸葛恪所討伐、俘虜的山越人的平均身高比一般漢人要矮得多，一看就知道不是漢人。而這樣的稱呼中是否又隱含什麼樣的意義？

江南的「矮奴」

在此稍微將時代往後拉，在唐朝的時候，江南道有個稱為道州的地方。這裡的人大多身材矮小，在朝廷官員眼裡相當稀奇有趣，因此朝廷每年都命令此地獻上男丁作為奴僕之用，並稱這些人為「矮奴」。當時有個名叫陽城的人被調派到此地擔任刺史，當他得知這裡的良民經常像這樣淪為奴隸之後，內心相當過意不去。這裡的百姓不僅遭到朝廷的奴役，而且每年都發生骨肉分離、妻離子散的悲劇。根據史書中的記載，陽城向朝廷上諫，廢除了這項以男丁獻貢的苛政，因此全道州的百姓都很感激他。

道州位在長江中游的洞庭湖以南，以現代的行政區分就相當於湖南省的南部。但此處有一個問題，這裡的百姓既然是在朝廷設置的道州之內生活，應該可視為一般的良民，倘若沒有犯罪，為什麼會被官府以納貢為由送往中央當奴隸？此外，這段紀錄中提到道州的百姓大多身材特別矮小，這又是為什麼？

事實上在唐朝之前的魏晉南北朝時代，包含後來的道州在內的湖南省南部地區，住著許多非漢民族。這些人在遭到討伐之後，往往會成為奴隸（這點在之後的章節還會詳細探討）。此外，以現代中國的狀況來看，南方人的平均身高也比北方人來得矮一些，有學者主張這是從前的漢族與越族、蠻族等原住民族通婚混血的結果。綜合以上諸點，我們可以推測出道州的百姓有著濃厚的非漢民族血統。

換句話說，雖然這些人依然帶有非漢民族的特徵，但是早在唐朝，他們就被納入了統治之下，成了擁有戶籍、須納稅的新「漢族」良民。

將這個概念與前述的「短人」，也就是山越民族的現象放在一起檢視，我們可以得到一個結論，那就是漢族的勢力在這個時代往南方擴張，造成許多地方都逐漸出現了非漢民族的漢化現象。

中國南方的非漢民族

本節將探討前節所提到的江南地區非漢民族，在魏晉南北朝時期的真正面貌。在現代一般人的觀念裡，漢族是中華文明的傳播者，發源於黃河中游流域，不斷排擠周圍的非漢民族並擴張勢力，最後形成今天的分布狀況。但是本節所探討的內容，將清楚勾勒出當時的實際局勢，並徹底顛覆過去大家心中的觀念。以下先從長

長江中游流域的非漢民族

江中游流域、江南南端的福建地區，以及四川地區舉出一些具體的例證。

生活於長江中游流域的非漢民族，在魏晉南北朝的中期（約五世紀中葉）曾發生大規模叛亂，引來漢族朝廷的殘酷掃蕩與鎮壓。以下引用史書中的內容：

自元嘉將半，寇慝彌廣，遂盤結數州，搖亂邦邑。於是命將出師，恣行誅討，自江漢以北，廬江以南，搜山蕩谷，窮兵罄武，繫頸囚俘，蓋以數百萬計。至於孩年耋齒，執訊所遺，將卒申好殺之憤，干戈窮酸慘之用，雖云積怨，為報亦甚。2

此段紀錄中的「繫頸囚俘，蓋以數百萬計」雖是誇大其辭的說法，但當時的史書裡記錄了這場叛亂中一部分戰役的具體俘虜人數，若將這些數字實際加起來，也多達十八萬三千餘人。

根據比這場叛亂稍晚一點的紀錄，當時南朝宋國藉由戶籍所掌握的人口總數為五百一十七萬四千零七十四人。另外，這場叛亂的主要發生地點，也就是剛剛提到的長江中游流域至漢水流域的要衝地區雍州，戶籍上的人口總數為十五萬七千九百九十九人。另一方面，在蠻族遭討伐並俘虜後，這個地區依然存在許多蠻族，若以現存文獻史料來推測，總人數不下一百萬人。

剛剛提到的五百一十七萬四千零七十四人，是朝廷為了徵調稅役，透過戶籍統計所得到的人口數。但當時有很多人為了逃離朝廷的掌控，想方設法讓自己沒有列在戶籍清單上，因此實際的總人口數一定比這個數字還要多得多。但所謂的非漢民族一百萬，只是湖北雍州一帶非漢民族的總數，

州別	縣數	戶數	人口數	戶數占諸州總數的比率（%）	人口數占諸州總數的比率（%）
諸州（22州）総計	1,265	901,769	5,174,074	100（%）	100（%）
揚州（建康所在地）	80	247,108	1,605,694	27.40	31.03
南徐州（北府所在地）	70	71,768	418,078	7.96	8.08
荊州（西府所在地）	48	56,502	264,321	6.27	5.11
雍州	68	37,139	157,999	4.12	3.05

南朝宋國戶數、人口數表

並不包含其他地區的非漢民族。

在這個時代，江南南端的福建地區，以及劉備、諸葛亮曾經盤踞的長江上游四川地區（蜀），存在著相當龐大的非漢民族（詳細情形將在後面的章節說明）。若將當時漢族影響力尚未穩固的華南廣東、廣西地區非漢民族包含在內，這個時代中國中南部非漢民族的人口總數應該能與漢族相提並論，甚至有過之而無不及。這一點在思考魏晉南北朝時代中國中南部局勢時，必須特別留意。

山丘連綿的福建

接著讓我們看看福建地區。福建與現在的臺灣隔海遙望，是一片山丘連綿的地區，相當於前文所列「山越分布圖」中的臨海郡與建安郡。可惜現存的魏晉南北朝各種史書文獻，對福建的狀況都沒有詳細的記載，因此我們只好以時代稍晚一點的史料，來推估魏晉南北朝時期的狀況。根據十一世紀北宋司馬光所作的著名史書《資治通鑑》記載，在九世紀的唐朝時代，居住於福建東部的黃連洞蠻族，曾經襲擊當時漢族勢力於該地區的重要據點汀州城。

黃連洞蠻二萬圍汀州，福建觀察使王潮遣其將李承勳將萬人擊之，蠻解去，承勳追擊之。（《資治通鑑》〈唐昭宗紀〉乾寧元年條）

此外，南宋著名地理志《輿地紀勝》中，記錄了福建南部漳州一座石碑的碑文：

廟碑云，公姓陳諱元光，永隆三年，盜攻潮州，公擊賊降之。公請泉、潮之間，創置一州。垂拱二年，遂敕置漳州，委公鎮撫。久之，蠻賊復嘯聚，公討之，戰沒。（《輿地紀勝》福建路漳州、官吏、陳元光條）

從這些史料紀錄可以得知，在魏晉南北朝之後的唐朝，福建東部與南部依然存在著非漢民族，不服唐朝政權的統治，經常聚眾造反。換句話說，即使到了唐朝，福建依然是「蠻夷味」相當濃厚的地區。

概觀魏晉南北朝時代至隋唐時代，漢族對福建的開發只限於以下這兩塊區域。第一，與長江三角洲以南的浙江南部相鄰的福建東部區域，漢族可循海路對此地進行開發。第二，福建的西北部，漢族可由與此地相鄰的江西東部循陸路對此地進行開發。現代「福建省」這個名稱，取自於福建東

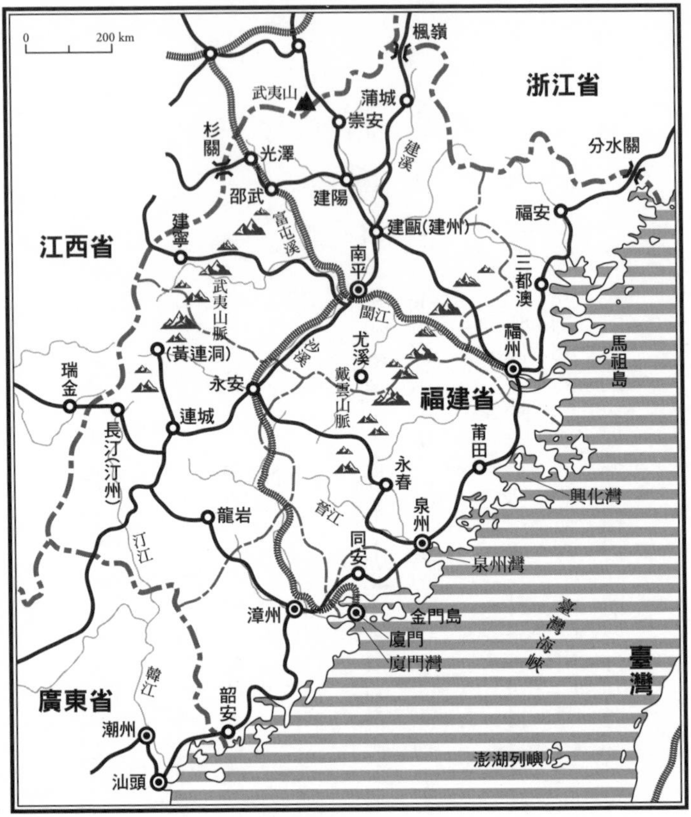

現在的福建省地圖　（ ）內為唐朝地名。

部核心地區福州的「福」，以及西北部核心地區建州的「建」，這絕非只是偶然的巧合。從「福建」這個名稱，就可以看出漢族在福建地區擴張勢力的歷史經過。

進入唐朝中期後，開拓的範圍更加延伸，原本被區隔成西北部與東部這兩部分的漢族居住地區終於相連。前面的文獻中提到遭蠻族攻擊的汀州，就是漢族在這個時期於西部山岳地帶設置的開拓前線據點。此外，碑文中提到陳元光為了討伐蠻族，而上諫請求在福建南部設置漳州，這個漳州與前述的汀州，以及更早的福州、建州相連貫，由此可知這時漢族對福建的開發已更有進展，超越了剛開始只在福州、建州的階段。漳州、汀州、福州、建州這些據點，形成了漢族居住地帶的環狀結構。

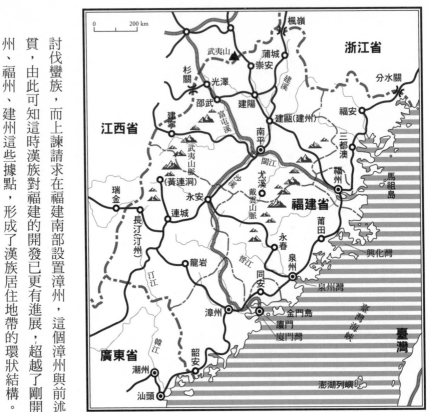

期 西曆年	總數	福建	福州	福寧	興化	泉	漳	建	延平	邵武	汀	福建／全國
I 期 960-975	173	2 100%						1 50%	1 50%			1.2%
II 期 977-1024	3219	275 100%	41 14.9%	3 1.1%	24 8.7%	75 27.3%	5 1.8%	95 34.5%	19 6.9%	6 2.2%	7 2.5%	8.5%
III 期 1027-1067	4805	669 100%	117 18.1%	1 0.2%	136 19.7%	127 18.9%	13 2.2%	203 29.9%	40 6.2%	30 4.5	2 0.3%	13.9%
IV 期 1070-1124	10569	1587 100%	347 21.9%	26 1.6%	281 17.7%	142 8.9%	59 3.7%	201 31.6%	151 9.5%	68 4.3%	12 0.8%	15.0%
V 期 1128-1160	3697	777 100%	264 34.0%	38 4.9%	120 15.4%	88 11.3%	23 3.0%	137 17.6%	69 8.9%	27 3.5%	11 1.4%	21.0%
VI 期 1163-1238	12476	2747 100%	1141 41.5%	196 7.1%	367 13.4%	388 14.1%	140 5.1%	305 11.1%	149 5.4%	42 1.5%	19 0.7%	22.0%
VII 期 1241-1274		622 100%	326 52.4%	51 8.2%	47 7.6%	96 15.4%	15 2.4%	60 9.6%	5 0.8%	16 2.6%	6 1.0%	

科舉合格者人數的變化（資料來源：佐竹靖彥《唐宋期福建的家族與社會》）

由地圖可知，這個環狀結構將原住民居住地區包圍在其中，令原住民的生存空間更加受到壓迫。顯然這個時代發生在汀州、漳州等地的漢族與非漢民族之間的鬥爭，是由漢族占盡了上風。

在這樣的局勢之下，到了唐朝中、晚期，漢族的勢力範圍更加擴張，除了過去由建州通往福州的路線及其周邊一帶之外，更延伸進了當時稱為「黃連洞」的廣大非漢民族居住地帶。原本黃連洞的勢力範圍相當廣大，是日本九州的一半，但是到了唐朝末年，這塊區域的北半部幾乎完全漢化。

其後漢族與原住民之間的對峙前線據點繼續南下，轉移到了黃連洞南部一處稱為潭飛礤的地方。

以上就是發生在本書主要探討的魏晉南北朝時代之後的唐朝時代，福建地區諸民族之間紛爭的具體狀況。進入南宋時代之後，由於首都轉移至杭州臨安府，因此福建地區快速發展，成為走在時代前端的地區，甚至誕生了朱子學創始者朱熹。但是在此之前的時代，尤其是本書所探討的魏晉南北朝時代，這塊土地與走在時代前端的形象可說是背道而馳。

事實上這個現象具有非常重要的意義，並非只是單純的前述漢族與非漢民族人口多寡的問題而已。只是受到南朝貴族制度的光芒掩蓋，長久以來一直沒有受到重視。

其最大的意義，就在於生存範圍如此廣大的非漢民族，並未在後來的時代步上了滅絕之途。由本章開頭的諸般例證來看，這些南方的非漢民族就跟北方的胡族一樣，經由混血及接納漢族文化而與漢族融合，形成了新的漢族。這在中國的南方開發、拓展史及漢族形成的考證上，可說是具有舉足輕重的意義。

範圍大於整個日本的四川

接著讓我們來看看四川地區的狀況。現在的四川省總人口將近一億兩千萬人，總面積五十六萬平方公里，超越了日本全部國土的面積[3]。其南部峨嵋山以南的山岳地帶，直到今天依然居住著許多非漢民族。但是在北方的四川盆地（或可稱之為四川大平原）內，則幾乎已看不見非漢民族的蹤影。

然而根據北宋著名地理志《太平寰宇記》中收錄南朝梁國李膺所作《益州記》殘篇內容記載，

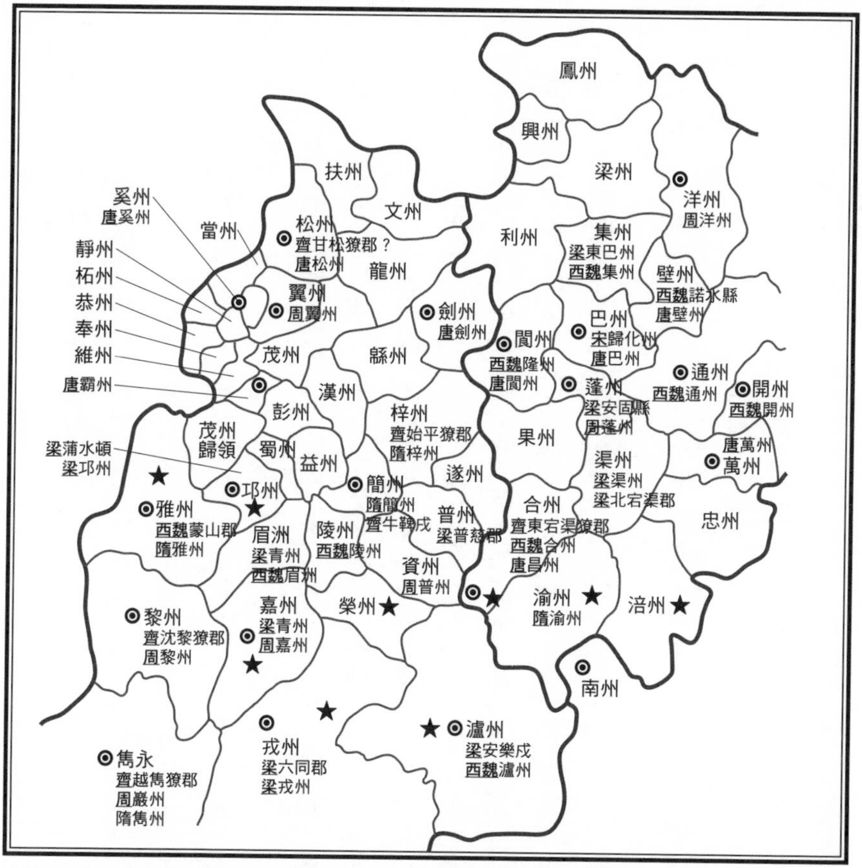

獠族分布圖　自東晉至唐朝，各個時代為了討伐與招撫獠族而設置的各州郡縣戍名稱。前面有畫了底線的時代名稱者，表示在該時代使用的是此稱呼。◎為唐朝時期確認尚有獠族居住的州。★為唐朝之後的宋朝亦確認尚有獠族居住的州。粗線、細線則代表各行政區域道、州的邊界。

即使是四川省會成都東南方八十公里處的四川盆地正中央區域，也居住著語言與漢族不通，且婚葬儀式都保有其獨特習俗的獽、夷、獠等各種非漢民族。

然而就跟福建一樣，在流傳至今天的魏晉南北朝史書中，關於這些四川非漢民族只有一些零星的片段紀錄，相關史料的總量相當少。這給了我們一種錯覺，彷彿在魏晉南北朝的四川地區除了少數例外，絕大部分區域都是漢族的居住地，而這當然不是事實。

藉由魏晉南北朝之後的唐朝著名地理志《元和郡縣圖志》及《太平寰宇記》，我們可以在地圖上標示出前述獽、夷、獠等各族中的獠族分布狀況（參照上頁圖的「獠族分布圖」）。由此圖來看，別說是南北朝時代，就連後來的唐朝時代，獠族的居住地也幾乎遍及整個四川地區的中央及周邊一帶。

若仔細分析這張獠族分布圖內的各州縣設置狀況，會發現設置了一個州之後，就會有很多縣在獠族討伐戰之後跟著出現。像這種設置新行政機構的現象，也發生在前述的福建地區。這意味著非漢民族居住地區的中國「內地化」。州、縣的設置，象徵著受到中央政權的直接統治。即使非漢民族再怎麼頑強抵抗，「內地化」現象依然在四川地區如火如荼地進行著。

這個時期的四川因劉備、關羽等人的活躍而聞名，因佛教盛行而聞名，也因唐朝詩人杜甫的名氣而聞名，但卻極少有人注意到上述的現象也正在同時發生著。若站在四川的開發與漢族擴張的立場來看，就跟福建一樣，這絕對是不容忽略的重要現象。

非漢民族的漢化契機

前節亦曾提過，從前山越所生活的地區，以及長江中游流域、福建、四川盆地等地，如今都已看不到非漢民族的蹤影（下頁圖）。如此一來自然產生一個疑問，那就是曾經在魏晉南北朝時代遍布於廣大地區的非漢民族，後來都

國家公權力名義下的大規模討伐戰爭

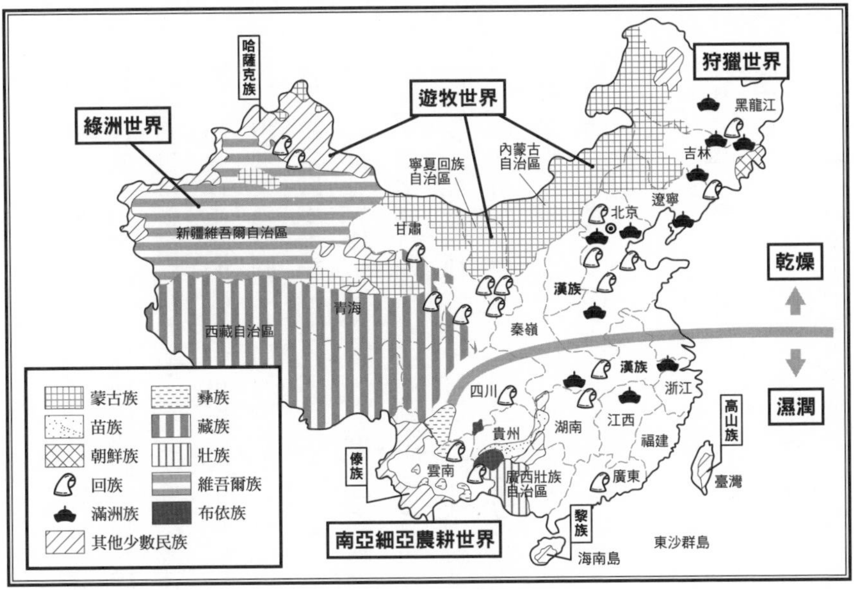

現代中國民族分布圖

跑到哪裡去了？

這個問題的答案，前節已回答了一部分。來自朝廷的征伐，導致非漢民族集團瓦解，融入了南朝國家的體制之內。前述孫吳時期的山越討伐、長江流域的大規模討伐戰爭、福建的蠻族討伐與設置新州縣、四川的獠族討伐後設置新州縣等等，都是足以佐證的例子。而這些非漢民族在遭到討伐後所面臨的命運，除了在戰場上遭殺害的人之外，所有族人都會被編入中央朝廷統治下的郡縣，成為遭到朝廷奴役的奴隸或士兵。前述被當成「矮奴」上獻至朝廷的道州百姓，以及孫權賜給羅馬帝國商人的山越俘虜，都是其中的一些案例。

這些非漢民族被編入戶籍、登記造冊，甚至是被當成士兵或奴隸，遠離自己的故鄉或同胞聚落，因而逐漸喪失了自己的主體性，促成了漢化效果。

問題是為什麼會發生這種非漢民族遭到討伐的狀況？漢族的文獻史料多半記載是蠻族蓄意騷擾，漢族才出兵討伐，但假如我們站在蠻族的立場，從漢族的開拓及勢力擴張的狀況來看，漢族的討伐其實是對蠻族勢力範圍的侵略行為。在侵略之後，朝廷不僅可以奪得鐵、銅、銀、鹽等天然資源，而且俘虜來的蠻族也可以成為士兵或奴隸，對某些王朝來說也是人力資源。

根據史書記載，四川的獠族中，與漢族交雜而居者會服從朝廷的稅役規定。但由於獠族天性粗野，經常發生暴動，因此朝廷每年都必須命令附近的州鎮派兵鎮壓。每當擄獲其族人，朝廷就會將這些人當成奴隸，稱之為「壓獠」（受到鎮壓的獠族人）。到了後來，就連商人也會來此地綁架獠族人，當成商品賣掉。因此別說是公卿貴族，就連一般庶民的家裡往往也擁有獠族奴隸。換句話說，當時朝廷討伐蠻族，有很大的理由是為了獲取天然資源及人力資源。

由此可知，漢族朝廷的討伐應該是造成非漢民族漢化現象的契機。然而我們不能說這就是非漢民族漢化現象的唯一（或主要）原因。在這個時代裡，還有更多、更大範圍的非漢民族在與一般漢族接觸、交流下，逐漸產生漢化的現象。

蠻族與一般漢族的交流

筆者在前一節提到了有些商人會綁架獠族人，當成商品賣掉。事實上，在那個時代有很多商人會大老遠前往蠻族的居住地，除了買賣族人之外，也順便收購翡翠、象牙等特產品。就連蠻族人，有時也會出現在蠻漢交易的市場上買賣東西。史書上記載著這麼一段事蹟：有個漢人的父親遭蠻族殺害，而那個蠻族出現在市場上，這名漢人為了報殺父之仇，於是刺殺了那個蠻族。地方首長得知這件事，反而對這名漢人為父報仇的行為大加讚揚。

除此之外，在農耕生產的行為上也可觀察到蠻漢的交流。當時的史書針對四川北方山岳地帶蠻族的生活方式，有著以下的描述：

> 土地剛鹵，不宜五穀，（中略）故夷人冬則避寒入蜀，庸賃自食，夏則避暑反落，歲以為常，故蜀人謂之作五百石子也。4

這段紀錄展現出了蠻族在農閒時期為漢人工作的生活模式。蠻族與漢族像這樣在生產上的互相交流，對於蠻族的漢化自然有相當大的影響。

以下這段紀錄雖然是唐朝的例子，但在探討蠻漢交流上還是相當具有參考價值。

> 山魈者，嶺南所在有之，獨足反踵，手足三歧。其牝好傅脂粉。於大樹空中作窠，有木屏風帳幔。食物甚備。南人山行者，多持黃脂鉛粉及錢等以自隨。雄者謂之山公，必求金錢。遇雌者謂之山姑，必求脂粉。（中略）每歲中與人營田，人出田及種，餘耕地種植，並是山魈，穀熟則來喚人平分。性質直，與人分，不取其多。人亦不敢取多，取多者遇天疫病。

以上這段文章出自唐朝的《廣異記》，其中描寫的山魈，顯然是「擬獸化」的蠻族。藉由這段傳說紀錄，我們可以具體看到蠻族經由生產行為的交流而漢化的過程。

當時除了商品流通及生產行為之外，蠻族與漢族之間還有另外一種完全不同性質的交流也正在發展中，那就是蠻族開始接納漢族的宗教。

> 漢末，張魯居漢中，以鬼道教百姓，賨人敬信巫覡，多往奉之。[5]

這段記載中提到，賨人開始信奉中國民間信仰的道教，而賨人亦是蠻族的一種，他們成為道教的信徒，意味著不只是單純的物質層面，就連精神層面也受到漢族的巨大影響。

以上的這些例子，都是漢族或蠻族基於自我意願而從事商業行為或致力於開拓土地，間接促成的蠻漢交流。但除此之外，還有另外一種非出於自我意願的情況也經常發生，那就是漢族的百姓為了逃避來自朝廷的沉重稅役負擔，而逃入蠻族的勢力範圍內。不在朝廷掌控之下的蠻族，自然沒有遭朝廷索求稅役的問題，就算是一定程度上臣服於朝廷的蠻族，稅役的負擔往往也比漢族輕得多。

當時的蠻漢交流，便是發生在這種種的場合之中。而漢族在中國中南部地區的「開拓」前線，類似的狀況可說是屢見不鮮。

筆者在此提及了蠻族與一般漢人在經濟、政治及宗教層面上的接觸，而這些都是促成蠻族漢化的主要原因。由於蠻族與漢族之間有著「未開化」與「文明」的差距，因此雙方一旦有了接觸，雖然「文明」也會受「未開化」影響，但絕大部分還是「文明」基於其優越地位而展現影響力。

蠻漢結合與土豪

在蠻族大舉漢化的趨勢下，逐漸開始出現蠻族與漢族在地方社會上「結盟」，或漢人在蠻族社會成為豪族的現象。例如以下這個例子：在孫吳的時代，浙江省出身的賀齊擔任剡縣的首長，縣內官員裡有個名叫斯從的無賴犯了罪，賀齊想要治他的罪，卻遭次長阻止。次長說斯從是縣內的豪族人士，背後有山越民族撐腰，今天對斯從動刑，明天山越就大舉來犯了。賀齊聽了之後勃然大怒，當場斬殺了斯從，斯從的手下於是邀集人馬，找來千餘人攻打縣城。賀齊率領眾官員及百姓開城門應戰，大破敵兵。從此之後山越民族都對賀齊抱持敬畏之意。

從這個故事可以看得出來，浙江豪族斯從與孫吳時代讓孫權大感頭疼的山越民族有著深厚的交誼。像這類在蠻族社會內成為豪族的漢人，多半是藉由與蠻族（尤其是族內的掌權者）通婚，藉以鞏固在蠻族社會內的地位。

到了西晉時代，中國西南部貴州地區的蠻族稱這種與蠻族聯姻的漢人為「遑耶」（或許是親人之意）。但這些遑耶往往是造成地方社會紛爭的元凶，因為他們只要一看苗頭不對，就會躲進蠻族的地盤，向蠻族尋求庇護。朝廷若要依法加以捉拿，就會引來蠻族的報復。有些遑耶與蠻族的關係相當深厚，被稱為「百世遑耶」（永遠的親人），其親密的程度幾乎等同於骨肉至親。史書中記載，在這樣的蠻漢關係下，出現了任憑惡人逍遙法外的無法地帶[6]。而從這個蠻漢聯姻的社會現象，我們可以看出蠻族與漢族（包含豪族以外的漢族）之間混血的情況相當普遍。

魏晉南北朝時代是貴族制度的時代。但筆者在前面的章節曾提過，位居社會底層的庶民階層也相當活躍。除此之外，在本章中我們也探討了非漢民族的狀況，理解了這些民族在以江南為中心的中國南方本土社會內的分布及活動。以江南為根基的六朝諸國，便是建立在這種多層次結構之上。在這樣的體制之內，既然居住著如本章所描述的蠻族，在政治界裡看見他們的身影也是合情合理的事情。

蠻族出仕為官

事實上，蠻族在朝廷內任官的現象確實是存在的。有些蠻族甚至晉升為宰相，或是地位相當於宰相的高官，例如北魏的樊子鵠、北齊的陸法和，以及北周的泉企等等。然而讀者們應該也發現了，這些都是華北的例子。事實上江南的貴族制國家，對於蠻族的任官有著較嚴格的限制。不過由非漢民族所統治的華北雖然在這一點上較為寬大，但一般輿論的反彈聲浪依然不容小覷。

例如北魏時代有個叫田益宗的人物，他原本是蠻族族長，在朝廷官至征南將軍。漢族士大夫出身的裴植對此相當不滿，還上表告訴皇帝：「華夷異類，不應在百世衣冠之上。」[7]由這個故事便可以看出這個時代華北漢族士大夫對蠻族任官抱持什麼樣的心態。

在這樣的風氣之下，蠻族要任官極不容易。但值得注意的是，華北的諸朝還是有蠻族封了高官，而且在漢人所作的史書裡，關於這類蠻族的事蹟並不算少。如此推想下來，除了前述這些蠻族高官之外，一定還有更多蠻族就任階級較低的官職。而這樣的現象想必也發生在長江以南的世界，只是比例上或許不及北朝而已。

五胡十六國之一的成漢，是由巴蠻族人李特所建立，李特的弟弟李庠曾歷任郡內諸官職，最後官至郡內副官的地位。西晉元康四年（二九四年），李庠受薦舉為孝廉，朝廷想徵召他至首都洛陽，後來他又因擅長騎馬及射箭，被任命為首都的帶軍將領（這兩次他都婉拒了）。其後州政府愛惜他文武雙全，又向中央薦舉為秀異。李庠這次又想裝病推辭，但這次州郡不肯再讓步，直接將他的名字報了上去。在中央朝廷的再三徵調下，李庠只好應召，前往中央擔任中軍騎督。[8]

這個紀錄最值得注意的地方，在於蠻族任官並非偶立戰功之類的機緣巧合，而是在州郡的薦舉下經由正常管道獲得官職。即使是現代社會，也常常會因國籍或種族的不同，導致特定團體或種族遭剝奪參政權或就業機會的狀況。但是在魏晉南北朝時代，不管是地方還是中央，蠻族都沒有被完全排除在任官機制之外。

何謂蠻族？

前面的章節，筆者探討了這個時代非漢民族的漢化狀況。但在研究這個時代的民族問題時，還有另外一個重點不能忽略。本章到目前為止將焦點放在非漢民族的漢化上，但這個時代也發生了完全相反的現象，那就是漢族的蠻化（非漢化）。例如在梁末陳初，福建名門出身的陳寶應起兵造反，南朝最後一個朝代陳朝為了鎮壓而發布了以下詔文：

漢族的蠻化

案閩寇陳寶應父子，卉服支孽，本迷愛敬。梁季喪亂，閩隅阻絕，父既豪俠，扇動蠻陬。椎髻箕坐，自為渠帥。[9]

這正是漢族名士蠻化（非漢化）的一例。筆者在前文便曾提過，當時有些漢人為了擴張自己的勢力，刻意深入蠻地，與蠻族通婚。在交流之下，有些漢人會受到蠻族的影響。

讀者們若細看前章末尾的「山越分布圖」，會發現有些地名被框起來，並用粗體字標出，這指的是南北朝時代史書上所記錄曾存在「洞」的地區。「洞」是當時的稱呼法，指的是非漢民族的聚落。筆者先前提過福建西南部曾有相當廣大的範圍被稱為「黃連洞」，這也是「洞」的例子之一。

除此之外，山越分布圖內有些依照當時行政劃分的郡名底下有底線。正如同分布圖上的註記，這指的是當時曾存在「畜蠱」巫術的地區。根據記錄隋朝歷史的《隋書》內的記載，這是一種飼養毒蟲的奇妙風俗，分布範圍相當廣，包含新安（今安徽省黟縣）、永嘉（浙江省麗水）、建安（福建省福州）、遂安（浙江省淳安）、鄱陽（江西省波陽）、九江（江西省九江）、臨川（江西省撫州）、廬陵（江西省吉安）、南康（江西省于都）、宜春（江西省宜春）等地，而其中又以宜春特別盛行。這並非只是一種單純的養蠱習俗，而且還是一種巫術。《隋書》內的說明如下：

其法以五月五日聚百種蟲，大者至蛇，小者至蝨，合置器中，令自相啖，餘一種存者留之，蛇則曰蛇蠱，蝨則曰蝨蠱，行以殺人，因食入人腹內，食其五臟，死則其產移入蠱主之家。[10]

漢族並沒有類似這種飼養毒蟲以殺人奪財的習俗。根據一些時代較晚的史料及民族調查報告顯示，這種奇特習俗的存在是千真萬確的事實。然而不同的是後來的史料及調查報告將「畜蠱」認定為非漢民族的習俗，而《隋書》則將「畜蠱」認定為這些地區的傳統習俗，與蠻漢之分無關。

若對照「山越分布圖」，會發現「畜蠱」的分布與蠻族居住地「洞」的分布重疊，與山越的分布亦重疊。由此看來，這個時代在這片廣大的土地上有著蠻漢習俗交相混雜的現象。

桃花源的時代背景

「桃花源」一詞指的是完美的理想國度，典出陶潛（陶淵明）的著名文章《桃花源記》，其中有這麼一段內容：

> 晉太原中[11]武陵人，捕魚為業，緣溪行，忘路之遠近。忽逢桃花林，夾岸數百步，中無雜樹，芳草鮮美，落英繽紛，漁人甚異之，復前行，欲窮其林。林盡水源，便得一山。山有小口，彷彿若有光，便舍船，從口入。初極狹，纔通人，復行數十步，豁然開朗。

在某些《桃花源記》的其他版本中，主角並不是武陵的漁夫，而是武陵的「蠻人」。主角鑽進一個小山洞內，發現了與世隔絕的「桃花源」。而比照現實世界的情況，所謂的「桃花源」指的應該就是蠻族居住地的「洞」吧？

在南朝梁國時代的地理志《輿地志》裡，還有另一則聲稱是真人經歷的有趣紀錄。其中提到的地理位置，是安徽省徽州黟歙地區一處名為譙貴谷的地方，這裡在現代是風光明媚的黃山觀光景點，但在古代卻是山越民族居住地。

> 黟縣北緣嶺行，得譙貴谷。昔土人入山，行之七日，至一斜穴，廓然周三十里，地甚平沃。中有千餘家，云是秦時離亂人入此避地。又按邑圖，有潛村，昔有十餘家，不知何許人避難至此。入石洞口，悉為松蘿所翳。

這段譙貴谷的紀錄與陶淵明的《桃花源記》可說是如出一轍。結合本章論述的要點，可知所謂的「桃花源」觀念便是誕生於蠻漢交流的時代背景之中。

蠻漢之別

以下這段文字，記錄的是當時黃河流域的知識份子對江南人的看法。

> 中原冠帶呼江東之人，皆為貉子，若狐貉類云。巴、蜀、蠻、獠、谿、俚、楚、越，鳥聲禽呼，言語不同，猴蛇魚鱉，嗜欲皆異。江山遼闊將數千里，舂羈縻而已，未能制服其民。[12]

由這段紀錄可知，在當時中原的知識份子眼中，食用猴、蛇、魚、鱉都是野蠻的行徑。雖說站在現代日本人的觀點來看，吃猴肉、蛇肉確實有些「野蠻」，但日本人心中都抱持著「中國人的傳統是無所不吃」的刻板印象，因此《魏書》這段話反讓日本人感到有些突兀（值得一提的是，日本人也曾有吃猴肉、蛇肉的時期）。

若把這段文字單純當作中原人對江南人的毀謗，或許這樣的疑惑並不足一哂。當時的中國南方，確實居住著「獠」、「越」等非漢民族。問題是「蜀」這個字又該怎麼解釋呢？難道這也是非漢民族嗎？「蜀」字原本代表的是四川盆地，但在這裡顯然已超越了單純的地名，成了對「異族」的稱呼。換句話說，「蜀」在這裡也可視為單純的蔑稱，而事實上，當時的「蜀」確實被當成了異族看待。

北魏孝文帝曾經跟群臣閒談過關於全天下門第及人物的話題，當時孝文帝調侃薛聰，對他說：「世人謂卿諸薛是蜀人，定是蜀人不？」薛聰回答：「臣遠祖廣德世仕漢朝時人呼為漢臣，九世祖永隨劉備入蜀時人呼為蜀臣，今事陛下，是虜非蜀也。」孝文帝聽了之後哈哈大笑，說道：「卿幸可自明非蜀，何乃遂復苦朕？」薛聰聽了這句話，氣呼呼地走了出去。[13]

這個故事讓我們一窺當時世人對「蜀」所抱持的態度。回顧四川（蜀）的歷史，便可知道其背後的緣由。從前周武王討伐殷商時，出兵協助的諸異族中便有「蜀」，這是「蜀」字首次出現在史籍之中[14]。藉由近年來考古學的成果，我們發現蜀的文化與中原有著極大的差異，尤其是四川三星堆遺跡出土的大量面具，中原歷史上並沒有類似的古物。

三星堆出土遺物　出土自三星堆遺跡的巨大面具。三星堆遺跡屬於古代蜀文明，近年來相當受到關注。

擁有獨特文化的蜀地，進入春秋時代後依然與中原幾乎沒有交流，直到西元前四世紀末納入秦朝版圖後，才開始出現漢化的現象。劉備建立基業的蜀漢之地，正有著這樣的歷史背景。

換句話說，前述《魏書》將蜀當成非漢民族，以及《北史》〈薛聰傳〉中的描述，恐怕並非只是單純的毀謗而已。根據《隋書》記載，在隋朝的時代，四川獠族中的富豪之家盛行與「華人」（漢族）聯姻，不論服裝、屋舍及語言都與漢族毫無不同。其他的獽、狿、蠻、賨等各族，在屋舍、風俗、服裝、飲食上與獠族相近，與「蜀人」也極為類似（《隋書》〈地理志〉）。

此處的「蜀人」，應該已與「漢人」幾乎同義。由前述《隋書》的內容可知，當時四川的非漢民族已出現顯著的漢化現象。然而四川與首都相隔遙遠，若論首都民眾對四川人所抱持的觀感，問題恐怕就會複雜得多。依當時蠻漢融合的情況，再對照中央與地方的普遍關係（不論東方或西方），我們應該可以合理推測住在四川的漢族在首都民眾的眼裡依然是夷狄之人。在日本的歷史上，關東地區也曾經被京都人視為「東夷」，正是最好的例證。

以下再舉一個中國的例子。東晉時代發生蘇峻之亂後，朝廷內有人主張應該遷都至位於長江中游流域的予章，或是位於江南浙江的會稽。本書在第四章亦曾提過，當時的宰相王導力排眾議，主張不該遷都。以下節錄史書中關於這件事的描述。

及賊平，宗廟宮室並為灰燼，溫嶠議遷都豫章，三吳之豪請都會稽，二論紛紜，未有所適。導曰：「建康，古之金陵，舊為帝里，（中略）且北寇游魂，伺我之隙，一旦示弱，竄於蠻越，求之望實，懼非良計。今特宜鎮之以靜，群情自安。」由是嶠等謀並不行。[15]

王導在這番話中提到了「蠻越」，其中的「蠻」指的是蠻族之一的豫章蠻，由此代指豫章；而「越」指的是山越，由此代指山越聚集的會稽。換句話說，倘若依字面上的意思來解讀王導的話，在他的心裡，建康（南京）為江南的核心地區，而豫章郡與會稽郡都是蠻越之地。

當然我們可以說王導這番話是在爭議中脫口說出，用詞或許有些偏頗，何況當時豫章郡與會稽郡都已是漢族的領地。但在這個時代，豫章郡依然有著象徵蠻族聚落的「洞」，而且與盛行畜蠱習俗的鄱陽、盧陵、宜春各郡相鄰。至於會稽郡，則是在孫吳時代居住著大量山越，而且根據史書記載，即使到了南北朝時代的最末期，山越依然沒有自此地完全消失[16]。此外，遷都的計畫因王導的反對而作罷，這也意味著王導所說的那番話對參與議論的眾臣具有一定程度的說服力。如此說來，當時的人把豫章與會稽認定為蠻越之地，或許是確有其事。

王導是東晉士大夫中首屈一指的人物，更在北方南遷的貴族內居於領袖地位，連他也抱持這樣的觀念。由此可知，前文提到這個時代黃河流域人士抱持著中原至上主義看待江南人，或許不能說是黃河流域人士的單方面偏見。

宋明帝即位後不久，孔覬在會稽造反，阮佃夫自四川率領一群驍勇善戰的士兵加以討伐。據說阮佃夫的士兵身穿犀牛皮甲，模樣相當古怪。由於當時流傳著「狐獠族會吃人」的謠言，會稽的叛軍見了這些人都倉皇逃走[17]。

筆者在前文已提過，「獠」是蠻族的一種。由這段描述孔覬叛亂的記載可以看出，曾被王導蔑稱為「越」的會稽郡民眾，將蜀人當成了會吃人的「狐獠」（意思或許是像狐一樣的獠族）。由此看來，會稽郡民眾將蜀當成了蠻地（或者至少是相當於蠻地的區域），並認為該地的居民與自己有所不同。這與前述將蜀人視為夷狄、蠻族的觀念可說是不謀而合。

換句話說，這個時代的黃河流域人士在面對江南人時所抱持的中原至上主義，同樣也存在於江南人的心中，只是換成了建康至上主義。只要是偏離了其核心地區的居民，或多或少都會被扣上蠻族的帽子。

另一方面，由陳朝陳寶應的例子可以看得出來，居住在遠離首都的「邊境地帶」的漢族，會藉由通婚等方式大幅接納蠻族的文化習俗。反過來說，同樣的現象當然也發生在蠻族身上。

綜合以上諸點，我們可以得知，當時存在於首都民眾心中「偏離首都越遠則蠻族性質越重」的觀念，其實象徵著一個意義。在這個漢族逐漸開拓江南的時代裡，正如同本章的描述，蠻族與漢族已透過交流而出現了融合的現象。因此在江南的六朝時代，蠻漢之間已無法以「你是蠻」、「他是漢」的方式加以明確區分。

筆者在前文提過，孫吳時代的豪族斯從凝聚山越勢力，在會稽橫行跋扈的例子。但當時筆者的描述，是站在「斯從為漢族」的立場。然而或許站在「斯從為蠻族」的立場，才會有更客觀的結論。當時蠻族與漢族正在發生大規模的融合現象，而現代人印象中的漢族尚未形成，因此在思考這個時代的民族問題時，應該要先對其實際的狀況進行通盤的理解。

註釋

1 《梁書》〈諸夷傳〉中天竺條。
2 《宋書》〈夷蠻傳〉。
3 此數字包含整個四川省的面積，及行政上獨立於四川省的東部大城重慶市的面積。
4 《華陽國志》〈巴志〉，汶山郡條。
5 《晉書》〈李特傳〉。
6 《華陽國志》〈南中志〉。
7 《魏書》〈田益宗傳〉。
8 《晉書》〈李庠傳〉。
9 《陳書》〈陳寶應傳〉。
10 《隋書》〈地理志〉。
11 指東晉太元年間，約四世紀後期。
12 《魏書》〈司馬睿傳〉。
13 《北史》〈薛聰傳〉。
14 《尚書》〈牧誓篇〉。
15 《晉書》〈王導傳〉。
16 《陳書》〈世祖紀〉。
17 《宋書》〈孔覬傳〉。

第七章　北魏孝文帝的改革

北魏前期的諸制度

北魏前期的國家制度

筆者在第三章針對五胡十六國後期至北魏前期，中國逐漸邁向統一的過程中發生的種種歷史事件作了一番介紹。除此之外，筆者也談及了在這過程中漢族與胡族相互之間的認知及其變化。在北魏太武帝的時期，鮮卑拓跋對漢族及其文化的認知有了很大的變化。尤其是太武帝及皇太子等統治階層的人，這個變化尤其明顯。而且自北魏成功統一華北的時期起，整個鮮卑拓跋族都因漢族文化的影響而開始學習漢語。這些筆者也都曾提及過。

但以鮮卑拓跋族整體而言，由於他們是以統治者的身分君臨華北，因此與受到統治的漢族不同，其心理層面的變化比漢族晚了一些。換句話說，在太武帝於西元四三九年統一華北的這段時期，也就是南北朝正要揭開序幕的時期，鮮卑拓跋族對漢族的觀念，還停留在軍事優勢所帶來的根深蒂固的優越感上，與之前五胡十六國時代其他胡族的觀念幾乎沒有什麼不同。

這樣的觀念之所以持續存在，除了前面提到他們是華北統治者之外，還有另一個重要的理由，那就是他們在統治華北的過程中創造的各種「制度」，在他們的心中形成了支柱。不僅如此，這些「制度」同時也發揮了讓鮮卑拓跋這個統治集團更加具有向心力的效果。

以下我們藉由當時被稱為「內朝」的制度，以及國家祭祀制度等實例，來分析這些存在於北魏時期的「制度」到底有著什麼樣的面貌。

服侍拓跋皇帝的近臣集團「內朝」

「內朝」是北魏相當獨特的一種制度，同時也是拓跋皇帝身邊近臣集團的稱呼。在孝武帝推動改革之前，幾乎整個內朝都是由包含鮮卑在內的胡族人所組成，而內朝中居上位者，須負起參與國家政策、傳達皇帝詔令、回答皇帝問題等等職責，在國政上可說具有舉足輕重的地位。

內朝的官員大致上可分為負責軍事面的武官，和負責行政面的文官。其中的內朝武官平常跟隨在皇帝左右，照顧皇帝的飲食、衣著等大小事，並負責禁中守衛工作，但有時也會被皇帝派往各部署，或是帶兵打仗。另一方面，文官則負責起草、傳達及記錄皇帝詔令，與武官同樣有機會被皇帝派往各部署或地區，主要負責監察任務。

拓跋部在進入中原以前，國家的結構是由諸部族組成聯合政權。當時拓跋王身邊的近臣，都是參與聯合政權的諸部族族長的晚輩子弟。在這個時期，若站在拓跋王的立場來看，這些近臣就像是防止諸部族反叛的人質。但後來拓跋部的勢力進入中原，原本的諸部族聯合政權也轉變為北魏王朝。在北魏這個國家的發展過程中，內朝制度逐漸受到擴充與整頓，終於發展成了掌控國家中樞決策的政治組織。

現在讓我們以具體的實例來看看當時的內朝有著什麼樣的面貌。在筆者先前曾提過的崔浩誅殺事件中，起草崔浩誅殺詔書的人，是負責撰寫詔書草稿的中書侍郎。而在發生誅殺事件的當時，擔任中書侍郎的人是漢族出身的高允。當他接到起草此詔書的命令時，由於株連的人數實在太多，他心裡產生了疑竇，認為這案子有量刑不當的問題，因此沒有立即動手起草詔書。但太武帝不斷下令，催促高允快快擬好詔書，高允於是上奏，希望能先拜見太武帝，釐清一些疑點之後才著手撰寫詔書。

從這個紀錄，我們可以得知一件事，那就是太武帝不斷催促高允擬好誅殺崔浩的詔書，並非親自當著高允的面下令。倘若太武帝每次催促高允都是面對面下令，高允大可以當場提出心中的疑竇。

針對太武帝一再催促高允的行為，史書中使用了「頻詔催切」一詞。由此可知，此處的「詔」字指的並不是寫在紙上的「詔書」，而是皇帝以口頭方式傳達的「詔」，也就是「口詔」。換句話說，在當時的制度下，太武帝與負責起草詔書的高允（中書侍郎）之間還有一些專門為皇帝傳達命令（口詔）的人物。

這些人到底是誰？

在發生這件事的許久之後，繼太武帝之後即位的文成帝曾有一次稱讚高允長年來的功勞。當時文成帝對近臣說道：

至如高允者，真忠臣矣。朕有是非，常正言面論，至朕所不樂聞者，皆侃侃言說，無所避就。朕聞其過，而天下不知其諫，豈不忠乎！汝等在左右，曾不聞一正言，但伺朕喜時求官乞職。汝等把弓刀侍朕左右，徒立勞耳，皆至公王。此人把筆匡我國家，不過作郎。汝等不自愧乎？[1]

此處的「把弓刀侍朕左右」之人，指的就是隨侍在皇帝身邊的內朝官。在文成帝的年代，只有以鮮卑拓跋為首的胡族之人，才能擔任內朝官。即使高允是漢族名門的渤海高氏出身，再加上勞苦功高，也不過是區區一介郎官，而胡族出身的內朝官「徒立勞耳」（只不過是站在皇帝身邊），卻都封公封王。

當時宮廷內的公用語為鮮卑語。換句話說，皇帝身邊的近臣都是以鮮卑語說話，皇帝跟他們交談時使用的也是鮮卑語。北魏的時代因存在這種鮮卑語及漢語的雙語結構，當時中央及地方的各部署皆設置了通譯官。史書中所說的「頻詔催切」，也就是太武帝怒氣沖沖地催促高允趕快擬好詔書，負責傳達太武帝口詔的人物很可能就是精通鮮卑語及漢語的近侍官。

北魏孝文帝在位的太和年間初期，北魏派遣至南朝南齊的使節曾向南齊索求漢籍。到底該不該答應北魏這個要求，在南齊引起了群臣之間的爭議。當時王融認為，北魏每次派使節到南齊，總是會同時派鮮卑人同行監督，而且觀察北魏的國家制度，也有著相同的做法，可見得整個官吏體系都在胡族的監視之下。

王融這樣的觀察可說是一針見血，道破了北魏制度的本質。當時的北魏有著一套以內朝為頂點的監察體制，不論是中央及地方的行政組織，或是受到統治的漢族土地，都在其監視之下。內朝的胡族官員皆受封王爵或公爵，在統治制度中扮演著相當重要的角色。

這種特權分配的結構，除了強化胡族的向心力之外，也有著區隔胡漢的效果，令北魏這個國家成為一個名副其實的異族國家。

凝聚鮮卑族的象徵：祭天儀式

凝聚鮮卑族勢力的象徵性制度並非僅止於內朝而已，例如北魏時代所舉行的祭天儀式，也是其中之一。北魏每年都會在首都平城西郊祭天，這種儀式往前可追溯至匈奴的龍會，往後可延伸至蒙古族的忽里勒臺大會，在北方遊牧民族的世界可說是具有重大的意義。就連日本的大嘗祭，據說也與之有些淵源。

祭天的過程並非只是單純祈求六畜興旺、作物豐收的宗教儀式而已，各部族還會在這時候舉行集會，選出部族聯盟的領袖，舉行即位儀式，並討論國策方針。北魏的皇帝每年都會親自舉辦盛大的祭天儀式，即使入侵中原後也沒有改變。持續且定期地舉辦這種祭祀儀式，當然能強化鮮卑拓跋族人的歸屬感，增加其向心力。

除了上述的例子之外，鮮卑部族在語言、風俗、軍隊制度、封爵制度及宗教制度等方面，都有一些促進團結的象徵性作法。在北魏前期的時代，由於這些制度發揮了作用，因此較難自胡族內部萌生五胡十六國時代以來持續發酵的排解、消弭胡漢對立的想法。

事實上這也是導致崔浩事件的主因之一。要讓這樣的結構從根本產生變化，就必須先從改變統治階級周圍的環境開始做起。而這種根本上的變化確實出現了，正因為如此，北魏進入孝文帝的時代後，才會大膽地推行制度改革。

孝文帝的改革

孝文帝是魏晉南北朝時代少見的明君

在北魏進入第三代皇帝，也就是世祖太武帝的時代，原本兵荒馬亂的華北終於獲得統一，世人開始渴望建立一個跨越胡漢對立的國家與社會，這一點已在第三章探討過。但是在太武帝的時代，民族間的紛爭依然隨處可見，較具代表性的例子就是崔浩的誅殺事件及太武帝遭暗殺的事件。為了解決民族紛爭的問題，北魏刻意大力推崇佛教，這點筆者也已提過。

在這樣的大環境下，第五代皇帝獻文帝的長子在皇興元年（四六七年）出生於北魏首都平城（今山西大同）。皇興五年（四七一年），這個孩子以五歲的年紀即位，他就是北魏第六代皇帝孝文帝拓跋宏。

記錄北魏歷史的《魏書》對孝文帝的評價很高，以下節錄部分內容：

及躬總大政，一日萬機，十許年間，曾不暇給，殊途同歸，百慮一致，至夫生民所難行，人倫之高跡，雖尊居黄屋，盡蹈之矣。若乃欽明稽古，協御天人，帝王制作，朝野軌度，斟酌用捨，煥乎其有文章，海內生民咸受耳目之賜。加以雄才大略，愛奇好士，視下如傷，役己利物，亦無得而稱之。其經緯天地，豈虛謚也。

對照史實，《魏書》對孝文帝的這段評價可說是相當貼切。在魏晉南北朝時代，孝文帝確實是相當少見的賢明君主。

孝文帝諸般改革促成了北魏的漢化

孝文帝到底做了些什麼事？在位期間，他在許多方面都推動了改革，包含「官吏制度的改革（廢除內朝）」、「國家祭祀的改革」、「胡族與漢族的門第評定（分定姓族）」、「風俗與習慣的改革」、「均田制度的創立」、「封爵制度的改革」、「宗廟制度的改革」、「奠定中原王朝北魏的正統性」等等。這些改革的目標若以一句話來說明，就是「漢化」。

以下我們依序對這些改革進行具體的探討，並釐清這些改革在歷史上具有什麼樣的意義。

首先是「官吏制度的改革」。簡單來說，就是廢除過去北魏的鮮卑族式官吏制度，全面改採漢族式的官吏制度。筆者在前文已提過，北魏在建國初期有著所謂的「內朝」組織。概觀中國歷史，類似的組織也出現在其他北方民族的內部。尤其是蒙古族（元朝）時代的「怯薛」組織，不僅概念上與北魏的「內朝」極為相似，就連其中的各種官銜職稱也頗有異曲同工之妙。

簡單來說，北魏將朝廷區分為內朝及外朝，內朝是一種源自鮮卑族傳統的非漢族式政治組織，而外朝則是根據漢族律令制度精神所建立並實際負責施政的行政組織。

北魏自建國初期便採用這樣的雙重結構，持續長達將近一百年，直到孝文帝的時代才出現變革。理由有兩點，其一是北魏乃是由非漢族所建立的國家，其二是北魏本身的壯大速度太快，政權中央對統治疆域的種種問題疲於應對，只能採取頭痛醫頭、腳痛醫腳的做法，沒有餘力對國家體制進行根本性的改革。

廢除內朝的理由

具有上述特性的內朝制度，在孝文帝時代遭到了廢除。事實上孝文帝在推動這項改革的時候，北魏的內朝早已隨著建國以來的時代變遷，而出現了重大的變化。當時內朝的許多官職（尤其是文官）已改由漢人擔任，早已失去了從前內朝成員只有鮮卑等非漢族的特性。原本由非漢族所負責的工作，落入了擅長文書處理的漢族官吏的手中。

此外，由於北魏的統治疆域迅速擴大，朝廷必須應付的狀況越來越複雜且範圍越來越廣，導致內朝組織也跟著快速擴張。原本內朝諸官的性質只是皇帝身邊的近侍官，後來卻出現越來越多負責具體職務的官職，而且對所有行政單位的監察也變得越來越鉅細靡遺。

這樣的變化導致內朝與實際負責施政的外朝之間產生了許多摩擦，造成行政效率降低。

孝文帝親政後想要解決這個問題，基本上他有兩種選擇，其一是徹底改變過去的國家制度，極力避免採用漢族制度及漢族官吏，回歸並強化非漢族國家的本質；其二則是廢除鮮卑式的國家制度，全面採用漢族制度，使國家制度趨向一元化。

孝文帝選擇了後者，廢除了內朝這個象徵「鮮卑統治中國」的組織。

國家祭祀的改革

孝文帝對建國以來的國家祭祀制度也推動了大幅度的革新。所謂「國家祭祀的改革」，指的就是廢除前述每年四月四日於首都西郊舉行的祭天儀式，統一改為在首都的南郊祭天。

記錄北魏歷史的《魏書》，對於孝文帝的父親獻文帝時代的西郊祭天儀式有著以下描述：

> 顯祖以西郊舊事，歲增木主七，易世則更兆，其事無益於神明。

由這段記載可知，北魏在西郊祭天的方式曾經有過改變。木主（木製人偶）的數量以七為單位，象徵的是鮮卑拓跋部剛出現在歷史上時，組成拓跋部的七個主要部族，原本具有非常重要的意義，但以這段紀錄看來，在這個時期的北魏朝廷已逐漸失去了對這個儀式本質的認知。除此之外，北魏在西郊祭天儀式之後，又會舉行南郊祭天儀式，這是中國歷朝國家祭祀中最受到重視的儀式。

換句話說，在孝文帝打算廢除西郊祭天儀式的時期，在種種因素同時作用下，原本作為鮮卑族

天壇（南郊） 皇帝舉行祭祀儀式時使用的祭壇。如今位於北京的天壇，是明、清時代舉行祭天儀式的地點。圖中為祈年殿，為每年新春祈求五穀豐登之處。

團結象徵的西郊祭天儀式早已形同虛設。孝文帝於是加以廢除，只留下漢族式的南郊祭天儀式。

姓族的分定

筆者在本書第三章談到崔浩誅殺事件時，曾提過崔浩企圖為天下貴族的門第（姓族）評定明確的尊卑順序。他的好友范陽盧玄曾以「樂為此者，詎幾人也？」一語對他提出忠告，但崔浩沒有接納，最後終於招來殺身之禍。

這樣的想法會招來殺身之禍，意味著崔浩的姓族分定（評定）對象也包含胡族。一旦實施姓族分定，只要門第相當，即使是胡漢之間也可以通婚。但在崔浩的時代做這件事，只能說時機尚未成熟。必須等到孝文帝的時代，姓族分定才真正落實。

根據《魏書》記載，孝文帝推動的姓族分定將胡族中的穆、陸、賀、劉、樓、于、嵇、尉這八姓，認定為有資格與皇室通婚的名門。至於其下的諸氏族，則依「是否為建國初期拓拔部部族長的後代」及「自北魏成立以來是否曾連續三代獲封高官」這些條件為基準，排定階級順序。第一階稱為「姓」，第二階以下稱為「族」。

值得注意的是，「姓」與「族」的範圍判斷標準依據的是漢族服喪制度中的「五服」規定。所謂的五服，指的是為五代之內的親屬服喪的漢族式規定。去世者與自己的關係越親近，服喪期間就越長，各等級皆有詳細規定，最短的只要在心裡服喪，最長的（父母過世）則須服喪三年。

簡單來說，以前述「是否為部族長的後代」為例，由符合條件的人物為中心算起，五代之內的親屬便算是姓族，而超過五代的親屬則會被排除在姓族之外。

成為姓族的人將獲得任官及免除兵役的特權。孝文帝的這場改革，刻意將統治中原的鮮卑等胡族劃分為統治階層及非統治階層。

漢族方面也跟胡族一樣，藉由姓族分定挑選出相當於胡族最高階的穆、陸等八姓的膏粱、華腴等諸氏族，其下又區分出相當於姓族的甲、乙、丙、丁四姓階級。

在這場改革之後，胡族與漢族之間在門第階級的共通標準下有了明確的上下關係，這與過去只以民族（胡族或漢族）來區分的概念完全不同，在五胡北朝史上可說是具有重大意義的改革。

姓族＼條件	始祖	自建國以來連續三代獲封官爵名
（一）姓	部族長	(1)給事、州刺史、鎮大將以上 (2)王、公
	非部族長	(3)尚書以上 (4)王、公（中間不降官緒）
（二）族	部族長	(1)中散監、太守、子都以上 (2)子、男
	非部族長	(3)令、副將、子都、太守以上 (4)侯
（三）族	（一）及（二）姓族的支族（五代以內）	
（四）族	總麻以內且曾有一、兩代任官職者	

姓族表　姓族分定的標準為「是否為建國初期部族長的後代」及「自北魏成立以來曾獲封何種官銜」。

風俗與習慣的改革

所謂的「風俗與習慣的改革」，指的是禁胡服胡語（鮮卑服裝與鮮卑語），這點相當有名。位居統治階級的民族（鮮卑族）主動拋棄自己的風俗與習慣，遷就於受統治階級（漢族）的服裝及語言，這聽起來實在有些匪夷所思。

在思考這個問題時，必須先理解一點，那就是在孝文帝推動改革的時期，身為統治者的鮮卑族人之中，出現了與漢族通婚並捨棄鮮卑語言的風潮。

若要下一個歸納式的結論，我們可以說北魏這個國家在孝文帝的時期出現了本質上的巨大變化，由建國初期的遊牧經濟國家，轉變為統治廣大漢族土地、改重農耕經濟且以統一中國為目標的國家。因此在孝文帝推動改革時的政治及社會局勢之下，單純改革官吏制度或宗教儀式的治標不治本作法，已無法解決問題。孝文帝在改革的過程中，甚至拋棄了過去的北魏首都平城，遷都至位居中原中心地帶且是中國歷朝首都的洛陽。光從為了改革而不惜遷都這點，便可看出當時北魏所面臨的問題有多麼嚴重。我們可以說，孝文帝的改革並非只是制度上的改革，甚至不是只屬於北魏的改革，而是足以作為魏晉南北朝時代一大分水嶺的劃時代改革。

山西大同　司馬金龍墓出土漆畫屏風　司馬金龍為拓跋皇室與司馬氏通婚所生，去世於太和八年（西元四八四年）。妻子為鮮卑人源賀的女兒，後來又娶了匈奴沮渠牧犍的女兒為繼室。墓內出土的古物多具有漢族風格，由此便可看出當時的風氣。

	年齡	露田	桑田	麻田
北魏	男（15—69 歲）	40 畝（倍田）	20 畝	10 畝
	女（已婚者）	20 畝（倍田）		5 畝
	奴婢	同良民	20 畝	10 畝
	耕牛（以四頭為限）	30 畝（1 頭）		
隋	丁男（18—59 歲）	80 畝	20 畝（永業田）	
	丁女（同上）	40 畝		
唐	丁男（21—59 歲）737 年 （23—59 歲）744 年 （25—54 歲）763 年	80 畝（口分田）	20 畝（永業田）	

均田制度（北魏、隋、唐）　露田是種植穀類的田，須還受（就是後來的口分田）。桑田是種植桑樹的田，須繳納絹，可傳給後代子孫（就是後來的永業田）。麻田須還受，須繳納布。隋煬帝時期廢除了對奴婢及耕牛的授田。唐朝的一百畝約五・五公頃。

均田制度的創立

孝文帝是均田制度的創始者，這點相當有名。隋唐時代的均田制度，及日本古代的班田收授制度，都受了其影響。

北魏建國初期，為了鞏固國力，致力於恢復因永嘉之亂等戰禍而荒廢的農業生產，其做法是在平定中原之後，對遷移至首都平城周邊的百姓實施「計口授田」（依照遷移百姓人數授予田地）。

此外，筆者在本書第三章也提過，在太武帝的時代，皇太子依據《周禮》（被後代認定為中國古代盛世的周朝所傳下來的制度）的政治思想，制定了獎勵農耕的政策，讓畿內擁有耕牛的百姓與沒有耕牛的百姓能夠在人力與牛力上互通有無。事實上這也是以鞏固國力、復興華北為目標的施政環節之一。

均田制度可說是延續這套施政理念的集大成，實施於太和九年（四八五年）。根據其規定，十五歲以上的農民可分配到露田[2]及桑田[3]，利用這些田地生產穀物及絹麻，繳交一定比例的生產物作為賦稅（稅率比過去莊園領主或豪族所收取的為低），一旦農民死亡或年紀超過七十歲，就必須返還露田。

要實施田地還受，前提是必須正確掌握人口資料。於是孝文帝又推行了「三長制度」，這個制度以五家為一鄰，選出一名鄰長；以二十五家為一里，選出一名里長；以一百二十五家為一黨，選出一名黨長。透過這三長進行戶口普查，使得徵稅等作業能夠順利執行。

三長制的最大目的，在於解救長年來因戰亂而不得不屈服於豪族勢力的一般百姓，讓百姓不再受豪族剝削，並且有安定國家財政的效果。

提出這個構想的，是漢族士大夫出身的李沖。當時以五十家、三十家為一家的逃避徵稅行徑相當普遍，李沖憂於現況，於是參考古代制度提出了三長制度的構想。原本有很多朝臣並不支持這項政策，但當時在北魏朝廷內掌握實權的文明太后馮氏（孝文帝的祖母）力排眾議，主張實施這項政策。她認為這項政策能夠讓那些依附於豪族的逃稅戶重新回歸國家的掌控，有助於促進國家財政安定，減少不當得利的宵小。

大家都知道，均田制度及三長制度的原始構想，來自於傳說中周朝曾經實施過的國家制度。這些制度的背後有個共通的觀念，那就是全天下的土地都歸周王所有，個人不得私自擁有土地。周王將其土地借給百姓耕種，收成的穀物可以讓百姓填飽肚子並維持永續生產，而周王也可以收取其中一部分作為稅賦。筆者在前文提過，太武帝的皇太子將《周禮》的政治思想發揚光大，以之作為農業獎勵政策的基礎，由此可知北魏自這個時期起便採取了將《周禮》當作國策核心思想的立場，而均田制度及三長制度都是由此延伸得來的結果。

事實上，在北魏實施均田制度及三長制度的時期，孝文帝都還未親政，朝廷的實權是由其祖母文明太后馮氏所把持。相較於此，前述的官吏制度及國家祭祀的改革都是在孝文帝親政之後，兩者的情況有些許不同。

是孝文帝的改革，還是文明太后的改革？

因為這個緣故，有些人認為均田制度是文明太后的政績，而孝文帝的政績只在於追求北魏的漢化。然而這樣的觀點有些太過拘泥於「當時的掌權者是誰」這一點上，只要比對整個五胡北朝的歷史，便可以察覺這種說法有些過於偏頗。

為何筆者會這麼說？其理由就在於孝文帝親政時期所推動的改革，不管是制定度量衡標準、修正封爵制度、變更後宮制度，或是改變宗廟制度，都是以《周禮》為中心思想。就連孝文帝改革中最具象徵性意義的重頭戲「遷都」，也是將首都由平城遷往洛陽，而洛陽正是從前周朝的首都。

以北魏的歷史來看，文明太后與孝文帝的一連串改革，出現在當初道武帝的解散部族、太武帝的統一華北及獨尊道教、景穆太子的推崇佛教與崇尚《周禮》，以及其後繼者文成帝的獨尊佛教等等政策之後，可說是必然的趨勢。所以我們可以說，孝文帝的改革與文明太后的改革是一氣呵成的結果。

孝文帝的人格特質

孝文帝的改革對北魏政治的掌權階級（以鮮卑族為首的胡族勢力）造成了極大的衝擊。綜觀中國歷史，遼、金、元、清等征服漢族的王朝，都是處心積慮地藉由各種政策來強化自身民族的團結力，而孝文帝身為胡族皇帝，為什麼反其道而行，故意採取顛覆異族統治基礎的政策，最後甚至導致北魏加速滅亡？這個問題的答案，就在於當時的北魏正處於國家全面漢化的政治及社會風潮中，因此孝文帝的改革可說是符合了國家的期待。

為什麼要推行顛覆王朝基礎的諸般改革？

關於這一點，筆者在前文也談過，這個答案是站在宏觀立場推動改革的必要條件。但是進一步深入思考，孝文帝為何在文明太后去世後不斷推動各種漢化政策？

此外，孝文帝崇尚漢族文化，但他自己卻是鮮卑人，他採取了什麼樣的具體做法來消除這兩者之間的矛盾？還有，孝文帝雖然大力推動漢化，卻依然保留禁軍中胡族占大多數的體制，這又是為什麼？

總而言之，若不是站在前述的宏觀立場，而是站在微觀立場來看，孝文帝推動改革的原動力到底來自何方？而這又會與改革的內容產生什麼樣的關聯性？在思考這個問題時，前述整個國家的漢化風潮，似乎無法為孝文帝故意採取顛覆異族統治基礎的政策給予充分而合理的解釋。因此以下我們便基於此觀點，探討孝文帝的內心世界與他所推動的改革的關聯性。

孝文帝與文明太后的「母子說」

文明太后雖是孝文帝的祖父文成帝的皇后，但根據正史記載，孝文帝與文明太后並沒有血緣關係。因此有人推測，文明太后與孝文帝的真正關係可能是母子。孝文帝的母親到底是誰，這個問題乍看之下似乎只是旁枝末節，一點也不重要。然而事實上漢族出身的太后，在孝文帝從小到大的教育上扮演著舉足輕重的角色，倘若她真的是孝文帝的親生母親，這對孝文帝的人格特質當然會造成相當大的影響。

不僅如此，假如孝文帝是受了漢族出身的太后所影響才積極採行漢化政策，文明太后與孝文帝到底是不是母子，對本節想要探討的主題而言當然是不可忽略的環節。

到目前為止，史學家懷疑這兩人為母子的根據有以下諸點：

（1）孝文帝出生時，其父親獻文帝才剛滿十三歲，這樣的年紀要為人父實在太年輕了些。

（2）文明太后去世後，孝文帝不顧群臣反對，堅持為太后服喪三年。這原本是對父母的服喪規定，而孝文帝與文明太后在名義上不過是沒有血緣關係的祖孫。

（3）記錄北魏歷史的《魏書》中的〈皇后列傳〉裡提到了一句，「迄后之崩，高祖不知所生」，其意思如今依然成謎。

（4）根據《魏書》及《北史》等史書記載，孝文帝對太后出身的馮氏一族相當禮遇，而對紀錄上的生母思皇后李氏一族卻相當冷淡（照理來說思皇后貴為皇帝之母，李氏一族應該更受禮遇才對）。

（5）文明太后原本是個抱持強烈權勢欲的人物，但〈皇后列傳〉記載「及高祖生，太后躬親撫養。是後罷令，不聽政事」，這樣的舉動也令人費解。

（6）當時的史書有時會以「母子」來形容兩人的關係。

此外，從史料上看來，孝文帝早在太和十二年（四八八年）便已知道自己的親生母親是遭太后殺害的思皇后李氏，這與〈皇后列傳〉中太和十四年的「迄后之崩，高祖不知所生」一句顯然有所矛盾。

事實上關於孝文帝的出生之謎，當時可能已有不少流言蜚語。如《魏書》〈李惠傳〉中提到：

> 高祖奉馮氏過厚，於李氏過薄，舅家了無敘用。朝野人士所以竊議，太常高閭顯言于禁中。及世宗寵隆外家，並居顯位，乃惟高祖舅氏存已不霑恩澤。

那麼孝文帝的父親到底是誰？

正史上記載的孝文帝的父親獻文帝，年僅十八歲便遭太后逼迫傳位給年幼的孝文帝。原本獻文帝想將帝位傳給叔叔京兆王拓跋子推，但以鮮卑重臣為首的朝廷群臣表示：「父子相傳，其來久矣，皇魏之興，未之有革。皇儲正統，聖德夙章。」獻文帝不得已，只好將帝位傳給孝文帝。

倘若孝文帝的父親並非獻文帝，群臣怎麼會提出這樣的反對意見？就算太后的勢力正在壯大，群臣感受到了壓力，但鮮卑重臣畢竟是北魏的棟樑，實在不太可能如此輕易就同意將皇位交給不具正統資格（或有爭議）的太子。

在孝文帝將首都自平城遷至洛陽後的大和二十年（四九六年），一群對孝文帝的改革心懷不滿的鮮卑貴族擁立皇太子（孝文帝的長子）發動叛變。這場叛變的主因，在於貴族們反對孝文帝的改革方針，倘若孝文帝的正統性不具足夠的說服力，照理來說這些叛變的貴族不可能擁戴其長子作為精神領袖。

由此看來，孝文帝的父親必定是個有資格成為拓跋北魏領導者的人物。這個人到底是誰？難道是太后的丈夫，也就是文成帝？然而孝文帝絕對不可能是文成帝的兒子，因為文成帝於和平六年（四六五年）五月癸卯日駕崩，而孝文帝則出生於兩年後的皇興元年（四六七年）八月戊申日。如此推算下來，最有可能是孝文帝父親的人物，畢竟還是獻文帝。

胡族的收繼婚風俗

但也有可能是以下這種情況。

孝文帝出生的皇興元年，獻文帝剛滿十三歲（虛歲十四歲），太后則據推測應該是虛歲二十六歲。雖說十三歲的父親實在很年輕，但這種情況在北魏諸帝之間並不罕見。例如獻文帝出生時，其父親文成帝也才十五歲；而文成帝出生時，其父親景穆太子也才十三歲。此外，胡族有所謂「收繼婚」的風俗，也就是父親過世後，妻子會轉嫁給兒子（親生母親除外）。換句話說，孝文帝很有可能是父親獻文帝與沒有血緣關係的祖母文明太后所生的孩子。

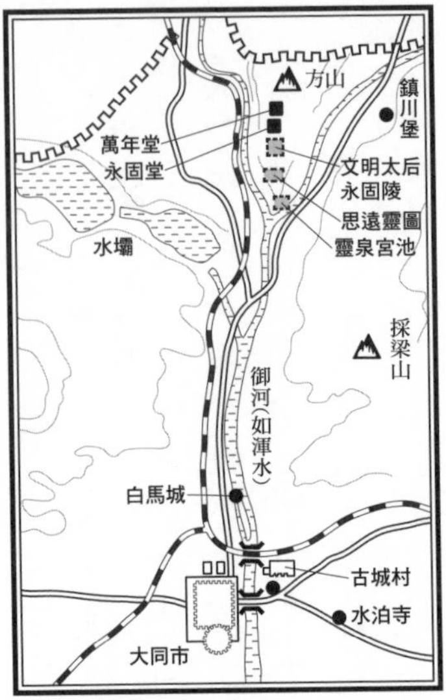

文明太后永固陵配置圖　永固陵北方的萬年堂為孝文帝的壽陵，南方則是以金銀及浮雕裝飾的廟堂（永固堂）。

筆者認為，這很有可能就是孝文帝身世之謎的真相。當時孝文帝是太后之子的傳聞早已流傳開來，但別說是群臣，就連獻文帝自己也願意承認孝文帝的皇太子地位，這是什麼緣故？當時的史書明明記載孝文帝的父親是獻文帝，但提及其母親時卻諸多語焉不詳之處，這又是為什麼？只要把孝文帝認定為獻文帝與文明太后所生的孩子，以上這些疑問全都迎刃而解。

由史書中「迄后之崩，高祖不知所生」這句話，我們可以得知孝文帝是在太后去世的當下，或者是太后去世後的不久，才得知自己的身世之謎。孝文帝是個非常注重孝道的人，當他得知真相時，肯定非常震驚。藉由《魏書》的以下這段記載，我們便能一窺他當時的心情。

> 至承明元年四月，月食尾。五月己亥，金、火皆入軒轅；庚子，相逼同光。皆后妃之謫也。天若言曰：母后之釁幾貫盈矣，人君忘祖考之業，慕匹夫之孝，其如宗祀何？是時，獻文不悟，至六月暴崩，實有酖毒之禍焉。由是言之，皇天有以睹履霜之萌，而為之成象久矣。

其後，文明皇太后崩，孝文皇帝方修諒陰之儀，篤孺子之慕，竟未能述宣春秋之義，而懲供人之黨。4

此處的「述宣春秋之義」，指的是辨明大義，也就是揭發太后毒殺父親獻文帝的罪狀。而「懲供人之黨」，指的就是懲處太后身旁助其為惡的黨羽。換句話說，這段紀錄的用意在於對孝文帝進行政治批判，而透過其他史料（《北史》〈魏澹傳〉），我們可以確認太后毒殺獻文帝的確是事實。

倘若是太后掌握朝政的時期，或許我們能說孝文帝畏於其權勢，但太后死了之後，為什麼孝文帝依然沒有追究其罪行？

或許這是因為孝文帝是個極具孝心、精通漢學且對漢族文明抱持著憧憬的人物吧。直到太后過世，他才知道太后就是自己朝思慕念的母親。在這種情況下，他怎麼忍心追究太后殺害父親的大罪？

倘若孝文帝與其父母之間確實有著這樣的愛恨糾葛，可以想見這勢必也會對孝文帝的施政方針產生極大影響。

雖然沒有血緣關係，但太后畢竟是文成帝的皇后，在關係上相當於獻文帝的母親，也就是孝文帝的祖母。然而太后又是孝文帝的親生母親，而且還殺了孝文帝的親生父親獻文帝。對於堪稱胡族第一文人的孝文帝來說，這簡直是一場野蠻的亂倫噩夢。偏偏這些黑暗的醜聞又藉由血脈而與自己有著難以切割的關係。而這整場悲劇的最大元凶，就是胡族的收繼婚習俗。

太后去世後，孝文帝便大力推動漢化改革，彷彿要顛覆其原本生活的世界。其最具象徵性的漢化政策，就是將首都從北風瑟瑟、充滿肅殺之氣的平城，遷移到氣候溫和、沃土千里的中原洛陽。其背後的原動力，或許就在於一股想要擺脫過去陰霾的強烈欲望。

值得一提的是，北魏為了防止外戚干政，有著一種奇妙的規定，那就是將皇太子的親生母親賜死。文明太后做出本章提及的那些弄權行徑，原因之一或許正是擔心自己依慣例而遭賜死。到了孝文帝即位後，便廢除了這個規定[5]。

孝文帝追求的世界

孝文帝推行種種改革的背後，除了上述原因之外，還有另一項私人理由。那就是孝文帝雖然並不否認自己是鮮卑人，但他卻有著比這個身分更加深刻的階級意識，也就是身為中國皇帝的自我期許。

孝文帝的階級意識

孝文帝的改革中最值得注意的一點，就是他捨棄了身為鮮卑人的尊嚴，採取朝著漢族社會全面同化的立場。另一方面，筆者在前節已說明過，孝文帝身為非漢民族國家北魏的皇帝，體內流的是拓跋皇家的直系血脈。在他推動漢化政策的過程中，內心肯定產生了不少的掙扎。

但是在史料上，我們幾乎看不見他心中的掙扎。這意味著一定有某種理由促使他發生了變化，筆者在前文提到文明太后與孝文帝可能是母子的傳說，當然也是理由之一。然而或許這麼說有些不恰當，但我們不得不說，這只是感情方面的問題，而不是政治立場的問題。說得具體點，我們更需要知道的是，他身為鮮卑人的意識，以及隱藏在他心中重視社會上層階級的意識，這兩者之間有著什麼樣的相互關係？

最耐人尋味的一點，是孝文帝在身為鮮卑人的自我意識上可說是相當淡薄。藉由以下這段紀錄，便可看出這個現象。北魏剛遷都至洛陽的時期，由於鮮卑人大多讀不懂漢文，孝文帝下令將儒教經典之一的《孝經》翻譯成鮮卑文，用於教導鮮卑人。此書在當時被稱為《國語孝經》。

後來的遼、元等征服漢族的王朝，都是為了宣揚國威而使用其自身民族的語言。但北魏卻反其道而行，將鮮卑文用來宣揚漢族文化精髓之一的孝道。而且這樣的政策，還是由孝文帝親自下令。

孝文帝指示翻譯及教導漢籍，絕非基於「要統治漢人就必須理解漢族思想」這種意圖。這樣的政策只代表一個意義，那就是在孝文帝的心裡，身為鮮卑人的自我意識相當淡薄。

不僅如此，孝文帝好讀書，通曉儒家、老莊及史書等百家典籍，擅長詩賦，據說親政期間所有詔冊都是由他自己親自起草。他精通漢學，而且對漢族文化的理解，已讓他的內心將「漢族」與「自我」融為一體，不再是兩種不同的概念。據說孝文帝打算為文明太后服喪三年時，胡漢重臣皆大加反對，認為皇帝不該服喪長達三年。此時孝文帝憑藉其對中國典籍的淵博知識，辯倒了所有反對的群臣。孝文帝的人格特質，在這件事上表現得淋漓盡致。

此外，孝文帝也曾與朝臣閒談海內門第及人物，當時臣子薛聰取笑孝文帝是鮮卑人，孝文帝一點也不生氣，只是淡淡說了一句「他醉了」，之後對待薛聰的態度也沒有改變。

筆者在第三章曾提過，北魏開朝皇帝道武帝在攻打後燕時，清河崔氏（華北第一望族）出身的崔逞將鮮卑與飛鴞、淮夷相提並論，帶有輕蔑之意，道武帝勃然大怒，將催逞賜死。由這兩件事，便可比較出道武帝與孝文帝在身為鮮卑人的意識上有著多大的差異。

階級意識與孝文帝的民族意識

為何孝文帝的民族意識如此淡薄？

北魏自建國初期，便開始接觸漢族文化。到了孝文帝長大成人的時期，北魏的諸般制度受到漢族文化影響極深，鮮卑人已逐漸喪失了其主體性。這種胡族社會變化所造成的影響，透過孝文帝從小到大所受的教育及種種經歷，滲透進了他的內心深處。前文所提到他對中國典籍擁有淵博的知識，正是其顯露在外的表象之一。特別值得注意的一點，是孝文帝能夠敏銳地感受到社會變動所導致的胡族社會內部階層分化現象，並且因而開始懷抱強烈的階級意識。這股階級意識的存在，正與他的民族意識如此淡薄的原因息息相關。而這一點，正是筆者接下來想要探討的重點。

孝文帝的姓族分定政策，讓大部分沒辦法符合姓族資格的胡族淪落為制度上的庶民。而這樣的做法，等於是將胡族劃分為兩個階級，其一是統治階級，其二是被統治階級。關於這一點，筆者已在前文提過。此外，在孝文帝實施改革之前，鮮卑族還留有不少源自於遊牧時代的制度及風俗（例如祭天儀式、鮮卑語等），並藉由這些象徵性的文化現象創造出團結力與歸屬感。

由這兩件事，可以歸納出一個重點，那就是孝文帝的姓族分定政策為了建立身分制度至上的階級社會，不惜捨棄了原本以歸屬感為基礎的社會。因此我們可以說，孝文帝的民族意識如此淡薄，正是因為他心中存在著階級意識，而這個階級意識乃是源自於北魏社會的巨變所帶來的影響。

然而在遷都洛陽之後，負責守衛宮中的士兵依然跟從前的時代一樣，絕大部分是由胡族士兵所組成。由這一點可以看出，雖然孝文帝想要透過改革徹底廢除胡族風俗，就連國家制度也全面漢化且大量錄用漢人，但他的心中依然有著身為鮮卑人的芥蒂，不敢全面信任漢人。不過在禁軍中編入大量胡族士兵的現象背後，還是有一些現實面的考量，例如擅長騎馬的胡族士兵在戰鬥能力上優於漢族士兵，以及遷都洛陽後必須提供胡族百姓一些維持生計的就業機會等等。因此我們可以說，這與其他征服漢族的王朝在價值觀上可說是截然不同的。

此外，在遷都洛陽後，負責宮中護衛的諸將領（領軍、左衛、右衛、武衛等）也大多由胡族擔任（不過這些胡族皆屬於上層階級）。導致這個現象的原因，其一是當時禁軍士兵絕大部分都是胡族，也就是基於現實面的考量，其二則是為了對胡族中極少數的上層人士表達尊重之意。透過後者，我們可以看出孝文帝心中遭階級意識所扭曲的民族意識的面貌。

事實上隨著北魏制度的封建化，漢人貴族與胡族上層階級逐漸在政治及經濟上形成利害關係一致的狀況。孝文帝積極獎勵胡族上層階級與漢人貴族通婚，使得當時這樣的婚姻蔚為一股風潮。由這一點便可以知道，雖然孝文帝任命的禁軍將領絕大多數都是胡族，但不能因此就認定他擁有強烈的民族意識。

朝中國皇帝邁進之路

遷都洛陽後不久，孝文帝曾對群臣說道：「朕自行禮九年，置官三載，正欲開導兆人，致之禮教。朕為天子，何假中原？」由這段話，便可看出孝文帝的氣概。比起太后過世後終於掌握的皇帝實權，他更在乎的是能不能成為整個中華世界的天子。最能看出他致力於追求成為中華皇帝及讓北魏成為中華帝國的事蹟，就是「五行行次的變更」，以下筆者便以此點為本章下一個總結。

所謂的五行，指的是木、火、土、金、水這五大元素。根據中國自古以來的陰陽五行說，整個世界都是由這五大元素所組成，就連各王朝也有其代表的元素，如漢承火德、曹魏承土德等等。而各王朝的興衰，也會依循木、火、土、金、水的順序進行輪替。

根據《魏書》記載，拓跋氏出現在中國歷史上時，由於祖先假托中國神話傳說中的黃帝，而黃帝屬土德，因此以鮮卑語中的「土」（拓）及「帝」（跋）為名。此外據說在北魏建國時，天空上閃耀著一顆黃色的瑞兆之星。因此，北魏的「五行行次」便為土德。

綜觀從漢朝到西元十世紀的趙宋之間的歷史，北魏以稱霸中原的王朝而言算是頗為獨特。如曹魏、晉這些王朝，都是誕生於接受前王朝的禪讓，然而北魏就跟後來蒙古族建立的元朝一樣，誕生時並沒有經過禪讓。

在思考北魏這個國家的特徵時，這是不能忽略的一點。而正如同前述，北魏在與漢族接觸的過程中逐漸漢化，其建國初期的「土德」主張，正可視為漢化所衍生的現象之一。但特別值得注意的是，若依照木、火、土、金、水的五行順序，「土德」應該承接「火德」，但北魏在主張「土德」時，並沒有預設相對應的「火德」王朝。

為了彌補這個「疏漏」，北魏後來才追加「北魏的土德乃是承接了前秦的火德」這種說法。其理論簡單來說，西晉為金德，西晉滅亡後出現水德的前趙，前趙滅亡後出現木德的前燕，前燕滅亡後出現火德的前秦，前秦滅亡後出現土德的北魏。

然而孝文帝親政之後，卻將北魏的五行行次從土德變更為水德，並宣稱北魏承接了西晉的金德。這樣的變更乍看之下似乎毫無意義，但影響其實非常深遠，甚至足以改變現代人對中國歷史的觀感。

「五胡十六國」這個時代稱謂的由來

中國歷史通常是以王朝的名稱作為時代的區隔，例如秦漢、魏晉南北朝、隋唐等等。但也有像春秋戰國、五代十國這類稱呼，是以不同的概念為時代進行區分。那麼所謂的「五胡十六國」時代，又是基於什麼樣的概念？

這個時代開始於西晉滅亡，結束於北魏統一華北，是一個「五胡亂華」的時代。但是這樣的時代區分，到底是由誰所決定的？若以「五胡」這個概念來看，北魏也是由五胡之一的鮮卑拓跋部所建立的國家，只因為北魏統一了華北，就將接下來的時代改稱為南北朝時代，是否有些牽強？

筆者在前一節提過，北魏的土德承接了前秦的火德，而前秦的火德也是由前趙、前燕等王朝的

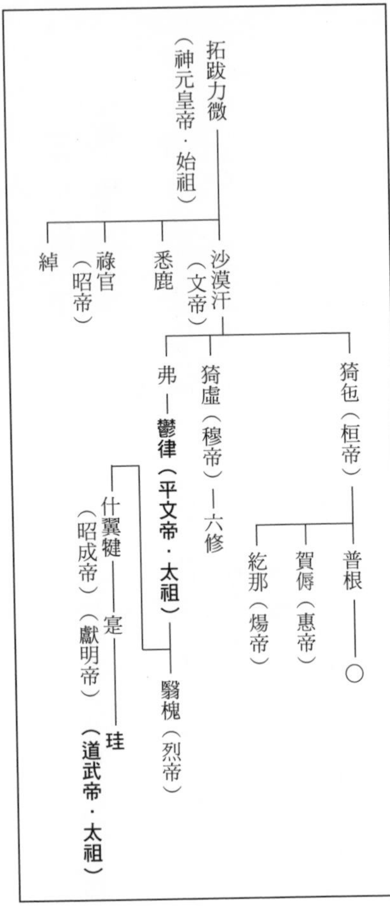

拓跋部世系譜

「五行行次」所延續下來。但這麼一套理論，等於是將由五胡之一的匈奴所建立的趙、鮮卑所建立的燕、氐羌所建立的秦，都當成了曾經統治中原的正統王朝。如果按照這樣的概念，後人絕對不會將北魏統一華北前的時代稱為五胡十六國時代，而將統一華北後的時代改稱為南北朝時代。

其原因就在於「五胡十六國時代」這個稱呼，帶有異族入侵、戰亂連年、不存在正統王朝的含意；而「南北朝時代」這個稱呼則帶有南北抗爭但雙方都具有一定程度正統王朝資格的含意。

有了這樣的理解之後，就能明白孝文帝跳過前面的五胡諸國，直接讓北魏的水德承接西晉的金德，這個改變具有多麼重大的意義了。他將北魏由土德轉為水德，等於是將前面的趙、燕、秦這幾國都扣上了「僭偽」的帽子。換句話說，這些國家都沒有資格統治中原，真正的正統王朝只有從前統治全中國的西晉，以及現在統一華北（且未來會統一全中國）的北魏。我們也可以說，孝文帝這個主張裡，已不再將鮮卑拓跋當成五胡之一。

孝文帝陵　遷都洛陽後，孝文帝在洛陽北方的邙山臺地建造自己的陵墓（長陵），並將此地定為皇族及鮮卑族的墓葬區。

隨著北朝國勢日強，這套主張逐漸成為定論，就連漢人也承認北魏的正統地位，稱其為「北朝」。北魏末年的崔鴻寫了一本名為《十六國春秋》的史書，如今我們以「五胡十六國時代」（西元三〇四至四三九年）作為中國歷史上的正式時代名稱，可說是受了這本書的極大影響。而以這種方式劃分時代的概念，正源自於孝文帝藉由「變更五行行次」所塑造的時代區隔理論與認知。

在這場「變更五行行次」的行動中，孝文帝展現了非比尋常的決心。這一點，從「太祖」的變更便可以看得出來。中國的皇帝在駕崩後，會得到兩個名稱，其一是在宗廟內使用的「廟號」，其二是「諡號」。例如北魏的開國君主拓跋珪，廟號為太祖，諡號為道武帝；又如孝文帝拓跋宏，廟號為高祖，諡號為孝文帝。一般而言，「太祖」這個廟號多半使用在王朝的創始者上。道武帝的廟號為太祖，這便意味著他是北魏王朝的創始者。然而在孝文帝變更五行行次之前，道武帝的廟號其實並非太祖，而是烈祖。當時的太祖，是道武帝的曾祖父平文帝拓跋鬱律。

拓跋鬱律是西晉末年的拓跋部首領，擁百萬騎兵盤踞於北方，對著南方虎視眈眈。孝文帝將太祖廟號由他改為道武帝，明顯意味著以道武帝為切割點，為之前與之後作出區隔。藉由這個行動，孝文帝想表達的是，道武帝之後的拓跋宗家與之前的王族並不能相提並論。

筆者在前文曾提過，孝文帝的姓族分定將鮮卑人劃分為「姓族」及「非姓族」兩大類。此外，在北魏遷都洛陽時，有些人移居至新首都洛陽，而有人則留在舊首都平城。孝文帝藉由變更「太祖」廟號，將歷代拓跋宗室一分為二，以及同時進行的「五行行次」變更，皆與這些社會局勢有著密切的關聯。

註釋

1 《魏書》〈高允傳〉。

2 隨年齡實施還受（配受及返還）的田地，相當於唐朝的口分田。

3 不必還受的田地，相當於唐朝的永業田。

4 《魏書》〈天象志〉。

5 《北史》〈后妃傳下〉。

第八章　北朝後期的政治與社會

北魏後期的政治與社會

北魏孝文帝在遷都洛陽的五年後（四九九年），於親征南朝的途中因病去世。繼位的宣武帝（在位期間西元四九九至五一五年）於五〇一年徵調了五萬餘的民伕對首都洛陽進行大規模修建。完成後的都城恢弘壯觀，東西長二十里，南北長十五里，內有三百多條街坊，以及密密麻麻的一千三百六十七座伽藍（寺院）。

洛陽的繁榮

根據記錄北魏洛陽城景象的《洛陽伽藍記》的描述，當時北魏的國力盛極一時，從蔥嶺（帕米爾高原）到大秦（東羅馬帝國）之間「百國千城莫不歡附」。胡人的商隊及行商者每天湧入國境，嚮往北魏而移居此地的人多得不可勝數。

當時光是歸化北魏的外國人就有一萬戶以上，首都洛陽的街道規劃得整整齊齊，家家門戶櫛比鱗次。蒼翠的槐樹在大街上形成樹蔭，所有稀奇珍貴的寶物都聚集到了洛陽。其中最能象徵其繁榮的建築物，就是宣武帝的皇后靈太后所建的永寧寺。

來自西域的佛僧菩提達摩在看到永寧寺時，「見金盤炫日，光照雲表，寶鐸含風，響出天外。歌詠贊嘆，實是神功」，還說這麼壯觀的建築全天下絕無僅有，就算是在佛界淨土，也是難得一見。據說後來達摩對著永寧寺合掌數日，遲遲不肯離去。

靈太后所建永寧寺佛塔的遺跡

北魏與佛教

由以上的描述便可知道，北魏是名副其實的佛教國家。但北魏與佛教的關係並非從一開始就這麼緊密，在開國君主道武帝入侵華北的時期，北魏與佛教之間幾乎沒有什麼交集。

入侵華北之後，北魏與佛教的接觸機會才逐漸增多。到了五世紀前期，在太武帝統一華北的過程中，北魏消滅了十六國之一的北涼，讓該地的三千名僧侶移居至當時的首都平城，北魏的佛教文化才開始興盛。

筆者在第三章曾提過，太武帝曾對佛教嚴格打壓，但到了文成帝的時代，佛教勢力再度崛起，儼然成為北魏的國教。最有名的一點，就是位於首都平城西郊雲岡地區的巨大石窟，正是自此時期開始挖鑿。

歷經孝文帝、宣武帝及其兒子孝明帝（在位期間西元五一五至五二八年）的時代，佛教持續受到朝廷推崇，勢力更加壯大，終於形成

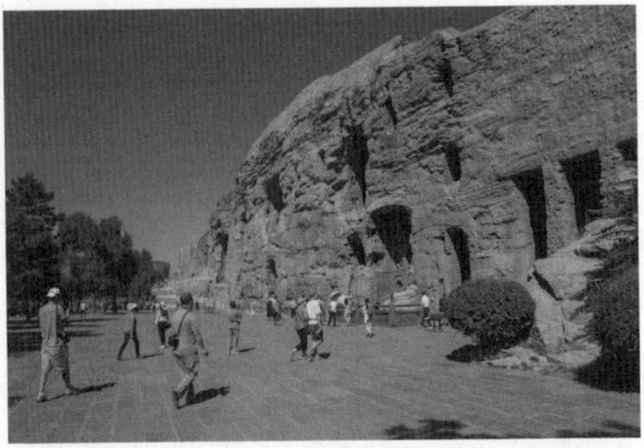

雲岡石窟外觀　位於北魏前期首都平城（大同）西郊。自北魏第四代皇帝文成帝的時代開始挖鑿。

前述洛陽城內到處都是伽藍的景象。雖然活在現代的我們無法親眼目睹當時的盛況，但從龍門石窟的壯觀景象，我們不難想像當時連皇帝及權貴也對佛教如癡如狂的畫面。龍門石窟是在孝文帝遷都洛陽時開始挖鑿，這股風氣一直持續到了隋唐時代。

每年四月四日起，都會舉辦佛誕法會，信徒們會以黃金及寶玉將佛像裝飾得莊嚴富麗，在首都街上繞行。到了七日，全都內登記在冊的一千餘尊佛像會聚集在宣武帝建立的景明寺。到了八日，佛像又會聚集在宮城前，接受皇帝親自舉行的散花之禮。根據《洛陽伽藍記》的描述，此時「金花映日，寶蓋浮雲，幡幢若林，香煙似

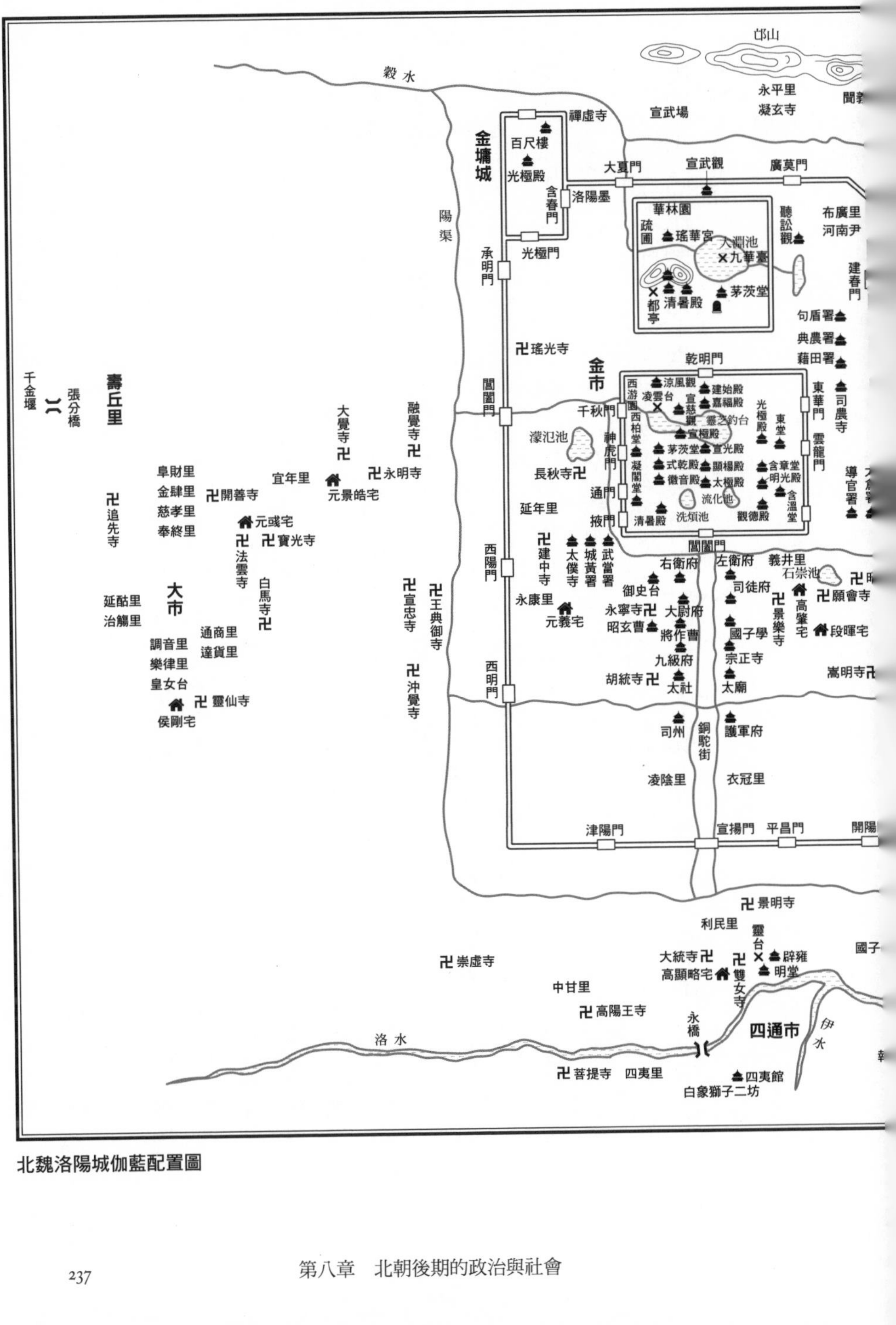
邙山
穀水
永平里
凝玄寺
禪虛寺
宣武場
金墉城
百尺樓
光極殿
含春門
洛陽壘
大夏門
宣武觀
廣莫門
陽渠
華林園
疏圃
瑤華宮
大淵池
九華臺
聽訟觀
布廣里
河南尹
光極門
承明門
都亭
清暑殿
茅茨堂
建春門
句盾署
典農署
籍田署
瑤光寺
乾明門
金市
閶闔門
西游園
涼風觀
凌雲台
建始殿
嘉福殿
宣慈觀
靈芝釣台
光極殿
東堂
東華門
司農寺
千秋門
西柏堂
宣極殿
神虎門
茅茨堂
宣光殿
濛汜池
凝閑堂
式乾殿
顯楊殿
含章堂
明光殿
雲龍門
長秋寺
徽音殿
太極殿
導官署
通門
流化池
含溫堂
延年里
掖門
清暑殿
洗煩池
觀德殿
閶闔門
建中寺
太僕寺
城黃署
武當署
右衛府
左衛府
義井里
石崇池
西陽門
御史台
司徒府
高肇宅
願會寺
永康里
永寧寺
大尉府
景樂寺
元義宅
昭玄曹
將作曹
國子學
段暉宅
九級府
宗正寺
胡統寺
太社
太廟
嵩明寺
西明門
司州
銅駝街
護軍府
凌陰里
衣冠里
津陽門
宣揚門
平昌門
開陽門
景明寺
利民里
靈台
辟雍
明堂
國子
崇虛寺
大統寺
高顯略宅
雙女寺
中甘里
高陽王寺
永橋
四通市
伊水
洛水
菩提寺
四夷里
四夷館
白象獅子二坊
千金堰
張分橋
壽丘里
大覺寺
融覺寺
皋財里
金肆里
慈孝里
奉終里
追先寺
開善寺
宜年里
元景皓宅
永明寺
元彧宅
寶光寺
法雲寺
白馬寺
宣忠寺
王典御寺
延酤里
治觴里
大市
通商里
達貨里
調音里
樂律里
皇女台
侯剛宅
靈仙寺
沖覺寺

北魏洛陽城伽藍配置圖

霧，梵樂法音，聒動天地」。在這段祭典期間，可以看到各式各樣的異國奇術及特技表演，如「吞刀吐火」、「植棗種瓜，須臾之間，皆得食之」等等。

但值得注意的是，當時很多的儀式都已偏離了單純的虔誠信仰，一味追求奢華的寺院與佛像，成了勞民傷財的頹廢貴族式佛教活動。《洛陽伽藍記》裡記載了一則故事，洛陽崇真寺有一名叫慧凝的僧侶，他去世七日後復活，向眾人說出閻羅王審問死者的情況，相當耐人尋味。根據慧凝的描述，閻羅王認為「講經者心懷彼我，以驕凌物，比丘中第一粗行（中略）造作經像，正欲得他人財物；既得財物，貪心即起」，因此將那些講釋及編纂佛經、建造佛像的僧侶都打入地獄，反倒是專心打坐及誦經的僧侶能夠上天堂。由這個故事可以看出，這種只會比較佛學知識並且盲目於建造寺院與佛像，卻忘了踏實修行的貴族式佛教，即使是在那個時代，也存在著批判的聲音。

事實上，問題並不僅表現在與佛教相關的環節上。洛陽的繁華與充滿國際色彩，並非僅是出現在佛誕法會等節日的特殊氣氛。類似的景象，每天都在以洛陽城內東西兩側市集為中心的區域上演著。在這附近一帶，居住著許多手工業者及商人，使洛陽成為一個巨大的消費都市。隨著繁榮程度的不斷攀升，許多貴族及庶民的生活也變得越來越奢華。

然而另一方面，並非所有人都能過著如此頹廢靡爛的生活。這些生活較貧苦的人，多集中在洛陽的中央及北側。再加上貴族與基層百姓的生活品質懸殊，成了導致北魏衰亡的肇因。以下將就這一點進行更具體的探討。

太和謀反事件

筆者在前一章曾經說明過，北魏孝文帝的改革是藉由對貴族制度的重整，促成國家的漢化。然而這樣的施政方針，卻引來了以鮮卑拓跋為首的北方胡族的強烈不滿。而孝文帝時代最大規模的反叛行動，就發生在太和二十年（四九六年）。

這場反叛的主謀者為北方望族出身的陸叡、穆泰等人，發生在太和二十年十二月八日皇太子遭廢的兩天後。他們原本便企圖擁立皇太子造反，而這也是皇太子遭廢的原因。

這場叛亂幾乎牽連了所有北方望族，王朝一度有覆滅的危險，幸好孝文帝先發制人，不給敵人全力動員的機會，才沒有釀成大禍。叛亂平定後，許多北方望族都遭株連。若對照第三章所提到的崔浩誅殺事件，一邊是對漢族的肅清，另一邊卻是對北方胡族的肅清，由這個明顯的對比，便能看出時局的巨大轉變。

龍門賓陽中洞　賓陽中洞為孝文帝的兒子宣武帝為孝文帝及文昭太后所挖鑿而成，共耗費了二十四年。

但有一點必須特別注意，那就是參與叛亂的人絕大部分並非對北魏的「漢化」政策本身抱持反對立場。事實上這些參與叛亂的北方望族，在北魏的漢化過程中都表現得相當積極。

根據當時的史書記載，他們最大的不滿來自於以下諸點。第一，孝文帝的施政態度過於信賴漢族官吏，所有的改革都是在漢族的建議下執行，導致孝文帝與北方望族之間產生了一種疏離感。第二，孝文帝的改革雖然為北方望族帶來了一些新的特權，卻也剝奪了許多舊有的特權，例如原本即使不是皇族也能獲賜王爵，但改革後卻取消了這個做法。第三，洛陽比原本的首都平城熱得多，令出生於北方的這些望族人士感到相當難以忍受。

換句話說，這些人叛變的理由在於上層階級既得利益的喪失，而非凝聚了北方胡族中下階層的民怨。事實上對這些北方上層階級的望族而言，中下階層的人在他們眼裡都像賤民一樣。孝文帝將上下階層劃出明確的區隔，評定出北方胡族上層與漢族上層之間能夠通婚的門第，建立起一個門閥貴族制國家，對這些北方望族而言反而是求之不得的好事。

基於這種動機的反叛，當然很快就遭到平定。根據當時史書的記載，就連朝廷也看出「這場叛亂並非基於什麼遠大的目標」。但我們不能否認，這場叛亂還是為北魏的團結力帶來了極大的傷害。

北魏末年的動亂

北方胡族中下階層的不滿

然而自這個時期之後，北方胡族中下階層對朝廷的不滿逐漸累積，終於到了難以挽回的地步。筆者在前一章便提過，當遷都洛陽時，孝文帝讓某些人移居洛陽，而讓某些人留在北方的舊都平城。移居洛陽的人[1]之中，孝文帝挑選出了一批禁衛軍，命名為「羽林」及「虎賁」。這個時期對朝廷心懷不滿的叛亂主角，便是這些禁衛軍。

自北魏建國以來，鮮卑拓跋族人便是組成國家軍隊的核心成員，這些人為了北魏皇家奮勇作戰，北魏能如此強盛，這些人功不可沒。但是當時的高階官職全由皇室成員及胡漢貴族所壟斷，中下階層的官職則又遭漢人占據，到處都發生包含鮮卑拓跋族人在內的北方胡族中下階層遭到排擠的現象。朝廷優先採納「代遷戶」作為禁衛軍羽林、虎賁的成員，也是為了消除這些人的不滿，以及解決他們因遷移而造成的貧困問題。除此之外，朝廷也積極任用「代遷戶」的胡族擔任文官，但這也造成北方胡族與文官中占大多數的漢人之間明爭暗鬥的情況更加嚴重。

孝文帝去世約二十年後的孝明帝初年，漢族出身的張仲瑀上奏，主張「銓削選格，排抑武人，不使預清品」，此處的武人，指的就是以鮮卑拓跋族為主的北方胡族所擔任的羽林、虎賁禁衛軍。張仲瑀的上奏，激怒了羽林、虎賁眾將士。

神龜二年（西元五一九年）二月，這些士兵發生了暴動，他們在街上吆喝斥罵，甚至襲擊張仲瑀及其身為朝廷重臣的張彝。這些士兵共約一千人，他們首先襲擊了尚書省，接著各自拿著火把衝進張彝的家，將他拖至堂下拳打腳踢，接著又在家中放火，甚至將張仲瑀的哥哥扔進火海，使其活活燒死。張仲瑀與張彝好不容易才逃脫得救，但張彝不久後就斷氣了。

然而朝廷在處理這件事時，卻只是處決了八名主謀，其他人則一律赦免，不究其罪。由這種姑息的做法，便可看出當時綱紀廢弛的情況有多麼嚴重。在有識之士眼中，這已是亡國之兆。

北齊的開國君主高歡，就是在北魏末年的這場叛亂中嶄露頭角。當時他以傳令的身分自北方的軍鎮來到洛陽，目睹了這場騷動，他心想朝廷害怕士兵再度暴動而不敢嚴厲制裁，這樣的政權接下來將面臨什麼樣的處境，已是可想而知。於是他回到北鎮後散盡家財，招募了一群同志，為迎接亂

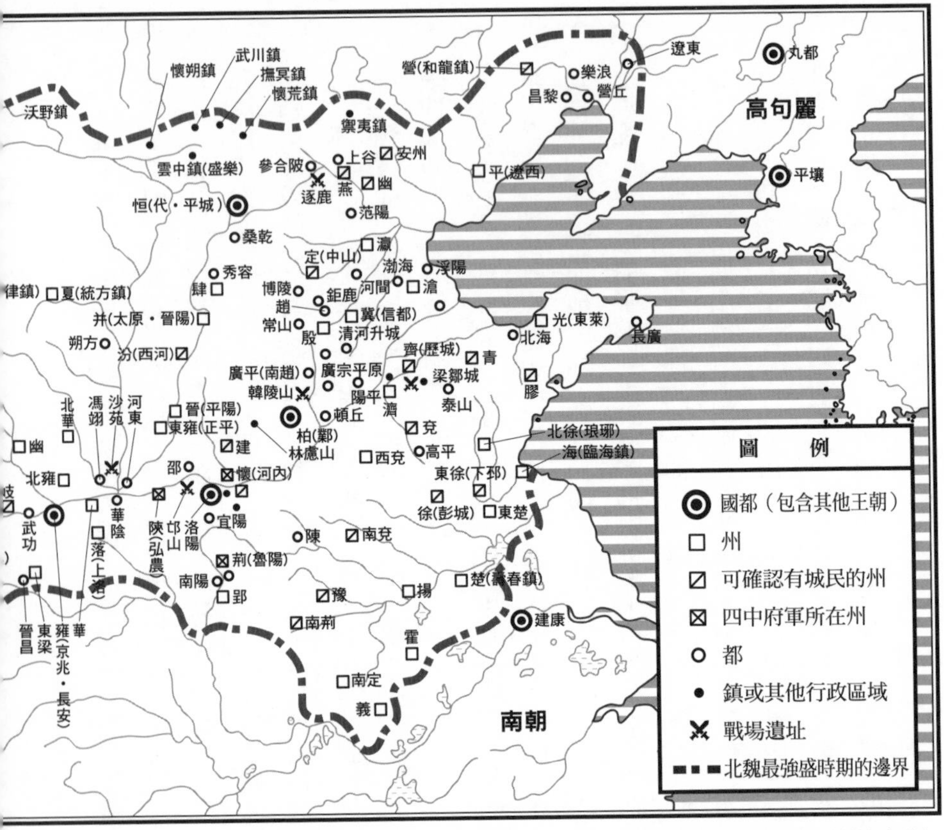

北魏要圖—六鎮圖　資料來源：谷川道雄《隋唐帝國形成史論》（筑摩書房）

世做好了準備。

北鎮之亂

心懷不滿的狀況並不只發生在「代遷戶」這些人身上。類似的問題在北方可說是更加嚴重。自從鮮卑拓跋部南侵並在中原建立北魏政權之後，柔然的勢力便開始在蒙古高原迅速擴張。為了防衛北方邊境，北魏設置了六個軍鎮（沃野、懷朔、武川、撫冥、柔玄、懷荒），並布署以鮮卑族為首的北方胡族及漢人豪族的武裝勢力。

剛開始的時候，這些鎮民不僅擁有免役的特權，而且有

不少人因立下戰功而飛黃騰達，朝廷對他們也很禮遇，將他們當成了國家的棟樑。但後來北魏成功統一華北，與柔然之間的交戰也多是由北魏獲勝，北鎮在整個國家內部的重要性便逐漸下滑。尤其是孝文帝遷都洛陽之後，國家重心南移，北鎮與首都相隔遙遠，洛陽居民對北鎮的關心自然也跟著日益淡薄。

當時的史書有著以下這段記載：

> 緣邊諸鎮，控攝長遠。昔時初置，地廣人稀，或徵發中原強宗子弟，或國之肺腑，寄以爪牙。中年以來，有司乖實，號曰府戶，役同廝養，官婚班齒，致失清流。而本宗舊類，各各榮顯，顧瞻彼此，理當憤怨。（中略）宜改鎮立州，分置郡縣，凡是府戶，悉免為民。2

在北魏前期，鮮卑族是靠著其軍事力量才成為中原統治者，因此鮮卑士兵的戶籍，與一般在州郡縣等地方行政單位擁有戶籍的漢人不同，是從屬於北魏國內各地的「軍鎮」。北鎮的鎮民遭蔑稱為「府戶」，正是基於這樣的政策背景。但由前文的描述可以得知，在北魏王朝「漢化」的時代潮流下，這些被稱為府戶的戰士反而成了「免為民」的救濟對象。由此便可想見，那些被徵調到北鎮等各軍鎮的北方胡族士兵內心有多麼憤恨難平。

值得一提的是，在北魏前期，一支名為敕勒的民族在外蒙古一帶崛起，經常騷擾北魏的邊塞。北魏大舉討伐敕勒，並將其降民整編為軍隊，用以抵禦柔然的入侵。根據當時的史料記載，這些降民的人數多達一百萬人以上，這些人都被安置在北鎮之中。據說北魏入侵中原時，鮮卑軍隊的總數只有約四十萬，兩相比較之下，便可知道敕勒降民人數有多麼龐大。

此外，筆者在第三章也曾提過，北魏太武帝在攻打南朝盱眙城時，曾寫了一封信給南朝，上頭寫著：「吾今所遣鬥兵，盡非我國人，城東北是丁零與胡，南是三秦氐、羌。設使丁零死者，正可減常山、趙郡賊；胡死，正減并州賊；氐、羌死，正減關中賊。卿若殺丁零、胡，無不利。」從這封信的內容，我們能看出北魏的軍隊編制是以鮮卑兵為核心，卻以其他民族的軍隊當作盾牌。那些被安置在北鎮的敕勒降民，也正發揮了相同的功用。當北鎮的鮮卑人因前述理由而大亂時，人數更多於鮮卑人的敕勒降民會做出什麼事可想而知。

北鎮人民心中的不滿終於在孝明帝的時期爆發。正光四年（西元五二三年），北鎮人民見討伐柔然的十萬北魏軍無功而返，對朝廷的無能徹底絕望。北鎮之一的沃野鎮鎮民率先發難，匈奴出身的破落汗拔陵率眾造反，斬殺鎮將。其他北鎮如柔玄鎮的杜洛周、懷朔鎮的鮮于修禮等人相繼響應，戰火在一瞬間蔓延至整片北方區域。朝廷雖答應改鎮為州並解除鎮民的軍籍，但為時已晚，叛亂的聲浪不久後便席捲全國。

另一方面，原本應該全力應戰的北魏朝廷，卻因政治鬥爭而陷入了癱瘓狀態。宣武帝及孝明帝時代的朝廷雖然試圖鞏固皇帝及諸王的權力，但外戚及宦官的勢力卻也越來越跋扈。到了羽林之變及北鎮之亂時，北魏朝廷的實權已落入孝明帝的親生母親靈太后手裡。

爾朱榮的登場

筆者在前文曾提過，若依北魏早期的制度，皇太子的親生母親會被賜死。然而這項規定已由孝文帝廢除，再加上宣武帝的刻意迴護，因此靈太后雖是孝明帝的親生母親，卻沒有性命之憂。孝明帝即位後，靈太后便成了皇太后，由於孝明帝年幼，朝政因而由她所把持。

然而太后的施政屢屢出現寵信宦官或近臣的亂象，綱紀的鬆弛已到了眾人皆知的地步。不僅宮廷內部紛爭不斷，而且皇太后濫用國庫興建寺塔，極盡奢華之能事，再加上數次至永寧寺、龍門石窟、嵩山等地遊幸，每次出遊皆是興師動眾、勞民傷財。

北鎮之亂便是爆發在這樣的時局之下。太后害怕自己的惡行遭孝明帝知悉，甚至不惜殺害孝明帝的近臣。孝明帝長大後，對於太后的擅權行徑深惡痛絕，兩人的對立狀況越來越嚴重。然而到了武泰元年（西元五二八年），孝明帝在太后黨羽的策謀下遭到毒殺，事態有了戲劇性的轉變。太后原本想立年僅三歲的孝文帝曾孫元釗為帝，但這樣的做法當然引來朝野撻伐。當時反對勢力的領袖人物，正是領兵鎮守於山西北秀容（太原北方）的將領爾朱榮。

爾朱榮出身於契胡民族的族長之家，祖先在道武帝爭霸中原時立下戰功，其後代一直與北魏皇室維持著通婚關係，並統率其族人盤踞在山西省的北秀容，形成一股勢力。北鎮之亂發生時，爾朱榮一得知孝明帝駕崩，立即主張這是太后及其黨羽的陰謀，改為擁立孝文帝的孫子長樂王元子攸（後來的孝莊帝），發兵進逼洛陽。他將文武百官全部誘往行宮，追究天下大亂及孝明帝駕崩的罪責，將太后、少主元釗、眾皇族及文武百官一千三百餘人屠戮殆盡，史稱河陰之變。

此時爾朱榮已有篡奪北魏帝位的意圖，但占卜結果並不理想，加上他察覺天下民心尚未完全脫離北魏王朝，因此他暫時放棄了這個念頭，恢復擁戴長樂王元子攸（孝莊帝）即位的策略。

另一方面，就在北鎮之亂之一的沃野鎮破落汗拔陵起兵造反之際，南方的高平鎮酋帥胡琛起兵響應，接著又誘發了關中秦州城民莫折太提、莫折念生的叛亂。破落汗拔陵之亂的戰火轉瞬間蔓延至所有北鎮，但在廣陽王元淵等人的鎮壓下一時獲得平定。

然而投降的鎮民多達二十萬人，這些人難以維生，朝廷只好將他們分發至定州、冀州、瀛州（今河北省一帶）等地謀求活路。沒想到這樣的措施卻反而讓戰亂從北方延燒到了北魏的心臟地帶。廣陽王元淵曾提出警告：「此輩復為乞活矣，禍亂當由此作。」果然不出他所料，這些鎮民之中的鮮于修禮、杜洛周等人再度叛變，最後由葛榮吸收，形成了數十萬大軍。

就在爾朱榮於洛陽掌握大權時，葛榮的叛亂軍日益壯大，最後號稱百萬大軍，朝著洛陽浩浩蕩蕩地逼近。爾朱榮的兵力與叛亂軍比起來雖然少得多，但葛榮軍太過輕敵，爾朱榮在各地暗藏伏兵，並利用各種計謀大破葛榮軍。基於前車之鑑，爾朱榮這次的做法是讓投降者自行決定去留，並吸收其中有利用價值的人才，於是參與動亂的難民們在一夕之間便四散而去。

由破落汗拔陵之亂所引發的一連串華北動亂至此似乎告一段落，但事態旋即有了新的變化。在這場混亂之中，爾朱榮、高歡、宇文泰等魏末英雄相繼嶄露頭角，世人心中已隱隱察覺北魏王朝的滅亡已是時間早晚的問題。

擊破葛榮軍後，爾朱榮的聲勢更是如日中天，而其蠻橫跋扈的程度也是變本加厲。此外，北魏末期陷入兵荒馬亂之際，漢族名士高翼在臨死前對兒子們說：「主憂臣辱，主辱臣死，今社稷阽危，人神憤怨，破家報國，在此時也。」還有，同樣在北魏末年的戰亂時期，漢族名士封隆之曾說過：「國恥家怨，痛入骨髓，乘機而動，今實其時。」

這些現象相較於五胡十六國時代到北魏前期，漢族士大夫對胡族政權的強烈排斥，可說是恍如隔世。北魏末年的漢族士大夫竟然對胡族政權有了勤王之志，這正是筆者在前一章所提及的北魏王朝（尤其是孝文帝改革之後）迅速發展的轉變。

然而進入本章所談的時代後，北魏朝廷的聲勢反而必須仰賴掌握朝政的權臣來維持。爾朱榮的出現，可說是為其後北齊的高歡及北周的宇文泰開了先例。這些掌權者巧妙運用勤王的口號，逐步朝著篡位的野心邁進。

在這樣的時代局勢下，爾朱榮的做法是坐鎮在其根據地的山西晉陽，掌控相距遙遠的首都朝廷。他在皇帝身旁安排親信，不論首都發生大小事都逃不出他的耳目。隨著權勢的壯大，爾朱榮的言行舉止也越來越囂張蠻橫，甚至公然說出「孝莊帝是多虧了我才得以即位」之類的不敬言詞。孝莊帝再也無法忍受爾朱榮的僭越行徑，終於設法將爾朱榮誅殺，但此舉卻引起了其族人的不滿，爾朱榮的侄子爾朱兆起兵攻陷洛陽，將孝莊帝俘虜至晉陽並加以殺害。

此時崛起於爾朱榮勢力內的高歡聲稱「臣而伐君，其逆已甚」，一邊以勤王為口號一邊又嚴厲批判爾朱兆的行徑。這造成原本的爾朱榮勢力開始分裂，最後由高歡掌握霸權。但高歡與他自己擁立的出帝（魏孝武帝）元脩之間的鬥爭，宛如是當初爾朱榮與孝莊帝的翻版。

高歡的出身

高歡自稱是河北渤海郡蓨縣人，也就是第三章提過的北魏名臣渤海高允的族人。但根據《北齊書》〈帝紀〉中的記載，高歡的字為賀六渾，這是鮮卑風格相當濃厚的稱呼，加上他有著先祖時代移居懷朔鎮（北鎮之一）的鮮卑人的風俗習慣，因此後人多認為他是鮮卑人。而且在高歡的屬下之中，有個名叫高乾的人物，他是真正的渤海郡蓨縣人，而且是北齊的建國功臣，但後來高歡對待他卻相當冷酷無情。其本傳中有這麼一句：「但以非潁川元從，異豐沛故人，腹心之寄，有所未允。」一句中的潁川、豐沛等語，是引用了劉秀及劉邦的典故。簡單來說，這段話意味著高歡與高乾並非同族，這也更加印證了高歡是鮮卑人的說法。

高歡家境清寒，靠著迎娶富戶的女兒為妻，才得以擁有馬匹，並成為懷朔鎮的隊主。後來他轉任函使，來到了洛陽，並在洛陽一個名叫麻祥的基層官員底下當差了一陣子。有一次，麻祥賜高歡吃肉，按規定只能站著吃，高歡卻坐了下來，此舉登時遭到麻祥的責罵，甚至受到鞭打。筆者在前文曾提到北鎮鎮民在北魏末年遭鄙視為「府戶」的處境，而從麻祥對待高歡的方式，便可看出當時洛陽官人對待「府戶」的態度。

然而高歡在洛陽的生活並非全由屈辱所占據。前文曾提到洛陽的壯觀奢華，高歡憑著其敏銳的感受力將其光明面與陰暗面全都看在眼裡。在羽林之變發生時，高歡看出北魏大數將盡，於是回到了北鎮，散盡家財招募同志。如司馬子如等協助北齊建國的重要功臣，都是在此時聚集在高歡的身邊，其中包含後來讓繁華的南朝建康化為煉獄的侯景。就在遭發配至華北的北鎮難民杜洛周、葛榮等人再度叛亂之際，高歡帶著這群同志先後跟隨杜洛周及葛榮，最後投入爾朱榮的麾下。其後高歡逐漸嶄露頭角，在爾朱榮發動河陰之變時，高歡也跟隨在旁。爾朱榮遭誅殺後，高歡與爾朱兆爭奪其後繼者的地位，最後由高歡獲得勝利。

西魏和北周統治下的新動向

北魏的東西分裂

高歡掌握北魏朝政後，就跟爾朱榮一樣扶持傀儡皇帝即位，這個傀儡皇帝就是孝文帝的孫子——平陽王元脩（孝武帝）。高歡仿效爾朱榮的做法，一邊打著勤王的口號，一邊坐鎮晉陽把持朝政，以篡位為最終目的。但即位的平陽王元脩也跟過去的孝莊帝一樣，是個不甘當個傀儡的皇帝，對高歡的擅權行徑做出了種種頑強抵抗。

然而到頭來，孝武帝還是無法挽回北魏的頹勢，只好死馬當活馬醫，投靠了當時逐漸在關中形成反高歡勢力的宇文泰。高歡逼不得已，只好趕緊改立清河王世子元善見為帝。結果導致東西二帝分立的狀況，君臨華北長達一個半世紀的北魏從此（西元五三五年）分裂為東魏與西魏。

宇文泰接納了孝武帝（東魏稱之為出帝）之後，獲得了勤王的正當名義，勢力不斷擴大，與高歡形成東西對峙。宇文泰為北周政權的奠基者，根據記錄北周歷史的《周書》記載，宇文泰出身於北鎮之一的武川鎮，據說「宇文」在胡語中是「天君」之意。宇文部原本是足以與北魏建國主體的拓跋部相抗衡的強大部族，但在北魏開國皇帝道武帝侵略中原之際歸附於北魏，並在首領為宇文陵的時期遷至武川。

清代著名歷史家趙翼在其所著的《二十二史箚記》中指出，北周與後來的隋、唐政權建立者皆與武川鎮有所淵源。簡單說起來，隋朝開國皇帝楊堅的五世祖據說是移居武川鎮的楊元壽，而且楊堅的父親楊忠曾跟隨宇文泰立下顯赫戰功；唐朝開國皇帝李淵的四世祖據說是移居武川鎮的李熙，而且李淵的父親李虎也曾是宇文泰麾下的一員大將。

我們可以說，北鎮之亂宛如是宣告北魏的下一個時代即將到來的戰亂。包含懷朔鎮出身的高歡在內，諸鎮英雄輩出，而其中特別值得注意的是，後來達成統一中國壯舉的隋、唐皇室，皆是誕生於宇文泰的勢力之中。

北鎮之亂的重頭戲，就在葛榮吸收了各鎮勢力的時期。當葛榮勢力遭爾朱榮奇襲而瓦解，叛亂獲得平定的時候，肩負新時代使命的高歡及宇文泰也在此時逐漸嶄露頭角，而高歡甚至已成為爾朱榮麾下的得力戰將。

另一方面，宇文泰則是在葛榮勢力遭爾朱榮擊潰後，以葛榮部將身分歸順爾朱榮，可說是個「後來者」。而且跟高歡相較之下，宇文泰的身分要尷尬得多，因為在葛榮一戰後，宇文泰被迫移居至爾朱榮的根據地晉陽，而且哥哥宇文洛生因不實的罪名而遭處死，宇文泰自己也差點獲罪。

在這個走投無路的時期，同為武川鎮出身的賀拔岳為他說了好話。早在爾朱榮進占洛陽前，賀拔岳便是爾朱榮的部將。賀拔岳的哥哥賀拔勝跟宇文泰的父親宇文肱是盟友，以驍勇善戰而聞名，當時是爾朱榮麾下的一員大將。宇文泰的人生轉捩點，就發生在跟隨賀拔岳前赴關中平定高平鎮出身的萬俟醜奴之亂這件事上。賀拔岳平定了叛亂後，駐紮在關中，但懷抱篡位意圖的高歡忌憚他的名氣，因此指使侯莫陳悅將其殺害。此時宇文泰吸收了賀拔岳的兵將，打敗侯莫陳悅的軍隊，成為關中霸主。剛好就在這個時候，北魏孝武帝因無法忍受高歡的跋扈而逃走，投靠了據守在長安的宇文泰。

東魏與西魏的角逐

孝武帝前往關中時，隨行的鮮卑兵只有不到一萬人。駐守洛陽的鮮卑兵絕大部分都由高歡掌控。再加上爾朱榮、葛榮的殘部，北魏末年勢力的大半盡歸高歡所有。因此若比較剛開始的東西方勢力，高歡占有壓倒性優勢，而宇文泰則處於絕對的劣勢。

高歡仗勢其兵力優勢，於東西魏分立三年後（五三七年）親自領兵攻打關中，企圖一鼓作氣消滅西魏。兩軍在陝西渭水以北的沙苑對壘，宇文泰抱著誓死堅守的心態，大破高歡軍，進而攻取山西要地蒲坂，令高歡再也無法自其根據地晉陽輕易對西魏發動攻擊。

然而就在隔年，宇文泰親自領兵攻打洛陽，在邙山遇上了高歡手下的猛將，也就是後來侯景之亂的主角侯景。宇文泰在這一戰中慘敗，導致前一年沙苑戰事中俘虜的降將紛紛叛離。西魏的根據地長安，也因為宇文泰不在而陷入極度緊張的狀態。高歡抓住這個機會，企圖率軍繞過蒲坂，自孟津渡黃河攻打關中，所幸宇文泰在邙山大敗後急忙領兵趕回長安，才重新穩住陣腳，避免了最壞的情況。

這樣的勢力抗衡狀況僵持了一段不短的時間。即使東西魏已分別由北齊及北周取代，到了齊文宣帝高洋（高歡的兒子）的時期，勢力狀況依然沒有改變。北周害怕北齊的入侵，利用天然屏障黃河拉起防衛線。冬天時黃河結凍，北周擔心北齊軍隊踏冰渡河，因此必須先將冰敲破。

《周禮》的採行

但以歷史上來看，西魏（北周）的勢力逐漸反守為攻，最後是北周消滅了北齊。後來的隋朝便是承接北周的基礎。為什麼會出現這種勢力上的轉變？

理由就在於西魏的劣勢反而強化了政權內部的向心力。剛與高歡對峙時，宇文泰的勢力來自於從前賀拔岳的軍隊及後來孝武帝帶來的少許鮮卑兵。而賀拔岳的軍隊之中，有些是當初在關中討伐萬俟醜奴時吸收的兵將，有些則是討伐的過程中由爾朱榮的勢力分撥出來的兵將，因此帶有濃厚的烏合之眾色彩。不僅如此，在魏末的動亂時期，關中各地都有自衛性質的民兵組織，有些組織甚至是由巴族這一類非漢非胡的民族所組成。像這種大雜燴式的集團，要打下鞏固的基礎，就必須大力推行能夠提升向心力的政策。在策定施政方針之際，關中武功出身的蘇綽扮演了關鍵性的角色。

蘇綽作為宇文泰的謀士，可說是功勞卓著，其中最大的貢獻，就是採用周官及策定六條詔書。所謂的周官，指的是中國古代周朝的官吏制度，儒教重要經典《周禮》中記載了其官職及組織結構。這套假托周朝的官吏制度，將官職分為六大系統（六官），分別為掌管宮中諸官的「天官」、掌管地方行政及教育的「地官」、掌管祭祀的「春官」、掌管軍政的「夏官」、掌管司法的「秋官」及掌管車服、弓矢等器物生產的「冬官」。六官之長底下各自設置兩百七十多個官職，在人數及職責上皆規定得清清楚楚，企圖實現的是政祭一體的政治型態。

西魏時期實施《周禮》制度，有點類似日本明治時期廢除武家政治傳統、回歸太政官制的風潮，乍看之下是種極度追求復古而不符時代趨勢的政策。但宇文泰很堅定地將《周禮》奉為圭臬，並以此作為國家運作的指標，這點從宇文泰的兒子孝閔帝接受西魏恭帝禪讓後，定國號為周（北周）就可以看得出來。當然這有一部分也是來自於謀士蘇綽的建議。但這讓人產生了一個疑問：為什麼在國策的制定上，他們會如此拘泥於《周禮》？

周朝制度與胡族之間是扯不上任何關係的。因此在五胡亂華初期的胡族政權內部，《周禮》從來不曾受到重視。但是從本書第三章及第七章的探討便可以看出，進入北魏時代後，《周禮》逐漸受到世人關注，開始在國策的訂定上發揮影響力。尤其是孝文帝的時代，均田制度、三長制度等諸政策都是以《周禮》為典範。

倘若概觀整個歷史，或許我們可以說西魏（北周）對《周禮》的重視與拘泥，乃是繼承了孝文帝的施政理念。但即使是孝文帝，在官吏制度上也是沿用魏晉以後的官制，並沒有全面採行周朝的官制。宇文泰與蘇綽卻更進一步，在西魏政權下實施了「周官」制度，也就是周朝的官吏制度。顯然其政治意圖是想要藉由這個方式強調西魏才是承襲、發揚北魏精神的正統王朝。宇文泰政權正是透過這種做法凝聚向心力，對抗東魏（北齊）勢力。

蘇綽制定的治國方針中，還有所謂的「六條詔書」，其內容強調的是各階層官吏（尤其是地方官）所應具備的基本精神，包含「清心」、「敦教化」、「盡地利」、「擢賢良」、「恤獄訟」及「均賦役」。據說宇文泰要求百官將這六點銘記在心，不牢記這六點的人就無法就任地方官。然而這套追求富國強兵的施政綱要最值得注意的一點，還是在於「六條」的「六」這個數字，因為這與《周禮》的「六官制」有所關聯。

《周禮》的影響不僅展現在治國理念及官吏制度等各方面上，就連軍隊制度這個攸關存亡的國家制度也不例外。筆者在前文提過，西魏的鮮卑族士兵不多，難以抵禦東魏的入侵，因此西魏也徵調漢人入伍，藉此強化其軍事實力。宇文泰採行的是二十四軍制度，也就是選出六名柱國大將軍，每名柱國大將軍底下編制兩名大將軍（共計十二名），每名大將軍底下又編制兩名開府儀同（共計二十四名）。原本這「六柱國、十二大將軍」所統率的二十四軍，是丞相府的直轄軍，但後來轉變為皇帝的禁軍。到了隋朝發展為十二衛制，而這就是唐朝府兵制的前身。

因此我們可以說，二十四軍制就是府兵制的濫觴。這套制度成功統合了胡漢勢力，為西魏及北周的興盛帶來了極大的貢獻。值得注意的是，二十四軍制所採用的數字六、十二、二十四皆為六的倍數，這顯然源自於「天子六軍」的概念，也就是周王共擁有六支軍隊，每支軍隊一萬兩千五百人的《周禮》制度。

《周禮》制度可說是中國政治思想的淵源，而西魏、北周的制度受其影響尤其深遠。為何西魏及北周要如此徹底地採行《周禮》制度？筆者在前面提過，這是為了向內外宣揚其承襲北魏王朝的正統性，以及為了藉由建立國策來提升整個國家的向心力。但是這樣的理由，似乎並不充分。

《周禮》中記載的古禮制度，確實是中國政治思想的源流。但是隨著時代從漢朝進入魏晉南北朝，《周禮》制度與現實狀況的乖離越來越明顯。

正因如此，雖然《周禮》內闡述的理念普遍受到尊重，但幾乎沒有任何政權直接採用其中的制度，就算是與北朝處於相同時代的南朝也一樣。例如均田制度與三長制度都是源自於《周禮》，但南朝並沒有實施類似的制度，便是最好的佐證。

均田制度在華北能夠順利推行，是因為長期戰亂導致出現大量能夠分配給百姓的荒地，這足以證明漫長的亂世對黃河文明發源地的華北地區造成多大的傷害。《周禮》的制度是以國家發展尚未成熟、結構尚未分化的政祭一體式社會為預設的前提，而戰亂剛好讓華北地區退化至適合採行《周禮》制度的狀態。

從另一角度來看，由於《周禮》所傳達的概念較原始而單純，因此對魏晉南北朝時代身為統治階級的大部分胡族而言，較不容易產生排斥感。因此我們可以說，這個時期對胡漢雙方而言都適合採行《周禮》制度，這也是在思考相關問題時不容忽略的一點。

關於西魏二十四軍制度，除了前述的諸點之外，還有一個相當有趣的現象，那就是各軍府的府兵在自稱時會冠上該軍府首長的姓氏。事實上這個習慣源自於胡族的古老傳統。以部族首長之名當作姓氏的習俗，普遍存在於鮮卑、匈奴、烏丸等北方民族之間，一直延續到了北魏時期。

胡漢融合的狀況

若將時代往後拉，隋朝末年的英雄李密曾如此責罵弒殺隋煬帝的宇文化及：「卿本匈奴皁隸破野頭耳，父兄子弟並受隋室厚恩。」[3]此句中提到的「破野頭」是宇文化及的祖先姓氏，該祖先在北魏初年從屬於宇文俟豆歸（前述宇文泰祖先宇文陵的父親），後來跟隨其領導者以宇文為姓氏[4]。李密說這句話的時期為西元七世紀初，距離北魏建國已相隔兩百年以上，卻還是可以拿「隨主人改姓」一事當成貶低他人的諷刺之語。

換句話說，西魏二十四軍制度雖然依循《周禮》理念，卻也帶有胡族的傳統色彩。關於兵將所使用的姓氏，當時的史書有著以下這段記載：

> 魏氏之初，統國三十六，大姓九十九，後多絕滅。至是，以諸將功高者為三十六國後，次功者為九十九姓後，所統軍人，亦改從其姓。[5]

由此可知，這些兵將所使用的姓氏，都是胡族的姓氏。原本胡族是以部族或氏族的名稱為姓氏，例如拓跋、賀蘭、丘穆陵等，但在孝文帝的時代，以鮮卑拓跋為首的諸胡族皆改採一個字的漢族式姓氏，例如皇室拓跋氏改姓元、賀蘭氏改姓賀、丘穆陵氏改姓穆。但是歷經北魏末年的戰亂之後，到了西魏、北周的時代，諸胡族恢復了胡姓。

我們是否能說，這樣的現象是退化至孝文帝改革前的時代？這當然也是其中一個面相，但如同筆者在前文所說的，西魏、北周堪稱是個將漢族政治思想源流的《周禮》奉為國策圭臬的「周禮國家」。由這點看來，時代畢竟是往前推進的。

宇文泰的兒子周武帝宇文邕不僅是成功消滅了宿敵北齊的人物，他所實行的廢佛政策更是佛教歷史上著名的「法難」。周武帝與北魏太武帝等人合稱「三武一宗」。他曾以這段話來解釋其廢佛的理由：

> 佛生西域寄傳東夏，原其風教殊乖中國，漢魏晉世似有若無，五胡亂治風化方盛，朕非五胡心無敬事，既非正教所以廢之。[6]

在這段陳述之中，周武帝聲稱自己並非五胡。周武帝受北鎮之亂後當時局勢的影響，熟知鮮卑語，他還曾親自將自己對軍隊所下的命令寫成一本書，稱之為《鮮卑號令》。換句話說，他擁有宇文這個胡族姓氏，用起鮮卑語來毫無窒礙，卻聲稱自己並非五胡，這顯然與魏晉時代的觀念互相矛盾。這樣的現象，可說是與西魏、北周宣揚《周禮》卻又恢復胡姓的情況頗有異曲同工之妙。這意味著那個時代世人心中的中華觀念，在胡漢之別這一點上與魏晉時代之前已有所不同，而新的觀念正是建立在胡漢融合、胡漢雜處的大環境之上。

在本書第三章所介紹過的北魏太武帝身上，也有著類似的現象。他一方面有著身為鮮卑人的強烈自我意識，一方面卻又將漢族的本土宗教道教定為國教，自詡為道教中帶有聖人含意的「真人」，甚至將年號改為「太平真君」。此外，五胡十六國時代之後的胡族君主多對佛教刻意保護，理由是佛陀也不是漢人，因此特別有親切感。然而北魏的太武帝與北周的周武帝卻剛好相反，是以中華皇帝的身分對佛教大加打壓。關於這套全新中華型態的出現與五胡的中華觀之間的關聯性，筆者將在下一章再次深入探討。

北周武帝與華北的再度統一

東魏、北齊的動向

誕生於北鎮之亂的一代英雄高歡，在五四七年討伐西魏時去世於軍中，其子高澄繼承其遺志。懷朔鎮出身的猛將侯景，早在高歡生前便說過「王在，吾不敢有異，王無，吾不能與鮮卑小兒共事」的狂語。果然高歡一死，侯景接到消息時雖然身在河南，還是慫恿東魏諸將一同叛變。但高歡臨死之前早已料到侯景必然叛變，因此對兒子高澄說：「少堪敵侯景者唯有慕容紹宗，我故不貴之，留以與汝，宜深加殊禮，委以經略。」高澄照著父親的遺言重用慕容紹宗，果然輕而易舉地粉碎了侯景的野心。侯景只好投降南朝，最後導致了侯景之亂，這些已在第五章提過。我們可以說高歡的勢力能夠長期維持，就在於他懂得巧妙掌控侯景這一類自北鎮之亂以來身經百戰的武將。

當時的史書稱這類武將中地位特別高的人為「勳貴」，若站在皇帝權力的立場來看，這些勳貴的存在，讓皇帝的集權化變得困難重重。因此，皇帝往往會利用漢人官吏的力量，來牽制及打壓這些勳貴勢力，而這樣的做法當然會導致勳貴階層的反彈。侯景的反叛，事實上也可以歸類為這樣的衝突現象。

由於高澄在即將接受禪讓前突然去世，因此弟弟高洋代替高澄接受東魏的禪讓，於西元五五〇年即位，是為文宣帝。文宣帝在位期間還算頗有政績，例如他修改了東魏時代制定的《麟趾格》律法，以及打敗了北方新興的突厥勢力。但由於前述對勳貴階層的打壓，再加上他的殘暴個性，導致其在位期間的後半段殺害了許多魏朝宗室元氏族人及文武官僚，有時他還親自下手屠戮。

勳貴階層不滿其作為，於是廢去了繼文宣帝後即位的高殷（廢帝），改立常山王為帝，是為孝昭帝。

北齊佛像　北齊繼承了北魏的諸般制度及文化，對佛教的信仰相當虔誠。這個時期的佛像擁有令人嘆為觀止的藝術性。

孝昭帝一改文宣帝的施政風格，對勳貴階層相當尊重，其後的武成帝也延續這樣的方針。但勳貴階層的跋扈是造成國家動盪不安的危險因子，而且與皇帝的集權思想有著互相牴觸的關係。因此勳貴階層與基於漢族政治理念而追求皇帝集權的漢族門閥官吏之間的明爭暗鬥，在北齊後期變得越來越詭譎多變。再加上和士開等「恩倖」（身分低賤但受皇帝寵信的近臣）逐漸得勢，諸勢力之間形成水火不容的敵對狀態，北齊內部的向心力也跟著每況愈下。

在這過程中，淮南地區甚至被承接梁朝之後但國力虛弱的陳朝所奪走。到了北齊後主（最後一個皇帝）的時期，漢族官吏祖珽與和士開聯手打壓勳貴，企圖奪取權力。此時北齊軍事上最具代表性的名將斛律光遭殺害，導致北齊的向心力更是一落千丈。

成功削弱了勳貴勢力後，漢族門閥勢力與恩倖勢力卻又形成壁壘分明的對峙狀況。甚至發生了文林館（當時漢人勢力的據點）內大量漢人官吏遭到殺害的事件，局勢陷入一片混亂。當北周的周武帝起兵攻打北齊時，北齊的內部早已鬧得天翻地覆。

北周武帝統一華北

周武帝宇文邕（在位期間西元五六〇至五七八年）是宇文泰的第四個兒子，宇文泰曾說過「成吾志者，必此兒也」。當宇文邕的哥哥周明帝宇文毓在位時，朝政由堂兄宇文護把持，後來宇文護弒殺周明帝，改立宇文邕為傀儡皇帝，是為周武帝。周武帝即位後有將近十年的時間受制於宇文護，但在建德元年（五七二年）終於成功誅殺宇文護，從此親臨朝政。

筆者在前文也介紹過，周武帝在位期間實行廢佛政策，在佛教歷史中是著名的「三武一宗的法難」之一。他的廢佛政策不僅廢除了佛教組織，同時也廢除了道教組織，另一方面又設立名為「通道觀」的寺院，企圖以國家權力將儒、佛、道三教合而為一。關於洛陽佛教的光明面與黑暗面，本章一開頭也曾提及過。周武帝正是全盤否定了當時佛教的墮落一面，企圖將皇帝的權力建立在宗教之上。

此外，周武帝還藉由大規模募兵來強化府兵的實力。他一改過去一般對士兵的稱呼，將這些府兵統稱為「侍官」。所謂的侍官，原本指的是皇帝身邊的近臣。以此稱呼府兵，意味著將府兵當成相當榮耀的皇帝直屬戰士。筆者在前文提過，西魏二十四軍制度雖然依循的是漢族式編制概念，但其中也包含了一些起源於胡族的要素。而侍官這個稱呼，也可以在胡族的傳統中找到其根源。在這個時代，侍官經常指的是第七章曾提過的北魏時代的內朝官。而且在胡族的世界裡，部族的戰士是相當名譽的身分。

另一方面，若站在漢族的立場來看，魏晉時代之後的士兵由於世襲兵戶制的實施（兵戶之家代代都是兵戶），在世人眼裡不同於一般的民戶，而且往往遭到輕蔑與鄙視。北鎮之亂發生前的鎮民遭世人看輕，還被蔑稱為「府戶」，理由之一正是整個北魏王朝在漢化的過程中，漢族的思想滲透入了北魏的體制之內。

然而周武帝卻稱這些誕生於魏末戰亂之中的士兵為尊貴的「侍官」，而且在與北齊一決高下的戰役中，他經常親自披上甲冑，帶頭衝入敵陣。這與漢族的皇帝為了自身安全而絕不靠近前線的做法完全不同。事實上在胡族的世界裡，領導者必須藉由這類行動才能鞏固其領導地位，因此在五胡十六國及北朝之中，有許多皇帝都曾採取相同的行動。

在國內的文化面及軍隊制度面都已重新整頓後，周武帝開始挑戰對他而言最大的政治課題，那就是征服北齊。筆者在前文提過，當時北齊的政局可說是亂成了一團，北周趁著這個機會，終於在西元五七六年年底攻下了北齊的重鎮晉陽。到了隔年，又攻陷其首都鄴，成功統一了北魏末年以來兵荒馬亂的華北。但是不久後，周武帝就病倒了，駕崩時年紀才三十五歲。他在遺詔中寫著「將欲包舉六合，混同文軌，今遘疾大漸，氣力稍微，有志不申，以此歎息」，字裡行間流露出了無法於在世期間統一天下的遺憾。而他這個未完成的心願，在大約十年後由接受北周禪讓的隋文帝代為實現了。

註釋

1 平城的古名為「代」，因此這些人被稱為「代遷戶」。

2 《北齊書》〈魏蘭根傳〉。

3 《隋書》〈李密傳〉。

4 《隋書》〈宇文述傳〉。

5 《周書》〈文帝紀〉。

6 《廣弘明集》〈辯惑篇〉。

第九章　古代的東亞與日本的形成

倭國與邪馬臺國

到前一章為止，我們站在中國歷史的觀點探討了魏晉至南北朝時代的諸般歷史現象。但是在這個時代，還有許多中國歷史的框架所無法涵蓋的問題。這些超出中國歷史框架的問題該如何解讀，在理解這個時代的真實面貌上是相當重要的環節，以下便針對這些進行探討。

東亞的歷史發展與古代日本

現在我們將視野稍微放寬，以東亞歷史發展與中國歷史發展的關聯性為觀點，重新審視這個夾在統一帝國秦、漢及隋、唐之間的時代。

中國的《三國志》時代，正好與日本的邪馬臺國時代重疊。至於南北朝時代，據推測應大致相當於日本的應神天皇或仁德天皇的時代。古代日本中的邪馬臺國時代至應神、仁德天皇時代之間的歷史發展，與整個大陸的歷史發展，有著什麼樣的關聯性？現在讓我們基於前述的焦點，先就這個問題稍作思考。

關於日本古代國家的形成過程，江上波夫的騎馬民族國家論相當有名。根據其推論，一群擅長騎馬的民族在本書所探討的時代沿著朝鮮半島南下，最後進入日本列島，征服原有勢力，建立新的王朝。雖然這個理論的真實性不在本書的探討範圍內，但是在前面的章節裡，我們已談過了這個時代發生在中國華北的長期動亂及伴隨而來的大量人口流動，而這個現象勢必會對周邊地區造成巨大的影響。

面對東亞的動亂時代，日本是以什麼樣的方式應對，並有著什麼樣的歷史發展？要探討這個問題，當然也會涉及日本這個國家的形成過程，也就是其根源到底來自何方這個問題。

倭國的出現

日本的英文為Japan，但在魏晉南北朝的時代，別說是Japan，就連日本這個名詞也還沒出現。日本被稱為日本，那是後代的事。在魏晉南北朝的時代，雖然疆域並非完全一致，但相當於現代日本的地區被稱為「倭國」。不過這是外界對這個地區的稱呼，至於當時的倭國人如何稱呼自己居住的地方，則未有定論，較可靠的說法之一是「大和」（Yamato）。

記錄中國東漢歷史的史書《後漢書》中，曾提到了古代的日本（《後漢書》〈倭傳〉）。上頭記載著倭國國王帥升向東漢朝貢（西元一〇七年）。

此外，日本九州福岡縣太宰府天滿宮收藏的國寶《翰苑》中，也引用了《後漢書》的內容，有著相同的朝貢紀錄，上頭稱帥升為「倭面上國王師升」。《翰苑》是唐朝的「類書」，原本共有三十卷，現已散佚，日本太宰府天滿宮收藏的是第三十卷的抄本，據推測抄寫於日本平安時代初期。此外還有另一部同樣成書於唐朝的《通典》，也引用相同的內容，卻記載為「倭面土國王師升」。這些稱呼上的細微差異，引起研究學者相當大的興趣。

關於這個時期的倭國，最大的爭議點就在於整個國家是否已統一。倘若在西元二世紀初期，倭國已藉由某種形式達成統一，這意味著當時有著統治全疆域的倭國國王。相反的，倘若倭國還沒完全統一，當然也就沒有所謂的倭國國王。若站在後者的立場，則前述「倭面土國王」只統治了全倭國的一部分地區而已，就如同日本江戶時代在九州志賀島上發現的金印上所刻的「漢委奴國王」一樣。

不過在《魏志》〈倭人傳〉中，有一段關於卑彌呼遣使朝貢的紀錄，上頭記載著：

> 其國本亦以男子為王，住七八十年，倭國亂，相攻伐歷年，乃共立一女子為王，名曰卑彌呼，（中略）今以汝為親魏倭王，假金印紫綬。

由《後漢書》及《魏志》〈倭人傳〉看來，我們可以確定一件事，那就是在倭王卑彌呼出現之前，倭國曾有過男性的國王。換句話說，早在卑彌呼之前，便存在著擁有一定程度政治結構的「倭國」這個國家，而這個國家當然有其國王。

但是《後漢書》中並沒有明確記載這些國王是否曾以臣下的身分受中國皇帝冊封並賜予印綬。

關於著名的「漢委奴國王」金印（志賀島出土的金印）的賜予，在《後漢書》〈倭傳〉內的記載雖然相當短，但就放在帥升遣使朝貢的記載之前，而且兩文相接。由此看來，雖然無法就此武斷認定，但很可能帥升尚未以臣下身分受冊封為倭國國王。

親魏倭王卑彌呼的時代

卑彌呼是繼帥升之後的倭國之王，在三國時代向魏國派遣使節，受封為倭王。事實上這樣的事蹟，意味著整個倭國明確地被納入了以中國為中心的政治秩序之中。

中國歷史上首次成功統一中國的秦始皇，想出了一個作為全中國統治者的最合適稱號，那就是「皇帝」一詞。他自己成了第一代的皇帝，因此被稱為「秦始皇」。原本代表一國之主的「王」字，被放在「皇帝」的底下。自此之後，王成了必須受皇帝冊封才能獲得的身分。

換句話說，自秦始皇之後，「王」已不再是位居頂點的人，與英文中的King的意義已不相同。所謂的王，不過是皇帝底下臣子的稱號之一而已。

自秦漢之後，中國的皇帝開始建立起一套以中國為中心的世界秩序。皇帝冊封王爵的對象延伸到了從屬於中國的外國統治者，而不再僅限於中國內部的臣子。例如因志賀島出土的金印而聞名的「奴國」國王，正是因為向東漢光武帝朝貢，才受冊封為奴國國王。若站在中國的觀點，這意味著奴國的國王成為由中國皇帝所主宰的世界秩序內的臣子。後來的卑彌呼，同樣受魏國冊封為親魏倭王。卑彌呼接受這樣的冊封，其背後代表的意義就跟奴國國王一樣。但有一點不同，那就是卑彌呼受封的是「倭王」，這意味著其名義上受封的土地是其統治權可及的倭國全體，而不是像「漢委奴國王」一樣僅止於倭國中的「奴國」。

卑彌呼向魏國朝貢的歷史背景，建立在魏蜀吳三國鼎立所造成的東亞地區複雜國際關係之上。其詳情請參見本系列叢書第四集《三國志的世界》，此處不再贅述。筆者在此想要強調的只有一點，那就是在本書所探討的魏晉南北朝時代初期的倭國，是以一個對邪馬臺國、奴國、伊都國等小國擁有控制權的大國身分，成為中國的朝貢國，加入了以中國為中心的國際秩序之內。至於志賀島金印（漢委奴國王金印）時代的奴國，則只是以日本列島上一個小國的身分參與中國所建立的國際秩序，兩者在層級上有所不同。以下筆者便針對魏晉南北朝之後東亞與倭國之間的關係進行具體的考證。

充滿神祕的四世紀

邪馬臺國的歷史發展

倭國是一個以邪馬臺國為核心勢力的聯合國家，但在日本歷史上，當時還有另一個國家的實力足以與之抗衡，甚至有過之而無不及，那就是狗奴國。值得注意的是，邪馬臺國的「邪」及「馬」、卑彌呼的「卑」、狗奴國的「狗」及「奴」這些負面的字眼，都反映出了當時魏國政權對倭人所抱持的態度。

名稱的問題姑且不談，總之當時狗奴國的攻勢相當猛烈，倭國招架不住，只好向魏國求援。魏國站在宗主國的立場，曾派遣張政作為皇帝的使節，前往瞭解倭國與狗奴國之間的紛爭，並下達了雙方停戰的檄文。

其後卑彌呼去世，倭國一時陷入內亂，最後由卑彌呼的族人壹與即位。壹與繼承卑彌呼的方針，持續與中國維持往來，直到魏國被西晉取代為止。

自西元二六六年之後，倭國不再向中國派遣使節。從卑彌呼的時期到壹與的時期，倭國的朝貢開始於二三九年，結束於二六六年，算起來約二十七年的時間。倭國下一次再向中國派出使節，已是西元四一三年的事，前後相隔了一百年以上，而中間沒有派遣使節的三世紀末至四世紀，倭國可說籠罩在神祕的面紗之中。

中斷遣使的原因

為什麼會發生這樣的現象？自第二次世界大戰後長期處於對立關係的日本與中國（中華人民共和國），重新建交至今也已過了約三十個年頭[1]。大家都知道，日本與中國的重新建交，與越戰終結等當時國際情勢有著密切的關聯性。日本歷史上平安時代的遣唐使遭到廢止，也是因為菅原道真主張中國政局陷入混亂才下的決定。此外，卑彌呼於西元二三九年開始向三國的魏國朝貢，而不是二三八年或二四〇年，也是與當年朝鮮半島的情勢有著密切的關係，絕非單純的偶然。由此想來，自二六六年至四一三年這段漫長歲月裡，日本與中國完全斷絕政治上的往來，勢必同樣有著國際情勢上的重要肇因。

在探討這個問題時，我們需要往兩個方向思考。第一個方向，是開始往來與斷絕往來的直接原因。卑彌呼開始派遣使節的原因，在於自東漢末年以來便盤踞於遼東半島的公孫氏政權（公孫度等人）終於遭到曹魏消滅。原本日本與中國的交流受到公孫氏勢力的阻撓，因此難有進展。但公孫氏勢力於二三八年遭到消滅，因此卑彌呼才在二三九年派出了使節。此外若以較長的時間觀點來看，還會發現另外一個重要的原因。日本原本在東漢時期曾向中國遣使朝貢，後來中斷了一段漫長的時間，直到卑彌呼的時代才又恢復遣使，其原因就在於東漢末年天下大亂，而這個亂象到了魏晉的時代逐漸平息，中國重新恢復統一。倭國的決策高層將國際動態看在眼裡，當然會採取不一樣的因應方針。

若以這種宏觀的角度來看，倭國自西元二六六年之後，有一段漫長的歲月不再向中國派遣使節，最大的原因就在於原本應該接納使節的中國方進入了極度的亂世之中。東漢末年的混亂局面雖然由西晉所統一，但從本書前面各章節便可以知道，在八王之亂、永嘉之亂發生後的長期亂世，與東漢末年相較之下可說是有過之而無不及。必須等到大約三百年後隋朝再次統一中國，戰亂的時代才大致上宣告結束。這可以說正是日本方面停止派遣使節的最大原因。

但是可能的原因並不止以上這些。筆者在第二章及第三章也曾提過，八王之亂、永嘉之亂後中國政局的瓦解，同時也是魏晉時代所建立的世界秩序的瓦解。現代人親眼目睹社會主義國家蘇聯的瓦解，還是不久前才發生的事情。蘇聯瓦解的前後時期，以東歐諸國為首的許多社會主義國家都跟著瓦解。就連日本的政治結構也受到相當大的衝擊，直到現在其影響都還未完全消失。筆者在前面已提過，倭國參與的是一個以魏晉政權為中心的世界秩序。這個世界秩序的瓦解，對華北、華南及西域等地區帶來多大的改變，相信讀者們已在前面的章節中看得一清二楚。

如此推想下來，這個瓦解現象當然也會對倭國造成衝擊。在神祕的四世紀期間，倭人在倭國各地建造了許多巨大的「前方後圓墳」，並開始廣泛使用鐵製的馬具及武器，由此便可看出在世界秩序徹底崩盤的大環境下，日本絕對無法置身事外。

現在讓我們更進一步追究，倭國對中國的遣使為何挑在西元二六六年這個時間點斷絕？二六六年是蜀國滅亡、西晉建國的前一年。到了二八〇年，南方的吳國也遭到消滅，西晉成功統一了中國。換句話說，這段時期是西晉國力最強盛的時期。何況在發生八王之亂之前，西晉不僅是一個統一的帝國，而且發展出了絢爛的貴族文化。為何倭國會在這個時候停止對中國派出使節，由目前可知的歷史來看，可說是完全找不到任何理由。或許在二六六年到西晉王朝因八王之亂、永嘉之亂而陷入混亂的這段期間，倭國還是曾對中國派出使節。倘若真是如此，這意味著這段空白只是史料缺失所造成的虛假現象。目前筆者的推測確實是傾向倭國自三世紀後半開始廢止遣使，只是史料缺失造成的假象。但是自永嘉之亂之後的廢止遣使，可就不能以史料缺失來解釋了。

神祕的四世紀

正如前文所述，倭國再度向中國遣使朝貢是在西元四一三年。距離前一次遣使的二六六年，相隔足足有一百四十七年之久。這一百四十七年之間，倭國內部發生了什麼事？邪馬臺國後來怎麼了？倭人在這個時期興建那麼多巨大的古墳，具有什麼樣的意義？據推測製作於四世紀、且是由百濟傳入的七支刀（日本奈良縣天理市石上神宮藏），傳達給我們什麼樣的訊息？建造於五世紀初期的好太王碑，上頭記錄的是四世紀後期倭人於朝鮮半島上的事蹟，而這又具有什麼樣的歷史意義？以上種種議題，都是令學者們爭論不休的焦點。

然而想要找出以上議題的答案，還得先釐清許多難以解決的疑點。例如七支刀真的是在四世紀傳入日本嗎？好太王的碑文會不會早已經過竄改？這些疑點沒有釐清，就沒有辦法建立穩固的立足點。正因如此，這個時代被稱為「神祕的四世紀」。

此外，據說是仁德天皇陵的古墳巨大得令人嘆為觀止，當年有實力蓋出這種建築的政權，是邪馬臺國發展而成的勢力嗎？還是某種其他的後繼勢力？這個政權與朝鮮建立深厚的關係，真的只是為了獲取朝鮮半島上的鐵資源？好太王碑文上記載的倭，是否就是大和政權？要找出以上這種種問題的答案，也只能期待今後的努力。

但有幾點是筆者可以肯定的事。第一，這個時期東亞地區的動盪不安確實對日本造成了深遠影響。第二，日本出現了一個前所未有的強大政權。第三，這個政權憑藉其力量優勢與朝鮮建立了深厚的關係。第四，這個政權與現在的日本天皇家系有著極深的淵源。

而這個政權的時代，正是所謂倭之五王的時代。

倭之五王的時代

所謂的倭之五王，指的是中國南北朝時代記錄南朝宋國歷史的史書《宋書》中所記載的五個倭國國王，分別為讚、珍、濟、興、武（《宋書》〈倭國傳〉）。在這些倭王的時代，倭國恢復了對中國派遣使節，但史書上並沒有說明其理由。不過倭國恢復派遣使節的時期，正好是魏晉南北朝中的南北朝時代剛揭開序幕的時期，這點或許提供了我們一些線索。在這個時期，中國的情勢由原本以華北為中心的極度混亂局面，逐漸轉變為統一華北的胡族政權（北魏）與江南的漢族政權（東晉至宋的諸朝），形成南北兩大勢力對峙的局面。就在這個時候，倭國恢復了遣使朝貢。

恢復遣使與東亞國際情勢

卑彌呼向三國時期的魏國遣使朝貢的時候，蜀國的諸葛孔明與魏國的司馬仲達（司馬懿）已發生了二三四年的五丈原之戰，蜀國國力減弱，而魏國的實力越來越強大。不僅如此，在對日本亦有重大影響的遼東問題上，魏國與吳國之間的南北勢力角逐也是由魏國占了優勢。如此推想下來，五世紀初期的倭王恢復向中國遣使，應該也是基於某種國際情勢變化的影響。

倘若回頭審視五世紀初期的東亞情勢，我們會看到一個英雄的崛起，那就是建立南朝宋國的劉裕。劉裕在建立宋國之前，是東晉的將軍。他率領江南的軍隊北伐，以收復遭異族占據的中原故鄉為目標。經過一番努力，他攻破了當時鮮卑慕容部盤踞於山東半島的勢力，也就是南燕，那一年是西元四一〇年。三年後，倭國重新恢復了遣使。

劉裕後來自山東繼續往西邊挺進，直抵洛陽及長安，消滅了氐族所建立的後秦勢力，暫時光復了中原。其後他退回江南，接受東晉的禪讓，建立了宋朝（西元四二〇年）。

接著讓我們來探討一個問題，那就是劉裕攻占山東地區，具有什麼樣的意義？

古代的中日往返路徑

在古代要從日本前往中國，主要有幾條路徑：（1）渡過對馬海峽，自朝鮮半島行陸路進入中國。（2）同樣渡過對馬海峽，但自朝鮮半島沿岸行海路北上，等待順風時橫渡黃海，進入山東半島。（3）自九州一口氣橫渡東海，直抵江南。

根據《宋書》〈倭國傳〉的記載，當時朝鮮半島的高句麗正與倭國處於敵對關係，因此（1）的路徑是不通的。至於在古代被稱為「南路」的路徑（3），在倭之五王的時代確實是可以選擇的路徑之一。但即使是比倭之五王的時代晚了兩百至四百年的遣唐使，採行（3）的路徑渡海也曾經失敗過許多次。再加上遣隋使及初期的遣唐使都是選擇「北路」，也就是（2）的路徑進入中國。如此推想下來，倭之五王的時代前往中國的主要路徑應該也是（2）才對。

倭之五王的使節利用（2）的路徑進入山東半島後，應該會行陸路或內陸水路前往南朝首都建康（現在的南京）。倘若選擇行海路沿著山東半島南下前往江南，等於是自願拋棄能夠獲得南朝的嚮導及保護的安全路線。而且自江蘇省沿岸至長江河口一帶有著許多沙洲，通行並不容易。

就算是現在的黃海沿岸（江蘇省沿岸），也有著大沙、長沙、北沙等諸多淺灘海域。事實上在倭之五王的時代，江蘇省的海岸線比現在還往內陸縮約五十公里。現在的海岸線其實是黃河、長江等諸河川帶來的大量泥沙堆積的結果。海岸線的東移，是在蒙古族建立元朝之後的時代才加快速度。在唐朝的時候，日本僧侶圓仁入唐，所乘船隻觸礁也是發生在這片海域（《入唐求法巡禮行記》）。綜合以上諸點，在五世紀要從江蘇省沿岸前進到長江河口，想必是一件相當困難的事情。因此倭之五王的使節前往江南的路徑，應該是先渡海到山東半島，再避開江蘇省沿岸的海域，朝著江南前進。這樣的推測就算並非完全正確，想必也不會相差太遠。

高句麗恢復遣使

由前文的推論可知，山東半島對倭之五王的遣使具有重大的意義。而劉裕的北伐，消滅了盤踞於山東的南燕。在第三章介紹過的淝水之戰後，前秦勢力瓦解，導致華北至華中一帶出現了巨大的政治變動，局勢逐漸形成北朝（北魏）與南朝（宋）兩大勢力對峙的狀況。五世紀初，倭國恢復遣使的時候，中國正處於這個過渡期。以下依時間順序列出淝水之戰後發生了幾件大事：（1）三八六年北魏建國；（2）北魏勢力擴張導致後燕於三九七年瓦解；（3）南燕、北燕建國；（4）劉裕北伐消滅了南燕、後秦。

將這個局勢發展對照中日往返路徑，可以推測山東半島的南燕於四一〇年滅亡，肯定對朝鮮、日本等東北亞地區的政治情勢造成了相當大的影響。

此外還有一點值得注意，那就是在記錄倭國於四一三年恢復遣使的史料中，有著這樣的記載：

> 是歲，高句麗、倭國及西南夷銅頭大師並獻方物。[2]

由此記載可知，高句麗也跟倭國一樣，在這一年開始對江南的東晉遣使朝貢。而且這次高句麗的東晉遣使，也跟上一次相隔了七十年。就如同筆者在前文所提的，若依現存史料來看，倭國上一次遣使是二六六年，更是相隔了一百四十七年。地理位置相鄰的朝鮮與日本在同一時間恢復遣使，而且一邊相隔了七十年，另一邊相隔了一百四十七年。由此可知，高句麗恢復遣使的理由，很可能與倭國相同。由這一點再綜合前述路徑問題及南燕的滅亡，我們幾乎可以肯定這幾點之間必定有所關聯。

在南燕滅亡前，山東半島曾由前燕（鮮卑）、前秦（氐）、後燕（鮮卑）等非漢族國家所統治。在這段期間，倭國與高句麗正為了爭奪朝鮮南部的霸權而打得如火如荼。但高句麗由於西邊國境與以上諸朝相鄰，因此受到相當大的限制。尤其是前燕曾攻陷高句麗首都，對高句麗的打擊尤大。

高句麗恢復遣使的四一三年，原本自西側牽制著高句麗的後燕（鮮卑慕容部）已遭北魏消滅。北魏在當時是新一代的中原霸主，更是為後來的隋唐帝國建立了基礎的政權，後燕難以抵敵，於四〇七年滅亡。其後北燕承接了後燕勢力，而北燕建國者慕容雲帶有高句麗的血統，因此對高句麗相當友善。另一方面，繼後燕之後成為華北霸主的北魏要開始對高句麗發揮影響力，得等到約四三六年北魏消滅北燕之後。

在這樣的局勢下，劉裕於四一〇年消滅南燕，讓突出於渤海及黃海的航線要衝之地山東半島納入東晉的版圖之內。不久後，高句麗便恢復了遣使。

站在高句麗的立場來看，東晉是個相當可怕的新威脅。因為當時的高句麗趁著中國兵荒馬亂之際，占領了遼東等原屬於中國的土地。而劉裕的北伐軍，打的是消滅異族、收復失土的口號。南燕與後秦都在其攻勢下亡國了。換句話說，高句麗重新遣使朝貢，是因為狹窄的渤海對面已出現了可怕的軍事霸權，高句麗必須採取這樣的政策才能自保。當然，劉裕的北伐同時也等於宣告從前接受各國使節朝貢的東亞文明中心晉朝再度興盛，高句麗的遣使也是為了呼應這樣的局勢。

換句話說，高句麗的遣使是為了因應劉裕的勢力擴張與晉朝的復興。就這點而言，倭國的立場應該也是大同小異。但站在倭國的立場思考高句麗恢復遣使的意義，就會發現倭國恢復遣使除了上述與高句麗相同的理由之外，還有另外一個理由。那就是倭國希望藉由恢復遣使，拉攏勢力已延伸至山東半島的東晉南朝，牽制長年的宿敵高句麗，讓朝鮮半島上的爭霸戰變得對己方有利。由於這關係到倭之五王的整體外交策略，因此以下筆者以日本國內出土的鐵劍上的銘文為實例，嘗試進一步地剖析。

稻荷山鐵劍

埼玉縣行田市「埼玉風土記之丘」的稻荷山古墳中，出土了一柄鐵劍。上頭有著一百一十五字的金象嵌銘文（正面五十七字、背面五十八字）。其銘文全文如下：

辛亥年，七月中記。乎獲居臣，上祖名意富比垝，其兒多加利足尼，其兒名弖已加利獲居，其兒名多加披次獲居，其兒名多沙鬼獲居，其兒名半弖比。（正面）

其兒名加差披余，其兒名乎獲居臣。世世為杖刀人首，奉事來至今，獲加多支鹵大王寺在斯鬼宮時，吾左治天下。令作此百練利刀，記吾奉事根原也。（背面）

銘文一開頭的「辛亥年，七月中記」明確記錄了年代背景。後面記錄的則是銘文主角「乎獲居」祖先八代的系譜（意富比垝→多加利足尼→弖已加利獲居→多加披次獲居→多沙鬼獲居→半弖比→加差披余→乎獲居）。

鐵劍背面接續的銘文，意思是這樣的：「乎獲居」一族自古以來便是「杖刀人」（親衛隊）的隊長，「乎獲居」依循其傳統，當「獲加多支鹵大王」坐鎮於「斯鬼宮」時，輔佐其治理天下，現在特地命人製作此把鐵劍，以記錄這件事。

銘文一開頭的辛亥年，可換算為西元四七一年。至於「獲加多支鹵大王」，經過學界的研究，推定為倭之五王的最後一王「武」，也就是雄略天皇。筆者藉由這個銘文主要想提出探討的部分，在於「治天下」這三個字。

由銘文的意思看來，「獲加多支鹵大王」治理著天下，而「乎獲居」為其輔佐之臣。事實上在稻荷山鐵劍銘文成功解讀之後，考古學家藉由互相對照，跟著解讀出了另一柄於熊本縣玉名郡菊水町船山古墳出土的鐵刀上頭模糊不清的銘文。在那柄鐵刀的銘文中，記載著「治天下獲加多支鹵大

410 年	東晉消滅南燕，占領山東半島。
413 年	高句麗向東晉遣使。**倭國向東晉遣使。**
420 年	東晉滅亡，宋國誕生。
421 年	**倭國向宋遣使。**
425 年	**倭國向宋遣使。**
430 年	**倭國向宋遣使。**
436 年	北燕滅亡，北魏勢力擴張至渤海。東夷諸國向北魏遣使。
438 年	**倭國向宋遣使。**
443 年	**倭國向宋遣使。**
450 年	北魏南侵至長江北岸的瓜步山。宋自元嘉之治由盛轉衰。
460 年	**倭國向宋遣使。**
462 年	**倭國向宋遣使。**
466 年	北魏攻下宋的淮水以北四州及淮水以西之地。
469 年	正月，北魏攻下宋於山東半島的重要據點東陽，占領山東半島。二月，柔然、高句麗、契丹諸國向北魏遣使。
470 年	北魏於山東半島設置光州。
470 年代初期	宋魏兩國為了爭奪淮水、泗水地區而打得如火如荼。
472 年	百濟向北魏遣使，但以失敗收場。
475 年	北魏於光州設置軍鎮。
477 年	**倭國向宋遣使。**
478 年	**倭國向宋遣使。**倭王武上表闡述遣使之不易。
479 年	宋滅亡，南齊誕生。
480 年代	北魏持續南侵。
490（488 ？）年	北魏攻擊百濟。

倭國向南朝宋國遣使年表

王世」。換句話說，鐵劍銘文及鐵刀銘文都記載著「獲加多支鹵大王」為治理著天下的大王。

倘若站在現代人的立場來看，倭王武為倭國君王，統治倭國領土，而「天下」就相當於後來的織田信長或豐臣秀吉所治理的天下，這些敘述似乎沒有什麼奇特之處。但事實上「天下」這個概念來自於中國，原本指的是蒼天底下的廣大地面世界。因此若站在當時的中國人的立場來看，有資格「治天下」的人只有一個，那就是承受了天命的中國皇帝。

正因為中國人有著這樣的觀念，所以像《三國志》的時代那樣，魏蜀吳三國君主皆自稱皇帝，可說是異常現象。因此每個皇帝都聲稱自己才是真命天子，而其他皇帝都是詐稱天命的僭帝，必須代天加以誅伐。

根據推斷，「獲加多支鹵大王」應該就是倭之五王的最後一王「武」。換句話說，站在稻荷山鐵劍銘文的立場，在那個五世紀後半的年代，除了中國的皇帝之外，倭王武也是有資格「治天下」的大王。

《宋書》〈倭國傳〉的記載

然而現存中國文獻《宋書》〈倭國傳〉中的記載，與鐵劍銘文上的描述可說是大相逕庭。在《宋書》〈倭國傳〉中，倭王武曾於西元四七八年向南朝宋順帝上表。以下先節錄部分內文，再進行分析解釋。

順帝升明二年，遣使上表曰：封國偏遠，作藩於外。自昔祖禰，躬擐甲胄，跋涉山川，不遑寧處。東征毛人五十五國，西服眾夷六十六國，渡平海北九十五國，王道融泰，廓土遐畿。累葉朝宗，不愆于歲。臣雖下愚，忝胤先緒，驅率所統，歸崇天極。

首先請注意畫了線的這句話。倭王武就是製作於西元四七一年的稻荷山鐵劍銘文中所稱、「治天下大王」的「獲加多支鹵大王」。然而這樣的人物，卻在四七八年時向南朝建康（現在的南京）的宋順帝上表，說出「臣雖下愚」這種話。而且這一句並非特例，他在整篇上表文內都是使用這樣的謙卑語氣。

稻荷山鐵劍銘文中所描述的「獲加多支鹵大王」的形象，為何與《宋書》紀錄中的倭王武形象有著如此大的差異？

倭國與天下

古代日本的中華意識的形成

為何被稱為治天下大王的「獲加多支鹵大王」會自稱為「臣」？在倭之五王向南朝宋國遣使的許多年之後，到了隋朝的時代，倭國派出的遣隋使小野妹子向隋煬帝遞交的國書中，有著以下這句相當有名的話：

日出處天子致書日沒處天子無恙。

此處的「致書」，是當時向關係平等的國家遞交書信時的特殊用語。而所謂的「天子」，則指的是承受了天帝之命而有資格統治天下的皇帝的別稱。倭國派出的遣隋使所攜帶的國書上，竟然使用這樣的外交詞句，等於是向隋朝宣告倭國的統治者也是承受了天命的天子。

值得一提的是，《隋書》〈倭國傳〉中還記載，小野妹子是在西元六〇七年來到中國的遣隋使，但在這之前的六〇〇年，倭國也曾派出遣隋使，當時隋煬帝的父親隋文帝曾詢問倭國風俗，使者是這麼回答的：

倭王以天為兄，以日為弟。

使者的言下之意，是倭王的身分比隋朝皇帝還高。皇帝只是「天子」（天的兒子），而倭王卻是「天的弟弟」。如此說起來，倭王成了皇帝的叔叔。

大家都知道，倭國的大王後來自稱為「天皇」。所謂的「天皇」，就是三皇（天皇、地皇、人皇）之長，這也是中國太古時代的天子的稱號。換句話說，「天皇」與有資格統治天下的「皇帝」是同義語。如此看下來，日本的統治者在古代原本只是「漢委奴國王」，也就是向中國皇帝臣服的王，後來變成了「治天下大王」，接著又變成了「天子」，最後建立起以「天皇」為頂點的體制。

簡單來說，日本古代以「天皇」為尊，自大化革新之後開始採用原本只有中國皇帝有資格使用的年號，而且一方面模仿中國的體制，一方面又在倭國國內實施具有獨創性的法律制度（律令），建立起一個古代律令制國家。

這一連串的變革，意味著古代的日本雖然不斷吸收中國的政治思想，另一方面卻也在其內部建構起以自己為「中華」的中心世界，形成了一種類似中國風格的中華意識。本書的一開頭，筆者便特別提過日本人有時會以「洛陽」來稱呼自己的首都「京都」。這個現象的根源，就在於日本吸收了中華思想。

如此說起來，「獲加多支鹵大王」的時代將倭國國內稱為「天下」，或許可視為目前可知最古老「日本形成中華意識」的濫觴。總括來說，在「漢委奴國王」及卑彌呼的時代，倭王是以中國皇帝的臣子的身分參與國際秩序。但是到了「獲加多支鹵大王」的時代，他一方面繼承過去倭王的對外方針，參與以南朝皇帝為中心的國際秩序，一方面卻又企圖擺脫體制，或是自立門戶。到了遣隋使的階段，倭王開始使用與中國皇帝對等的「天子」稱號，這也可說是承襲了「獲加多支鹵大王」時代之後的自立趨勢。

「獲加多支鹵」時代倭國的天下觀

話說回來，「獲加多支鹵大王」的「天下」，指的到底是哪些地區呢？後來的戰國時代，織田信長的口號「天下布武」中的「天下」指的是日本國內，若以此類推，則「獲加多支鹵大王」的「天下」指的應該也是倭國國內。

然而在前述《隋書》〈倭國傳〉中，「獲加多支鹵大王」對中國皇帝的上表文中提到「東征毛人五十五國，西服眾夷六十六國，渡平海北九十五國」。此處的「毛人之國」、「眾夷之國」、

「海北之國」與倭國之間有著什麼樣的外交關係，目前已難以考證。但既然「獲加多支鹵大王」在現實中被尊稱為「治天下大王」，對照《隋書》〈倭國傳〉的這段記載，我們應該可以合理推測所謂的「天下」，還包含這些受征服的毛人五十五國、眾夷六十六國及海北九十五國。

不過這篇上表文接著卻又寫了一句「王道融泰，廓土遐畿」，等於是承認倭國及其征服的諸國都在中國皇帝的統治疆域之內。

當然以現實面來看，「獲加多支鹵大王」的「天下」應該就是上述這些地區的合稱，這點應該是不會錯的。不過有以下幾點必須特別注意：

（1）倭之五王排在第二的「珍」，給自己的稱號是「都督倭、百濟、新羅、任那、秦韓、慕韓六國諸軍事、安東大將軍、倭國王」（不過宋並沒有承認這個稱號）。

（2）排在第三的「濟」的時期，宋允許倭王使用「都督倭、新羅、任那、加羅、秦韓、慕韓六國諸軍事、安東將軍」稱號（但宋依然不承認倭國對百濟的軍政權及安東「大」將軍稱號）。

（3）排在第五的「武」（也就是獲加多支鹵大王），擅自以擁有七國軍政權（前述六國加上依然無法獲得承認的百濟）、安東大將軍自稱。宋順帝昇明二年（西元四七八年），獲加多支鹵大王再度遣使朝貢，宋雖然還是不承認倭國對百濟的軍政權，但終於承認了安東大將軍頭銜，因此獲加多支鹵大王的稱號變成了「都督倭、新羅、任那、加羅、秦韓、慕韓六國諸軍事、安東大將軍、倭國王」（以上根據《隋書》〈倭國傳〉）。

在當時的中國，獲任命為「都督（國名或地區名）諸軍事」，就代表擁有中間所夾國家或地區的軍政權。此外，站在以中國為中心的立場來看，安東將軍這個頭銜意味著擁有中國東方疆域統治權限的將軍。至於安東大將軍，則是比安東將軍更高一階的將軍頭銜。古代倭國積極想要取得比「將軍」更高的「大將軍」頭銜，是因為高句麗與百濟早已獲宋朝冊封為與安東大將軍幾乎同義的征東大將軍及鎮東大將軍。

簡單來說，當時倭國與高句麗及百濟正互相爭奪朝鮮半島上的權益，而倭國為了確保在朝鮮半島南部地區的優勢地位，因此極力想要讓當時作為東亞國際秩序中心的南朝承認其軍政權。到了獲加多支鹵大王的時代，中國南朝終於承認其（除了百濟之外的）軍政權及大將軍官銜。

如此推想下來，獲加多支鹵大王時代所指的「天下」，主要應該是「安東大將軍倭王武」的威望能夠（基於各種形式）發揮其影響力的倭國、新羅、任那、加羅、秦韓、慕韓這六個國家。此外，雖然南朝宋國一直到最後都沒有承認倭國對百濟的軍政權，但推敲「治天下」一語的含意，再加上倭王武自稱七國都督的事實（上述3），我們應該可以認定倭國獲加多支鹵大王以「治天下大王」身分統治（或者該說企圖統治）的「天下」事實上還包含百濟。

倭人心中的「天」

筆者在前文談到遣隋使時，曾提及倭王曾自稱「天弟」及「天子」。值得一提的是，在著名的好太王碑文上，記載著高句麗的建國神話，在此節錄部分內文如下：

高句麗好太王碑

惟昔始祖鄒牟王之創基也，出自北夫余天帝之子，母河伯女郎，剖卵降世（中略）言曰：我是皇天之子。

此處的「天」指的是什麼呢？不論是天帝的天，還是皇天的天，雖然意思同樣是「天」，卻是以高句麗為中心的天，不同於中國皇帝心目中以中國為中心的天。不過筆者在前文也曾提過，「天下」一詞的概念，指的是浩瀚無際的蒼天底下的整個地面世界。換句話說，其中原本並不包含「邊界」的概念。

如此推想下來，「治天下大王」的「天」，指的應該也是「以倭國為中心的天」，而這裡的「天下」原本也不包含邊界的概念。因此這裡的「天下」與中國的「天下」，其唯一差別只在於中國的「天下」是以中國為中心，而這裡的「天下」是以倭國為中心。

換句話說，獲加多支鹵大王時代的倭國，雖然以中國之臣的身分參與了中國所建立的世界秩序，但在以倭國為中心的場合上，卻又另外建立了一套「以倭國為中心的天」的思想及由此衍生出的「天下」的理念。而在現實層面上，這個「天下」的範圍涵蓋倭國及朝鮮半島南部等區域的周邊諸國。

但如果我們將時代繼續往回推，例如在卑彌呼的時代，倭人心中的「天」及「天下」又具有什麼樣的意義？由於沒有任何史料能作為佐證，我們只能推測。由於「天」及「天下」都是來自中國的概念，因此首先第一個疑問，是卑彌呼時代倭國的為政者們，到底能夠理解多少這些詞彙所隱含的政治意義？事實上筆者認為當時倭國的為政者很可能還不十分清楚「天」及「天下」這些詞彙的政治意義，甚至有可能連聽也沒聽過。

不過根據《魏志》〈倭人傳〉記載，卑彌呼「事鬼道，能惑眾」。如此說來，她應該是以類似巫醫的身分舉行政治及宗教活動。在其組織的崇拜對象中，應該存在著某種定義的「天」。然而這個「天」應該與中國人所說的「天」有著極大差異，因此由其衍生出的「天下」觀念，應該也不存在於當時的倭國人心中。

藉由魏晉南北朝時期的文化傳播，包含漢字在內的中國文化逐漸進入古代的日本社會。在這過程中，中國的「天」及「天下」觀念也逐漸獲得倭國人的理解。因此到了獲加多支鹵大王時代，才會出現「治天下」這樣的概念。

筆者先前曾提過，比小野妹子更早的時代的倭國遣隋使曾以「倭王以天為兄，以日為弟」來回答隋朝開國皇帝隋文帝的問題。事實上在《隋書》之中，這一句的後面還有這樣的記載：

> 天未明時出聽政，跏趺坐，日出便停理務，云委我弟。高祖曰，此太無義理，於是訓令改之。

倭王以超越中國皇帝的「天弟」、「日兄」身分自詡，而隋文帝的感想則是「太無義理」。

這名遣隋使是在西元六〇〇年被派往中國。而在其後六〇七年的遣隋使，就是小野妹子。其國書內容筆者也在前文提過，倭王此時已捨棄了「天弟」、「日兄」的觀念，改為自稱「天子」。為什麼會發生這樣的「變化」？若單看詞句的字面意義，從天的弟弟變成天的兒子，以家族關係而言反而降了一級。倭國做出這種修正的用意是什麼？仔細推敲這個問題之後，可以得到一個最合理的答案，那就是這樣的改變，其實是反映了六〇〇年遣隋使與隋文帝問答的結果。根據前述《隋書》記載，隋文帝認為倭王自稱「天弟」及「日兄」實在是「太無義理」，因此向該名使節下令修改。

依常理而論，在外交事務的處理上，六〇七年的使節不可能對六〇〇年遣使時發生了什麼問題一無所知。六〇七年的使節在與隋朝進行種種交涉前，一定早已針對六〇〇年的問題決定了應對方針。換句話說，倭國在六〇七年遣使時，一方面必須考量隋文帝認為「太無義理」而下令修改的要求，一方面又必須維持自己國家的立場，因此才採用了「天子」這個折衷的稱呼。

倭國在這個時期的國書中採用「致書」及「天子」這類政治立場平等的字眼，也可以看出倭國在遣隋使的階段對中國政治思想的理解，比起從前的時代已有長足的進步。然而若仔細閱讀關於遣隋使的史料，會發現倭國往往將「天」與「太陽」放在一起思考（如前述的「天未明」）。相較之下，中國的「天」則經常與革命思想有所關聯。因此我們可以說在這個階段，中日雙方對「天」的理解還是存在著相當大的差異。

註釋

1 【編註】中國和日本於一九七二年恢復正常外交往來，原書出版時間為二〇〇四年，故文中計算為三十多年。

2 《晉書》〈安帝紀〉義熙九年（四一三年）項。

第十章　中華世界的擴大與「新」世界秩序

古代東亞與日本的關聯

筆者在前一章探討了倭國在魏晉南北朝的國際關係中逐漸形成古代國家的過程，我們看到了中國政治思想逐漸滲透入古代日本。倭王原本用的是代表皇帝臣子的王號，後來慢慢開始採用「治天下大王」、「日出處天子」等稱號，最後終於建立了年號，使用起相當於皇帝的「天皇」稱號，並且建構出一套以天皇為頂點的律令體制，其內部的中華意識也越來越濃厚。筆者在本書一開頭也提過，日本奈良時代及平安時代，曾以中國首都「洛陽」這個名詞來稱呼其首都京都，而這個現象正是肇因於中華意識在古代日本社會的形成。

本章將進一步說明這樣的現象並不止發生在古代的日本，同樣也發生在高句麗、百濟、新羅等古代朝鮮諸國的內部。此外我們還要探討發生這種現象的根源，並藉此說明一個世界秩序的相剋現象。那就是魏晉南北朝時代存在著承襲自漢朝的世界秩序，以及五胡十六國、北朝及隋唐各朝為華夷關係帶來改變的新世界秩序，而這兩種世界秩序互相牴觸，終於在進入隋唐帝國之後，由前者轉

世界秩序的相剋

變為後者。除此之外，筆者還會闡明中華意識在古代日本內部的形成，也是這股巨大歷史潮流的環節之一。最後解釋筆者提出作為本書標題的「中華的擴大」所代表的意義，以此作為全書的總結。

高句麗的中華意識

三國時代的魏國消滅了割據遼東的公孫氏勢力後，為了鞏固這片疆土，於二四四年派將軍毌丘儉前往遼東，攻打位於遼東後方的高句麗。當時位於朝鮮北部的高句麗原本國力正蓬勃發展，卻因這一戰而蒙受重創，不僅首都淪陷，國王也被迫逃亡。然而到了三世紀後期時，晉取代了魏，國力大不如前，中國在遼東的勢力逐漸減退，高句麗趁此機會再度推進其勢力範圍。終於在西元三一三年，高句麗攻陷了西漢以來中國作為朝鮮半島統治據點的樂浪郡，將物產豐饒的朝鮮西北部納入版圖，並吸收了該地的漢人，聲勢一時大盛。

其後高句麗與同樣在朝鮮南方拓展勢力的百濟之間發生了激烈的交戰，到了歷史上著名的好太王（在位期間西元三九一至四一二年）的時代，高句麗王開始使用「太王」稱號，並定年號為永樂。像這樣採用年號，足以證明高句麗在國家形成的過程中，將中國的政治制度當成了模範。

好太王去世後，其子長壽王（在位期間西元四一三至四九一年）繼位。四一四年，長壽王建造了著名的好太王碑，以稱頌其父親的豐功偉業。

好太王碑的第一面上，記載著高句麗的由來，其中寫道：「惟昔始祖鄒牟王之創基也，出自北夫余天帝之子，母河伯女郎，剖卵降世（中略）言曰：我是皇天之子。」

這裡使用「皇天」一詞，可說是具有重大意義。筆者在前節也提過，這裡的「天」並非「以中國為中心的天」，而是「以高句麗為中心的天」。此外，這段紀錄中說高句麗的始祖鄒牟王是天帝與河神之間的孩子，而且從蛋中出生，顯示出了高句麗擁有其獨自的神話世界觀。正因為高句麗的神話與中國毫無關聯，更足以證明碑文中的「天」與中國人所說的「天」在意義上有所差別。

但另一方面，高句麗卻以「天帝」、「皇天」這種源自中國的語詞來記錄其神話，這也是不可忽略的環節。因為這意味著高句麗是透過了中國思想來闡述其獨自的神話世界。由此便可看出高句麗吸收中國文化，甚至連自己的神話也以中國式的詞彙來記錄的奇妙現象。

此外，好太王碑第一面還提到「百殘（指百濟）、新羅，舊是屬民，由來朝貢」，第二面更提到「（百濟之王）跪王自誓，從今以後，永為奴客，太王恩赦」，由此可知當時高句麗的政治體制是以高句麗王為中心的「朝貢、跪王（指朝高句麗王下跪）」體制。

高句麗對中國政治思想的吸收

從高句麗碑文中「跪王」及「奴客」這類獨特字眼，我們可以知道當時高句麗的「朝貢」與中國的「朝貢」並非完全相同的概念。不過在思考這個問題前，我們必須先注意一件事，那就是建立好太王碑時期的高句麗，是以「朝貢」這個詞來形容其與從屬國百濟之間的關係。不知道為什麼，過去研究好太王碑文的學者，都把碑文中使用「朝貢」一詞當成理所當然的事情，從來不曾深入思考「朝貢」這個源自中國的政治術語，被用在中國以外的朝鮮地區，其現象具有什麼樣的意義。但從這個術語的使用，其實我們可以發現一件事，那就是當時的高句麗雖然有「跪王自誓」之類的獨特臣屬儀式，卻基於中國的政治思想，將自己國家與百濟、新羅等國的關係認定為「朝貢」關係。

除此之外，在好太王之子長壽王時代，北扶余地區首長牟頭婁的墳墓中出土的墓誌文內，還有「天下四方」一語。由此可知，高句麗基於這種中國政治思想建立國家及社會的風潮，由好太王的時代傳承到了其子長壽王的時代，「天下」的概念也隨之進入了高句麗（不過這個「天下」概念進入高句麗或許還可以追溯到更早的時期）。

此外，為紀念高句麗攻打新羅，而於五世紀末期豎立於朝鮮忠清北道中原郡的中原碑上，有著「東夷之寐錦」、「賜寐錦衣服」等語。此處的「寐錦」，是將新羅王依當地發音表記而成的稱呼。由這兩句可以得知，當時高句麗將新羅稱為「東夷」，並賜予衣服。事實上，當時的高句麗也被中國稱為「東夷」。但這並不表示高句麗接納了中國認定的「東夷」身分，因此在征服了新羅之後，將新羅認定為同類，也稱其為「東夷」。正如同前文所述，當時的高句麗是把自己認定為「中華」，不僅開始採用年號，而且會使用「天下」等術語。換句話說，高句麗是以「中華」的立場，將位在其東方的新羅稱為「東夷」（東方的夷狄）。

值得一提的是，高句麗一方面自稱太王，一方面卻又向中國遣使，請求對其臣下賜予將軍稱號及王爵（四九四年、四九六年）。這樣的兩面做法，就跟倭國國王向南朝宋國遣使要求賜予官爵大同小異。而這樣的政策，也促使中國政治思想深植入了高句麗的內部。特別值得注意的一點，是高句麗在形成國家的過程中，其政權中心積極地採用這樣的方針。

換句話說，不管是從源自中國政治思想的年號的採用、「朝貢」的概念及對「天下」一詞的認知等等，都可看出高句麗早於古代日本一步，形成了以高句麗為中心的「中華」意識。

百濟的中華意識

百濟崛起於「三韓」之一的馬韓，在百濟王近肖古的時期國力最盛，曾攻陷高句麗首都平壤（三七一年），但是到了阿華王的時代卻開始屢嚐敗果，最後終於成了前述的「奴客」，在高句麗太王面前下跪（三九六年）。到了四七五年，百濟更在高句麗的猛攻下差點亡國。不過其後百濟又由衰轉盛，四九五年，百濟王已有能力向南朝齊國遣使，像高句麗、倭國一樣請求中國賜予其臣下將軍稱號及王爵。

像這樣由百濟王主導，讓中國間接對其臣下賜予王爵，顯示百濟在其國內確實稱得上是王中之王，也就是實質上的「大王」。這意味著正如同古代日本開始使用「大王」或「天皇」稱號，以及高句麗開始使用「太王」稱號，相同的變化也出現在百濟內部。根據南朝梁國時代史料《梁職貢圖》記載，當時百濟已擁有叛波、卓、多羅、前羅、斯羅（新羅）、止迷、麻連、上己文、下枕羅等從屬國，與古代日本及高句麗的發展可說如出一轍。

新羅的中華意識

新羅原本是高句麗的從屬國（參照好太王碑第一面），但自進入六世紀後，新羅開始採用中國佛教式的王號。例如豎立於五〇三年的迎日冷水新羅碑上記載，至都盧葛文王自稱智證王；豎立於五二四年的蔚珍鳳坪新羅碑上記載，牟即智寐錦王自稱法興王。此外，鳳坪新羅碑上還有要求占領地的高句麗舊民向「天」立誓，不違背新羅王命令的記載。此處的「天」就跟倭國、高句麗一樣，指的是「新羅的天」。然而另一方面，自南朝梁國普通二年（五二一年）起，新羅跟隨百濟向南朝遣使朝貢，從此與中國的交流逐漸頻繁。中國冊封其為新羅王、樂浪郡公等等，就跟倭國及高句麗一樣成為中國的冊封國。

此外，在法興王二十三年（五三六年），新羅第一次採用獨自的年號，以五三六年為建元元年。換句話說，自這一年起，新羅也開始使用中國政治思想上，只有中國皇帝能夠使用的年號。雖然新羅的建元年號比高句麗的永樂年號晚了一百年以上，卻比日本的大化年號早了一百年以上，這點在思考新羅的中華意識形成上具有相當重要的意義。

古代朝鮮、倭國圖

值得一提的是，到了後來日本的奈良時代，新羅曾派遣使者前往日本（七三五年）。當時新羅使者稱自己的國家為「王城國」，結果遭日本驅逐出境。

所謂的「王城」，並非單純因為新羅王受中國皇帝冊封為王，因此稱其居住之城為王城。所謂的「王城」，意思是天子的都城。在古代中國，方千里的王畿外側共有九個區域，依序為侯服、甸服、男服、采服、衛服、蠻服、夷服、鎮服及藩服。依規定侯服每年一朝，甸服兩年一朝，男服三年一朝，采服四年一朝……依此類推。而在天下的正中央，便是天子所居住的「王城」。新羅在八世紀初期對日本自稱

「王城國」，意思就是自稱「天子之國」。在日本的奈良時期，早已形成了日本版的中華意識，當然會將這些使節掃地出門。由此可知，新羅也跟高句麗及古代日本一樣，逐漸形成了中華意識。

古代日本、朝鮮形成中華意識的濫觴

我們在前一節已探討過，在古代朝鮮的高句麗、百濟、新羅等國家，也形成了如同前章所述古代日本的中華意識。若比較各國（包含倭國）形成中華意識的狀況，我們可以得到一個結論，那就是記錄著高句麗獨特年號的好太王碑豎立於五世紀初期，而其他國家出現相同現象的時期都較晚。因此我們可以說，高句麗是這些國家中最早形成中華意識的國家。但我們是否能說，高句麗形成中華意識的現象，是所有類似現象的源頭？本節我們便針對這一點進行探討。

五胡中的中華意識的形成

高句麗及倭國形成中華意識的時代，剛好是本書所介紹的時代，也就是五胡亂華造成東亞動盪不安的時代。在這樣的時代背景下，朝鮮及日本當然也難以置身事外。相當於文化圈的龐大人口，在各地發生流動的現象。而動亂的中心地帶，正是中國的華北地區。關於胡族與漢族在這裡的激烈衝突，筆者已在前面的章節談過。

在五胡十六國時代剛開始時，劉琨對羯族的石勒說的那句「自古以來誠無戎人而為帝王者，至於名臣建功業者，則有之矣」，可說是道盡了漢人的想法。這句話充滿了歧視意味，言下之意是胡族沒資格當中華世界的帝王，頂多只能當個對漢族恭順賓服的「名臣」。相對於此，胡族的立場則以匈奴王劉淵說的「夫帝王豈有常哉，大禹出於西戎，文王生於東夷，顧惟德所授耳」這句話最具代表性。言下之意，當然是胡族也能當中華世界的帝王。

剛開始的時候，有些胡族君主會對稱帝一事頗為遲疑，但到了後來，絕大部分胡族君主還是選擇了稱帝。值得注意的是，稱帝的舉動其實代表著他們接納了中國的政治理念，並已產生了將自己認定為中華世界正統帝王的觀念。

他們雖然是胡族，卻以中原正統政權自居，甚至把自己的軍隊（也就是胡族軍隊）稱為「王師」（天子的軍隊）。此外，在西元五世紀初期，劉裕在建立宋國之前，曾以東晉將軍的身分攻打由鮮卑慕容部於山東半島建立的南燕。當時的史書中有著這麼一段記載，其大意如下：南燕皇帝慕容超向群臣詢問該如何抵禦東晉的軍隊，南燕官吏公孫五樓回答：「東晉軍隊敏捷果敢，我們應該先發制人才有勝算。」但慕容超不接納這個意見，決定堅守城池。此時慕容鎮向南燕尚書韓諱說道：「陛下決定守城，我們國家註定要滅亡了。我勢必會戰死沙場，而你們這些『中華之士』將再度成為『文身』了。」[1]

從這段紀錄中，我們可以很清楚地看到鮮卑慕容部把自己當成了中華的觀念。所謂的「文身」，意思就是「紋身」（在身上刺青），源自於南蠻風俗中的「被髮文身」一語。換句話說，鮮卑慕容部將定都江南的東晉視為南蠻。南燕的官吏淪為東晉之臣，就等於是從「中華」墮落成了「文身」之人。

由此便可以看出，雖然慕容鎮為鮮卑人，而且南燕是由胡族所建立的國家，但他們自詡為「中華」，反而將漢族政權的東晉視為「南蠻」之國。

類似的現象，也發生在五胡十六國時代的其他諸國內部。而且隨著時代的推移，這個現象變得越來越明顯。

北朝的中華意識

記錄北魏時代洛陽景象的《洛陽伽藍記》中有這麼一段：

> 永橋以南，圜丘以北，伊洛之間，夾御道東有四夷館，一曰金陵，二曰燕然，三曰扶桑，四曰崦嵫。道西有四夷里：一曰歸正，二曰歸德，三曰慕化，四曰慕義。

這段文章記錄的是鮮卑拓跋部所建立的北魏，在遷都後的首都洛陽內設置「四夷館」及「四夷里」，但重點在於這些夷里的名稱，卻是歸正（回歸正途）、歸德（回歸帝德）、慕化（仰慕王化）及慕義（仰慕正義），彷彿周邊的四夷之民來到北魏的首都洛陽，都是基於仰慕其正義、帝德及王化。

換句話說，雖然以漢族的中華思想來看，鮮卑也是夷狄之一，但由其所建立的北魏，卻是以中華自詡。

此外，記錄北魏歷史的史書《魏書》，將南北朝時代與北魏對峙的南朝開國皇帝分別蔑稱為

「島夷劉裕」、「島夷蕭道成」、「島夷蕭衍」等等。這是將長江以南的區域當作一個孤立的島嶼看待，並將住在島上的南朝諸國建立者皆視為島上的夷狄。這樣的做法，當然也是其展現中華意識的表徵。

在前面的章節，我們看到了不管是古代的日本、高句麗、百濟還是新羅，都發展出了各自的中華意識，而依年號及太王號等的使用時間來看，高句麗可說是為這股風氣開了先例。然而再對照本節的前述內容，我們發現就連五胡所建立的華北諸朝，事實上也形成了中華意識，而且雖然在時期上稍有重疊，但大體而言華北諸朝形成中華意識的時間是早於古代朝鮮及日本的。

換句話說，形成於朝鮮及日本的「中華」意識，包含本書一開頭的「序言」中提到日本稱京都為洛陽的現象等等，不僅與古代日本及朝鮮諸國形成中華意識的過程有所關聯，甚至與這些被稱為五胡的非漢民族中所產生的「中華」意識的胚胎及淵源亦有所關聯。

值得注意的一點，是這些「中華」意識所展現出來的表徵，包含稱帝、產生「天下」觀念、使用年號、產生「中華」及「夷狄」的概念等等，都是來自於傳統的中國政治思想之中。換句話說，雖然五胡亂華讓中國陷入了極度的混亂局面之中，但中國的政治思想還是對後來這些國家造成了極大的影響。

來自中國的巨大影響

在思考受中國影響程度的問題時，有一個現象必須特別留心。在中國的南北朝時代，一旦有人被任命為將軍，除非是不具實權的虛位頭銜，否則這名將軍一定會在其底下建立一個包含長史、司馬、參軍等職位的官吏組織[2]。這個組織在當時被稱為「軍府」或「府」，而設置「府」的行為便被稱為「開府」。古代日本及朝鮮的國王在接受中國冊封官爵或將軍位時，也會採取相同的行動。這樣的現象具有什麼樣的意義，以下將進行解釋。

根據《宋書》〈倭國傳〉的記載，倭王讚（倭之五王中的第一個王）在元嘉二年（四二五年）向南朝宋國遣使朝貢，使者是一個名叫「司馬曹達」的人物。雖然解釋為「姓司馬、名曹達」也能通，但事實上很可能並非如此。其理由就在於倭王讚曾向南朝遣使過兩次，而元嘉二年這次是第二次。在其四年前，也就是永初二年（西元四二一年），倭王讚便曾向宋國遣使，當時宋國皇帝劉裕嘉獎其千里迢迢渡海而來，下詔「可賜除授」。

倭王讚此時受封的官爵，應該就是安東將軍倭國王。既然是將軍，府內當然配置了司馬一職。事實上在當時的百濟，也曾跟倭國一樣向南朝遣使，百濟王受封的官爵為鎮東大將軍，其派遣至中國的使節便是將軍府底下的官員「長史高達」、「司馬楊茂」及「參軍會邁」[3]。兩相比對之下，我們幾乎可以肯定「司馬曹達」中的「司馬」為職銜。

事實上，長史、司馬及參軍都是自魏晉南北朝之後迅速提升了重要性的地方軍政官。倭國及朝鮮諸國受中國冊封的將軍稱號，如安東將軍、鎮東將軍等，都是基於中國的中華思想所命名，其意思是安定或鎮壓（以中國來看的）東方疆土。這種情況下的長史、司馬及參軍，可說是有著隸屬於這類將軍府的特性。而這也顯示了日本及朝鮮的古代國家，在建國的初期時，是以中國的國家制度作為範本。

征夷大將軍與中華意識

古代的日本設置征夷將軍、征夷大使等官職，原本是為了征討蝦夷。但到了後來，征夷大將軍演變為武官的最高職銜，而征夷大將軍更進一步開創了幕府（開府）。所謂的「征夷」，指的就是站在以京都為中心的立場，討伐東夷（東方的夷狄）中的蝦夷。

然而關於「征夷」一詞，有一點必須特別注意。前文曾經提過，倭之五王中的最後一王，也就是安東將軍倭王武，在寫給宋順帝的上表文中有這麼一段話：「東征毛人五十五國，西服眾夷六十六國，渡平海北九十五國，王道融泰，廓土遐畿。」然而征夷大將軍的「征夷」，與這段話中所描述的作為，絕非基於相同的概念。

南蠻屏風　南蠻一詞原本在日本中世指的是東南亞地區，但隨著歐洲人的出現而產生了變化。

這說起來其實是理所當然的事情。所謂的「征夷大將軍」一詞，乃是源自於前述「天下」一詞的日本翻版，也就是將原本以中國為中心，改為以日本為中心的「天下」所衍生出的概念。古代日本人將蝦夷視為東夷，將京都稱為洛陽，以及仿效中國思想的中華意識，這三者追根究柢都源自於相同的立場。

事實上，日本在比本書所介紹的時代更遲上許多的安土桃山時代，將造訪日本的葡萄牙人或西班牙人稱為「南蠻」（原本南蠻一詞是中華世界對南方野蠻人的稱呼）；到了江戶時代末期，日本人為了驅逐外國人，打起了「尊皇攘夷」（尊崇天皇，驅趕美國人之類位於中華（日本）東方的夷狄）的口號。由這樣的世界觀，便可看出本章所剖析的古代中國制度影響下的思考模式，在漫長的歲月裡對日本人造成多大的影響。

中國政治思想的傳播

到目前為止，我們探討了古代朝鮮、日本及五胡諸國形成中華意識的狀況。既然這原本是中國的政治思想，其思想及制度一定是經由某種方式傳播進了前述國家。當然可能的方式之一，是這些民族閱讀了中國的書籍，因而吸收了中國的思想及制度。

中國政治思想的傳播者

然而筆者認為，向周邊諸民族傳播中國思想及制度的人，主要應該還是中國人，或是受中國影響相當深遠的人。大家都知道，那是個五胡亂華的時代，不管是東亞、北亞、東南亞或是西域，都發生了大規模的人口流動現象。而其中心地帶，就是中國的華北地區。逃避戰禍的人群不僅在華北內部移動，而且會如同前述流往東南西北各個方向。舉個例子來說，鮮卑拓跋族的始祖神元皇帝拓跋力微，是個與日本邪馬臺國的卑彌呼活在相同時代下的人物。《魏書》〈衛操傳〉中記載：「始祖崩後，與從子雄及其宗室鄉親姬澹等十數人，同來歸國，說桓穆二帝招納晉人，於是晉人附者稍眾。桓帝嘉之，以為輔相，任以國事。」由這段紀錄可以看出，當時有很多中國人為了逃避戰禍而越過萬里長城，進入了鮮卑族所建立的國家（代國）。這股移民及難民浪潮，雖然大多是由華北流往江南，但朝鮮半島當然也會受到影響。

投奔高句麗的冬壽便是一例。筆者在本章一開頭便曾提過，高句麗在西元三一三年占領了樂浪郡。當時有很多土生土長的漢人及官吏依然留在當地而沒有離開。如今的安岳第三號墳，正是發現於樂浪郡故地的一座壁畫古墳。在這座古墳之中，有著一段墨書銘，上頭記載：「永和十三年（三五七年）十月戊子朔廿六日癸丑，使持節、都督諸軍事、平東將軍、護撫夷校尉、樂浪相、昌黎、玄菟、帶方太守、都鄉侯、幽州、遼東、平郭都鄉、敬上里，冬壽，字□安，年六十九，薨官。」由這段墨書銘可以知道，墳墓的主人冬壽是跟日本的倭王武一樣，擁有使持節、都督稱號的人物。

事實上根據《資治通鑑》的記載，冬壽原本是慕容皝的部將，奉命攻擊慕容仁，卻因敗北而投降，最後於三三六年流亡高句麗。換句話說，冬壽就跟前述逃往拓跋部後獲任命為國相的衛操一樣，是個漢族難民在非漢族國家受到重用的例子。

冬壽墓壁畫

「部」的制度

不論是高句麗、百濟、新羅還是倭國，都有一個共通的國家制度，那就是「部」。具體而言，高句麗為五部制度，分別為消奴部、絕奴部、順奴部、灌奴部及桂婁部；百濟也是五部制度，分別為上部、前部、中部、下部及後部；新羅則為六部制度，分別為梁部、沙梁部、牟梁部、本彼部、漢岐部及習比部。至於日本，則是所謂的部民制度。

高句麗有五部，百濟有五部，新羅有六部，日本則有部民制度，為什麼這些國家會同時使用了「部」這個稱呼？難道只是因為「部」這個字有「部門、單位」的意思，所以各國剛好都使用了這個字來稱呼其組織內的各部門？然而這些古代的國家相隔遙遠，卻出現了這種用語上的一致性，假如我們只以「剛好需要相同意思的字眼」來一語帶過，實在是太武斷而草率了些。若依學界的主流說法，包含「部」的一致性在內，種種現象都說明了這些國家之間肯定有著某種關聯性。筆者認為這個問題應該與前述「中國政治思想的傳播者」有關，因此以下將針對此點稍作剖析。

高句麗的五部，既不是單純的類別區分，也與意指部族或氏族之類血緣或地緣性集團的「部」有著極大差異。這五部不僅帶有明顯的軍事意義，而且也帶有行政區域劃分的意義。隸屬於這些部的人，絕大部分都居住在首都及其周邊區域。事實上，百濟的五部及新羅的六部也同樣有著明顯的軍事意義及行政區域劃分意義，而這樣的制度，也存在於更早期的中國內部。其中一個例子，就是北魏的八部制度。

本書在第三章便曾提過，北魏在建國之後，要求從屬諸族居住在初期的首都平城周邊。朝廷將這些諸族屬民重新分配至八個特別行政區內（八部），以此作為北魏軍隊的核心力量，建立起一套全新的體制。像這樣的做法是否為北魏所獨創，還需要更進一步的考證與研究，但筆者推測北魏在統一中原的過程中消滅的後燕，以及其前身的前燕，應該都有著類似的制度。

學界的主流看法，認為古代日本及朝鮮諸國的「部」制度之間應該互有關聯。倘若我們以此作為前提，來思考古代日本及朝鮮諸國的「部」制度的源頭，並且站在與探討「日本的中華意識的源頭」相同的觀點，會發現答案很可能是高句麗的五部制度。

高句麗的五部制度稱呼中所帶有的「奴」字，在古代朝鮮是「原始的小國」的意思。換句話說，消奴部、絕奴部、順奴部、灌奴部及桂婁部這五部稱呼末尾的「部」，是在代表「原始的小國」的「奴」字底下額外添加的用語。如此說來，「部」字很可能只是以漢語對「奴」字加以詮釋的產物而已。

此外，高句麗在五世紀初期，將首都從原本的國內城遷移到南方的平壤，並將原本主要基於血緣關係所構成的五部，重編為以方位為基準的「東西南北內」五部。這個制度上的改變，很可能是受到了由鮮卑族所建立的強盛鄰國燕國的影響。

既然「部」這個字有著上述的歷史背景，我們可以合理推測在高句麗的五部制度出現之前，「部」這個字在東亞一帶的意義很可能不是單純的部門區分或血緣、地緣集團，而是意指軍事及行政上的單位，該單位的成員在王權的主導下集中居住於特定地區之內，而且會依方位而劃分為數個區塊。

然而一旦如此推論，又會浮現另一個問題，那就是：「到底是誰將這樣的概念帶進了高句麗？」事實上這個問題的答案是呼之欲出的。姑且不談前述鮮卑拓跋部的衛操及高句麗的冬壽這些例子，光是從「部」這個字上來推想，也能猜到始作俑者一定是對漢族用語具有一定程度理解能力的人。以前述高句麗的五部而言，這五個族群原本被稱為「奴」，後來才加上了「部」字，成了消奴部、絕奴部、順奴部、灌奴部及桂婁部。能夠做這件事的人，一定是熟悉漢語的人，而且做這件事的用意，就在於幫助中國人理解這五個族群的意義。前面的四部都有著「消」、「絕」、「順」、「灌」+「奴」+「部」的規則，像這樣混合漢語與非漢語的表記方式，在當時的史書中可說是多得不勝枚舉。

有了這樣的觀點之後，現在讓我們回歸最初的問題。到底是哪些人率先開始使用「部」這樣的用語？事實上在古代的日本，「部」這個字的讀音為「be」，這是從漢語「部」的讀音「bu」訛變而來。在當時的朝廷內部，負責記錄的官員稱為「史部」（ayabe），這是一群來自百濟的歸化者，很可能正是這群人將漢語「部」的意義與「be」這個讀音一起帶進了日本。

換句話說，在當時的東亞，「部」這個用語已成了各國共通的概念。不管是倭國、百濟、高句麗（百濟的「部」制度乃是以高句麗為典範）、還是新羅，都使用了「部」這個用語，而且讀音都是「bu」，或是稍微訛變的「be」。

《翰苑》與「部」

日本太宰府天滿宮所收藏的中國唐代古籍《翰苑》抄本，被日本指定為國寶。因為這部古籍在中國已失傳，全世界只剩下這份抄本。在這部古籍中，有著關於高句麗的五部制度的記載。

> 五部皆貴人之族也。一曰內部，即《後漢書》桂婁部，一名黃部。二曰北部，即絕奴部，一名後部，又名黑部。三曰東部，即順奴部，一名左部，或名上部，又名青部。四曰

南部，即灌奴部，一名前部，又名赤部。五曰西部，即消奴部也，一名右部，一名下部，一名白部。其內部姓高，即王族也。

這段文字記載了原本在三國時期基於血緣關係而組成的五族（消奴部、絕奴部、順奴部、灌奴部及桂婁部），在王權的主導下依照方位重新編組為五部（東西南北內部）之後的情況。此處提到了內部及東西南北部的別稱，分別為黃部、黑部、青部、赤部及白部。這樣的顏色配置，依循的是陰陽五行說的五方色規則。事實上在思考「誰將『部』的概念帶入高句麗」這個問題時，這是相當重要的線索。

根據中國的陰陽五行理論，五行（木火土金水）是構成這個世界的五大元素，而這五大元素又可分別對應東、南、中央、西、北這五個方位，以及青、赤、黃、白、黑這五種顏色。日本相撲的場地上方屋頂四角的垂穗分別稱為「青房」、「白房」、「赤房」、「黑房」，其方位與顏色的對應正與前述《翰苑》中的描述一致。

此外，高句麗在規劃五部制度時，不太可能是先定下內部及東西南北部這些名稱，過了一段時期才衍生出黃部、黑部、青部、赤部及白部這些基於五方色的別稱。因為倘若真是如此的話，這意味著古代朝鮮五方及五色的對應關係與中國相同只是偶然的巧合。依常理來想，這樣的可能性實在是微乎其微。

換句話說，在高句麗建立五部制度時，肯定已理解了中國的五行思想，並將之運用在五部制度

烏衣巷匾額　位於現在南京市的烏衣巷，在東晉南朝時代是王氏、謝氏等貴族居住的地區。圖中的匾額位於現在的文廟附近。

上。不僅如此，而且當時的高句麗內部一定有著理解華北諸國「部」制度的一群人，正是這群人為高句麗規劃出了五部制度。這些人很有可能是來自中國的歸化者，當然也有可能是其子孫。正因為是這樣的狀況，「部」這個字的讀音不管到了哪裡，讀音都近似於漢語的「bu」。

《北史》〈百濟傳〉記錄了六世紀百濟的狀況，其中有這麼一段：「都下有萬家，分為五部，曰上部、前部、中部、下部、後部，部有五巷，士庶居焉。（中略）其人雜有新羅、高麗、倭等，亦有中國人。」

由這段紀錄可以得知，百濟的五部之下，每部還分為五巷，士庶階級都住在裡面。百濟如何區分士庶階級已難以考證，但在一九九五年五月至六月一次針對百濟後期首都泗沘城的調查中，考古學家挖出了寫著「西部後巷」一語的木簡，證實了「巷」是確實存在的制度。就跟五部一樣，五巷也分為中巷、前巷、後巷、上巷及下巷。

另一方面，在同時代的南朝首都建康，也存在著稱為烏衣巷的「巷」。百濟的「巷」制度受了南朝建康的「巷」制度多大的影響，還有待今後的調查與釐清，但至少從上述這些現象可以得知，這個時代在高句麗、百濟這些國家內部有著為數不少的中國人，或是熟悉中國文化的人。前述《北史》〈百濟傳〉中提到的「其人雜有新羅、高麗、倭等，亦有中國人」，正足以作為佐證。

此外，考古學家針對出土於北朝鮮的安岳第三號墳（冬壽墓）持續進行研究，發現了以下諸點。第一，漢人冬壽在流亡高句麗後，依然掌握極大的勢力；第二，這個時代的樂浪郡、帶方郡、遼東郡的遺民在本郡遭到占領後，依然使用東晉年號；第三，根據《日本書紀》記載，最初將漢字傳入日本的人物是歸化者王仁，而「王」姓在當時的樂浪郡恰巧是相當大宗的姓氏；第四，《宋書》〈倭國傳〉中記載以倭王使者身分前往宋國的司馬曹達，很有可能是渡海歸化的漢人。

此外，根據近年來的研究，這個時期在中國普遍出現難民聚眾自守的集團（中國稱其首領為「塢主」），而當時的樂浪、帶方、遼東諸郡也出現了不少類似的組織（古代朝鮮稱其首領為「村主」）。

倭國與百濟的上表

在上述魏晉南北朝時代東亞地區種種趨勢之下，古代日本當然也不可能置身事外。當時日本的狀況，筆者利用倭之五王之一的「武」（雄略天皇、獲加多支鹵大王）向南朝宋順帝上表的文章，進行更進一步的探討。

《宋書》〈倭國傳〉中記載，倭國於西元四七八年向南朝劉宋政權上表，其原文如下：

順帝升明二年，遣使上表曰：①封國偏遠，作籓於外。（中略）王道融泰，廓土遐畿。累葉朝宗，不愆于歲。臣雖下愚，忝胤先緒，②驅率所統，歸崇天極。③道逕（遙）百濟，裝治船舫，而④句驪無道，圖欲見吞，掠抄邊隸，虔劉不已，每致稽滯，⑤以失良風。

本書前章已介紹過這段文章到「②驅率所統，歸崇天極」為止的現代文解釋，此處不再贅述。然而從「歸崇天極」之後，倭王武話鋒一轉，開始批評起高句麗的「無道」。這一段的現代文解釋如下：「要前往宋的首都，必須經由百濟，在該地建造船隻。然而高句麗貪婪無道，懷有吞併之心，每每襲擊我們的臣隸，不斷將其殺害，導致使節的派遣經常發生延誤的狀況，沒有辦法把握住吹往中國的順風。」

這篇由倭王武寫給南朝宋國的上表文，成立時間為西元四七八年，而事實上在數年前的西元四七二年，百濟遣使至北魏，也向北魏寫了一篇上表文。這兩篇上表文有著非常重要的關聯性，在此同樣節錄百濟寫給北魏的上表文如下：

> 延興二年，其王余慶始遣使上表曰：①臣建國東極，④豺狼隔路。①雖世承靈化，莫由奉藩。②瞻望雲闕，馳情罔極。⑤涼風微應，（中略）謹遣私署冠軍將軍駙馬都尉弗斯侯長史余禮、龍驤將軍帶方太守司馬張茂等，③投舫波阻，搜徑玄津，託命自然之運，遣進萬一之誠。[4]

上述的原文是延興二年（西元四七二年），百濟王遣使上表：「臣建國於中國的東方遙遠之地，中間的高句麗如豺狼一般阻擋了通往中國的道路。雖然代代承受中國的王化，卻沒有辦法成為中國的外藩。我常遙望皇帝高聳入雲的宮闕，內心景仰不已。最近已吹起了涼風，我恭謹地派遣長史余禮、司馬張茂等人，乘船於波濤之間，尋找通往中國的路徑，將性命託付給自然的運氣，只希望傳達萬分之一的誠敬之意。」

倭王武呈給宋順帝的上表文寫得相當好，整篇文章詞意通達，這點已有許多研究學者提出過。然而到目前為止，卻少有人注意到以上這兩篇上表文之間的類似性。為了方便比對，筆者分別在前述《宋書》〈倭國傳〉原文及《魏書》〈百濟傳〉原文上填入數字並畫線，只要對照數字相同的部分，便會發現兩者極為相似，例如《宋書》〈倭國傳〉的「①封國偏遠，作藩於外」語意接近《魏書》〈百濟傳〉的「①臣建國東極」及「①雖世承靈化，莫由奉藩」，以下各數字依此類推。

這些上表文誕生的年代距今已超過一千五百年，如今我們很難求證造成這種類似性的原因為何。然而在這文字史料彌足珍貴的年代，這兩篇上表文的用字遣詞及語句含意卻如此相似，加上誕生的時間相近（四七二年、四七八年），而且倭國與百濟又互相鄰接，照理說這不會是偶然的巧合。我們可以合理推測，當時兩國之間一定有著相當密切的往來，才會出現這樣的狀況。再加上這兩篇上表文都是以通順的中文寫成，可見得當時的朝鮮及日本一定有著一群來自中國、或是具備高度中國文化教養的人物。當時國與國之間的密切互動，正是以這群人作為橋梁。

舊人與新人

筆者在第三章時便曾談過這個時代因戰亂而導致大量人口流動，並針對其帶來的變化與五胡十六國及北朝歷史的發展之間的關聯性進行了探討。關於當時五胡所建立的諸國內部的政治結構，筆者也特別說明了「舊人」（這是當時史書中的用語，指草創期身為國家主體的一群人，以胡族為主）與「新人」（在國家發展及擴大的過程中受朝廷吸收及重用的一群人，以漢族為主）之間的對峙與融合的過程。

五胡政權原本在崛起的時候，是以非漢民族為核心，但是在擴張疆域的過程中，勢必得吸收大量新歸附的人才。由於五胡政權都是以強化王權為目標，「新人」所具備的知識可說是相當寶貴，尤其是能夠為建立新國家制度提供建議的漢族知識份子，相形之下更是占有舉足輕重的地位。前文提過神元皇帝拓跋力微（鮮卑拓跋部始祖）去世後，歸順拓跋部的衛操、姬澹等漢人，正是所謂的「新人」。同樣的現象，也發生在朝鮮半島上，流亡高句麗的冬壽正是一例。

至於倭國的情況，在《日本書紀》內有著以下記載：「天皇以心為師，誤殺人眾，天下誹謗言，大惡天皇也。唯所愛寵，史部身狹村主青、檜隈民使博德等也。（雄略天皇二年十月項）」

這段文字中提到的「史部身狹村主青」及「檜隈民使博德」，是當時的渡海歸化者，而且很有可能就是《宋書》中記錄的倭王武上表文的執筆者。對於渡海歸化者受到寵信，以及其後渡海歸化者在日本政權中心嶄露頭角的情況，這段紀錄提供了我們在考證上相當重要的觀點。

在前面的章節，筆者曾經提過，要釐清這個時代的朝鮮及日本形成古代國家的種種問題，必須將視野拉得更廣，探討其與華北五胡諸國之間的關聯性。然而假如我們站在更宏觀的角度來看，不再侷限於國家的形成過程，而是思考整個中華文化的傳播狀況，我們勢必得先解決一個更加巨大的難題，那就是發生了文化傳播現象的江南、福建、雲南貴州、嶺南、東南亞、北亞、西域、朝鮮半島等地區，我們對其人口移動的狀況必須有通盤的理解。

值得一提的是，考古學家在某個曾經傳播中華文化並過世於朝鮮的中國人的墳墓裡，挖出了一些文字磚（黃海道安岳柳城里出土），上頭所刻的銘文包含「逸民含資王君藏」、「含資逸民王君磚」等字樣，其中的「逸民」一詞受到了關注。因為這個時代的中國史書裡，收錄了許多「逸民」的傳記。事實上在這個時代，貴族制度正處於全盛時期，「逸民」反而成了士大夫（知識份子）的理想生活方式。正因為這樣的風氣，前述王氏（很可能正是在樂浪郡的官場擁有重要地位的王氏）的墓磚上才會有著「逸民」字樣。站在傳播中華文化的觀點，還有一點值得注意，那就是這種貴族的生活價值觀，應該也傳播進了朝鮮半島之中。

魏晉南朝的世界秩序及北朝隋唐的世界秩序

外臣的內臣化與魏晉南朝的世界秩序

在魏晉南北朝的時代有個現象，那就是與中國之間有冊封（朝貢）關係的周邊諸國君主（當時這些君主被稱為「外臣」），有時會不僅接受中國的爵位，而且還就任官職，成為中國的臣下（這種情況便稱為「內臣」）。例如倭國國王不僅接受王號，而且還得到將軍號及都督號，正是最好的例子。這是因為這個時期中國諸朝的勢力逐漸衰退，因此想要將周邊的國家拉攏至其體制之中。

但另一方面，若站在以胡族為首的諸民族立場來看，這可說是與諸民族的自立趨勢相輔相成的現象。在前面的章節，我們已談過五胡侵入中原，導致北朝勢力逐步擴張。南朝擔心北朝太過強盛，因此企圖拉攏諸國，建立起國際性的包圍網。

以下舉個例子。西元四五〇年，北魏的世祖太武帝率領五十萬大軍攻打南朝宋國，抵達長江北岸時，太武帝寫了一封信給宋太祖，其中有這麼一段話：「頃關中蓋吳反逆，扇動隴右氐、羌，彼復使人就而誘勸之。（中略）彼往日北通芮芮，西結赫連、蒙遜、吐谷渾，東連馮弘、高麗。凡此數國，我皆滅之。[5]」由這段史料紀錄，便可明顯看出南朝宋國的外交政策。

然而隨著時代的推進，這個包圍網逐漸瓦解了。前述北魏於西元四五〇年南征直抵長江北岸，也是造成包圍網瓦解的重要原因之一。

以下我們以另一個具體的例子，來實際瞭解這個以南朝為中心的國際體制逐漸弱化的情況。

筆者在前一章曾說明過，在倭之五王時代的山東半島，是包含倭國在內的東夷諸國向南朝遣使朝貢時的重要中繼地點。倭國自四一三年開始向南朝遣使朝貢，也是因為東晉將軍劉裕消滅了鮮卑慕容部建立的南燕，將山東半島納入南朝疆土的緣故。

然而自四六九年正月之後，山東半島成了北魏的領土。

北魏奪下了原本屬於南朝的山東半島後，立即著手加以經營。首先，在隔年（北魏皇興四年）於該地新設一州，名為光州。到了五年後的延興五年（四七五年）又設置軍鎮，強化了對該地的控制。自此之後，北魏便以此為監視基地，牽制來自東夷的船舶，不准其向南朝進貢。

因為這個緣故，來自東夷諸國的使節及南朝的答禮使，有時會遭到在山東沿岸巡邏的北魏船隻擒住。此外，自皇興三年（四六九年）二月起，柔然、高句麗、庫莫奚、契丹等北亞及東北亞諸國相繼向北魏遣使朝貢。而觸發這個現象的肇因，就是原本東北亞諸國向南朝遣使朝貢時發揮中繼站功用的山東半島，於前一個月落入了北魏的手中。反過來說，由這個現象便能知道山東半島成為北魏領土一事對東夷諸國而言是多麼嚴重的事情。兩年後，北魏孝文帝即位時，高句麗將朝貢北魏的貢品增加為兩倍，這想必也與山東的淪陷有著直接的關係。

換句話說，到了五世紀後期，南朝「聯合諸國封鎖北魏」的策略，已因東部戰線上的潰敗而失去攏手禦敵的效果。

此外，當時聯繫西部吐谷渾、河西走廊勢力及北方柔然勢力的重要中繼地，則為長江上游的四川盆地。這塊土地也在漫長的南北戰爭之後，於南北朝的後期落入北朝的手中。這件事發生在西魏廢帝二年（五五三年），當時江南正因本書第五章介紹過的侯景之亂而滿目瘡痍。原本以征西大將軍的身分鎮守四川的梁武帝第八子武陵王蕭紀，於西元五五二年八月率軍東下，企圖占領湖南地區。

當時胡南地區是由梁武帝第七子湘東王蕭繹（後來的梁元帝）鎮守，他擔心敵不過蕭紀，於是向北方的西魏求援，讓西魏的軍隊自四川攻擊蕭紀軍隊的後方。西魏於是派出將軍尉遲迥，定下征伐四川的計畫，於隔年三月發兵。武陵王雖然死命堅守，成都卻還是於八月淪陷，四川歸西魏所有，南朝從此喪失了四川這個國際戰略上對抗北朝的重要地區。

在這樣的趨勢下，南北朝時代最終是由北朝最後一朝的隋朝統一了全中國。站在南朝的立場來看，這意味著以南朝為中心的世界體制全盤崩潰。

北朝的擴大及隋唐帝國的出現，絕非僅只對南朝造成影響而已。前述北魏太武帝寫給宋太祖的信中所提到的那些與南朝串聯或臣服於南朝的柔然、吐谷渾、雲南爨蠻（盤踞雲南的一股南蠻勢力）、高句麗、百濟等諸勢力，在進入唐代的過程中相繼滅亡，取而代之的是在這些勢力背後虎視眈眈的突厥、吐蕃（崛起於西藏）、南詔（崛起於雲南）、渤海、新羅、日本等國迅速壯大。

華夷秩序的變貌

北魏崛起於夷狄五胡之中，卻獲得中國士大夫承認其北朝的地位，後來甚至由承接其基礎的隋唐成為中國的正統王朝。從這樣的逆轉現象，以及隋唐時代的文化及國家制度中，胡族文化所造成的影響，我們可以看出這個時代的中國歷史，正在發生相當耐人尋味的蛻變。從秦漢傳承至魏晉的中國歷史潮流，在此時脫胎換骨，非正統與正統調換了立場。

在第七章中，筆者探討北魏孝文帝的諸般改革時，曾提過孝文帝將北魏的五行行次變更為承接西晉金德的水德，藉此強調「鮮卑拓跋不是五胡」的立場。如今再對照本章的內容，讓我們更進一步肯定魏晉南北朝時代的孝文帝改革，正如同時代潮流的分水嶺，使過去的非正統獲得了正統的地位。

此外，筆者在前一章也藉由「形成中華意識」的觀點，探討了古代日本的歷史發展過程。假如站在秦漢魏晉秩序的立場上加以審視，我們會發現這段過程與中國歷史中「五胡↓北朝↓隋唐」的演變頗有異曲同工之妙。其共通之處，就在於兩者原本都是「夷狄」，後來卻都蛻變成了「中華」

（一邊是由東夷倭國蛻變為「日本中華」，另一邊則是由五胡蛻變為中華）。而這樣的相似性，從前述的種種證據可以看出，絕非偶然的巧合。

總結而言，不管是「五胡→北朝→隋唐」，還是古代日本，都是以秦漢帝國為基礎，甚至曾接受過其冊封，在魏晉南朝體制中成長，最後藉由打破其體制而脫胎換骨。

註釋

1 《晉書》〈慕容超載記〉。

2 長史負責將軍府內的各種行政工作，司馬及參軍則負責府內軍事職務。

3 《南齊書》〈百濟傳〉。

4 《魏書》〈百濟傳〉。

5 《宋書》〈索虜傳〉。

主要人物略傳

劉淵（?～三一〇）五胡十六國中的漢（前趙）開國皇帝。在位期間三〇八至三一〇年。

字元海，匈奴南單于出身。匈奴貴族子弟，從小接觸儒學，武藝也很出眾。魏末時期被送至洛陽晉王身邊當人質，西晉時期成為匈奴五部的總領袖，其豁然大度的性格深獲族人信賴。西晉大亂後，劉氏一族圖謀讓東漢以來臣服於漢族的匈奴獨立，因此擁立劉淵為大單于。劉淵建國（三〇四年）後，合併匈奴官制與中國官制，自稱漢王（因為姓劉，自詡為漢朝的後繼者）。為了打破胡人不能當皇帝的觀念，他於三〇八年稱帝，並與王彌等人攻打洛陽，但還沒攻下就病逝了。

石勒（二七四～三三三）五胡十六國中的後趙開國皇帝。在位期間三三〇至三三三年。

出生於山西上黨地方匈奴羌渠部的羯族部落小族長之家，自年輕時便在族人之間頗有聲望。但當時羯族不僅遭漢人歧視且生活困苦，石勒也過著有一餐沒一餐的生活。二十歲的時候，石勒更遭奴隸販子擒住，被賣給了山東的大地主。其後在八王之亂的戰禍中，他在各軍閥之間來來去去，最後投靠了劉淵（漢）。自這個時期起，他自稱姓石，據說這是由中亞地方傳來的姓氏。他聽從了謀士張賓的建議，在河北一帶培養勢力，終於在三二八年消滅了占據長安的前趙勢力，統一華北。三三〇年稱帝，定都襄國。石勒崇尚學術，並不虐待漢族，但若有人藐視胡族，則會加以嚴懲。他在評論歷史人物時，曾說過：「大丈夫行事當礌礌落落，如日月皎然，終不能如曹孟德、司馬仲達父子，欺他孤兒寡婦，狐媚以取天下也。」

劉裕（三五三～四二二）南朝宋國的開國皇帝，廟號武帝。在位期間四二〇至四二二年。

江蘇彭城出身，從小家境清寒，年輕時過著無賴生活。史書上記載，他賭博輸了錢，曾找當時的名士王謐幫忙還債。後來信奉天師道的孫恩造反，劉裕跟隨劉牢之加以討伐，立下不少功勳。四〇二年，建康的司馬元顯與長江中游的桓玄相爭，劉牢之降於桓玄，劉裕也只好率領北府軍隊效忠於桓溫。但後來劉牢之被逼得自殺，桓玄消滅東晉，定國號為楚，劉裕於是起義造反，跟劉毅等人一同消滅了桓玄，掌握江南霸權。其後劉裕又出兵山東，消滅了鮮卑慕容部的南燕勢力，接著轉戰遭胡族占領的洛陽及長安，消滅了羌族建立的後秦。基於如此顯赫的功績，劉裕於四二〇年接受東晉恭帝禪讓，定國號為宋。在位期間，他推動桓溫實施過的土斷政策，致力於削弱豪族勢力及去除東晉末年的弊端。

拓跋珪（三七一～四〇九）北魏的開國皇帝。在位期間三八六至四〇九年。後人多稱呼其諡號道武帝。

拓跋珪的祖父拓跋什翼犍因遭前秦苻堅攻打而死亡，拓跋部聯合國家也隨之瓦解。拓跋珪在母家賀蘭部的支持下，以復國為目標，於三八六年即位為代王。其後大約有十年的時間，他致力於掌握長城地帶的霸權，接著他南進攻打後燕，於三九七年攻克其首都中山。隔年他於平城稱帝，將國號由代改成魏，是為北魏。控制了山西及河北地區後，北魏以中原王朝的姿態迅速壯大。拓跋珪重用崔宏（字玄伯）等漢族名士，致力於整頓國家體制。此外，他大膽解散部族，取消族長對族人的統治權，讓各部族人居住在平城附近，企圖建立一個有別於過去其他五胡國家的中央集權國家。但這種激進的政策引發舊部族人的反彈，導致局勢動盪不安，拓跋珪因而遭其兒子清河王拓跋紹殺害。

孝文帝（四六七～四九九年）北魏的第六代皇帝。在位期間四七一至四九九年。

拓跋（元）宏，獻文帝的長子，於四七一年繼位。初期是馮太后專政的時代，直到四九〇年馮太后去世，孝文帝才實際掌權。當時正是中國逐漸趨向統一的時期，孝文帝致力於讓種族主義依然當道的北魏轉變為更具普世價值的國家。他採納了南朝的貴族制度，徹底修正北魏的國家體制，在官制及祭祀活動等各方面皆大刀闊斧地進行改革。四九三年至四九四年期間，他以南伐的名義遷都洛陽，更是其代表性的改革之一。在遷都之後，他要求原本住在平城的鮮卑族人移居至洛陽，同時還禁止在朝廷內穿胡服、說胡語，甚至將胡族姓氏也改成漢族姓氏，就連皇族拓跋氏也改成了元氏。四九六年，孝文帝更推動「姓族分定」，將作為北魏國力基礎的鮮卑等胡族，基於漢族的貴族制度觀念進行整編。

蕭衍（四六四～五四九）南朝梁國的開國皇帝。在位期間五〇二至五四九年。後人多稱呼其廟號武帝。

父親蕭順之是南齊建國者蕭道成的族弟，也是開國功臣。蕭衍以文武雙全著稱，是經常出入南齊竟陵王蕭子良宅邸的「八友」之一。南齊末年，獲任命為雍州刺史，前往襄陽（今湖北省）赴任，於該地培養勢力。這時期東昏侯的暴政惹得天怒民怨，加上哥哥蕭懿遭到殺害，蕭衍決定帶領下屬及襄陽豪族勢力，起兵向東昏侯問罪。他東下攻陷建康，於五〇二年開創梁朝。梁武帝在位期間長達近五十年，以五二〇年代為分界點，前期以沈約等人為宰相勵精圖治，後期則寵信朱异等寒人，沉迷於佛教信仰之中。前期梁武帝施行寬政，讓疲弊的民生得以復甦，並推動貴族階級的自我改革，重新編整官吏制度及貴族制度。後期他大量建設寺院，舉辦大型法會，並經常親自前往佛寺內喜捨（捨身）。對佛教的過度沉迷，是導致梁朝滅亡的肇因之一。

陳霸先（五〇三～五五九）南朝最後一朝陳朝的開國皇帝。在位期間五五七至五五九年。

浙江吳興人，起初在故鄉擔任里司，後來在建康擔任油庫吏。嶺南叛亂時，隨梁朝蕭暎出兵鎮壓，建立不少功勳。侯景攻打建康時，陳霸先於五五〇年率領三萬士兵北上，與王僧辯會合後，成功討伐了侯景。但此時北齊強迫王僧辯立蕭淵明為梁帝，王僧辯迫於情勢只好答應，陳霸先於是殺死王僧辯，改立晉安王為帝，是為梁敬帝。北齊趁機南侵，陳霸先成功大破北齊軍勢。五五七年，陳霸先廢去梁敬帝，自立為帝，定國號為陳。陳朝在北朝的進犯下居於劣勢，統治疆域在南朝諸朝中最為狹小。值得注意的是陳朝之前的諸朝皆是北方武將來到南方建立的政權，唯獨陳朝的建國者是土生土長的江南人。不僅如此，陳霸先能夠稱霸南朝，靠的是他自嶺南帶上來的軍隊。

宇文泰（五〇五～五五六）西魏宰相，北周政權基礎的建立者。

祖先為匈奴人，於遼西地區統率鮮卑諸部落。四世紀中葉遭慕容部消滅，其後便臣服於燕。後來北魏滅燕，宇文氏因北魏政策而遷徙至武川鎮（內蒙呼和浩特市以北），成為代代負責防衛北方邊境的名門家族。發生北鎮之亂後，宇文泰跟隨父親及兄長遷往中國內地，前後投靠葛榮與爾朱榮，後來又跟隨賀拔岳平定關中叛亂。司令官賀拔岳遭殺害後，宇文泰受諸將推舉而接管軍隊，將北魏孝武帝迎至長安，成為西魏的實質統治者。軍隊的武將多為武川鎮出身的同鄉，宇文泰以最高統帥的身分掌握軍政大權。剛開始的時候，西魏勢力弱於東魏，但宇文泰致力於提升國力，採用漢族官吏蘇綽的政策，成功改革內政。其理念一方面繼承孝文帝改革重視《周禮》的方針，一方面回歸簡樸主義。

宇文邕（五四三～五七八）北周的第三代皇帝。在位期間五六〇至五七八年。

北周實質上的建國者宇文泰的第四個兒子。從小孝敬聰穎，宇文泰曾說過「成吾志者，必此兒也」。周孝閔帝（宇文覺）建立北周後，宇文邕獲任命為大將軍，周明帝（宇文毓）時期又就任大司空，參與政事。後因周明帝遺詔而即位，誅殺擅權的宇文護，開始親臨朝政（五七二年）。五七三年，發兵討伐北齊，兩年後成功消滅了宿敵北齊。他排除北齊末年的苛政，錄用舊齊遺民，國力因而大增。但在討伐北方突厥時突然因病暴斃。後人認為倘若他沒有死得這麼早，統一中國的朝代很可能不是隋朝而是北周。此外，他嚴禁佛教及道教，不僅毀掉經書及佛像，而且下令僧侶及道士還俗，是佛教史上著名法難「三武一宗」的主角之一。

王羲之（三〇七？～三六五？）東晉時期的書法家。山東瑯琊人。

因官名之故，有時也被稱為王右軍。他是東晉元勳王導的堂侄。由於他早年喪父，從小是在王導及叔父王儀的照顧下長大。其後他以貴族社會寵兒的姿態進入官場，歷任參軍、長史及刺史。王導經常鼓勵他轉調至朝廷中央，他也一度就任護軍將軍，但他無法適應中央的風氣，於三五一年又轉調為右軍將軍、會稽內史，前往會稽郡治的山陰縣赴任。在任四年間，他與當地豪族及謝安等名士交流，其中於永和九年三月三日上巳之日，在名勝蘭亭舉行的曲水流觴蘭亭宴，在歷史上相當有名。當時賓客創作的詩詞經彙整成冊，由王羲之親自寫序，這就是著名的《蘭亭序》。如今一般認為王羲之的真跡已全部失傳，但日本收藏有臨摹其真跡的《喪亂帖》及《孔侍中帖》，現代人可以由此想像其書法的風采。

顧愷之（三四四～四〇八）東晉時期的畫家。

與南朝宋的陸探微、梁的張僧繇合稱「六朝三大家」。字長康，出生於江蘇無錫，是望族吳郡顧氏的分家子孫。生涯的大半時間徘徊於長江中游流域一帶，接受當地軍閥首領的資助。起初擔任桓溫的參軍時備受禮遇，但桓溫去世後便不再隸屬於任何勢力。三十歲至四十多歲的將近二十年期間，沒有任何史料記錄了他的行蹤。三九二年（太元十七年）左右，成為荊州刺史殷仲堪的參軍，同時其天真爛漫、具幽默感的個性亦深受江州刺史桓玄的喜愛，流傳下不少詼諧逗趣的事蹟。四〇五年回到建康，擔任散騎常侍一職。四〇八年，為復興晉室的劉裕寫了牙旗（大將軍的旗幟）祭文之後便不知去向。顧愷之的繪畫才能在肖像畫上展露無遺，繼承了晉初以來詮釋神韻的傳統，流暢的筆法能夠巧妙呈現出筆下人物的個性及周遭氛圍。

鳩摩羅什（三五〇～四〇九）五胡十六國的後秦時期的西域僧侶。龜茲人。

據說鳩摩羅什的父親出生於印度的宰相之家，後來逃亡至龜茲，與國王的妹妹結婚後生下鳩摩羅什。他跟隨篤信佛教的母親歷經了長達二十五年的留學生活，先在克什米爾修習了小乘佛教，其後又前往喀什修習大乘空義之學。他晚年成為龍樹菩薩中觀論的布道者，其思想根源便來自於此。三八四年起，他遭征服龜茲的前秦苻堅屬下武將呂光控制行動，在這段期間由於他通曉中國國情，在五十七歲時（四〇一年）被迎至後秦首都長安。後秦君主姚興推動佛經翻譯以作為國家事業的一環，鳩摩羅什在八年之間翻譯了多達三十五部二百九十四卷佛經，他所譯的《法華經》、《阿彌陀經》、《大品般若經》等經書，對後世東亞佛教造成了深遠影響，可說是初期中國佛教史上最大的貢獻者。

寇謙之（三六五～四四八）北魏太武帝時代的道士。

成功拉攏北魏政權，使道教一躍成為國教的人物。

字輔真。寇氏原為上谷的豪族，後來遷移至關中，先後在前秦、北魏朝中為官。寇謙之的哥哥寇讚官至北魏的州刺史。寇謙之自年輕時便醉心天師道，曾入嵩山修行。他聲稱太上老君曾現身授予他天師之位，並命令他推動道教改革。此外老君的玄孫牧土宮主也授予他道書，要他輔佐北方的太平真君宣揚道教。寇謙之憑藉這樣的宗教體驗接近北魏朝廷，在太武帝寵臣崔浩的引介下獲得了皇帝的尊崇。他在首都平城的東南方開設天師道場，又興建壯觀的靜輪宮及道壇。太武帝將年號改為太平真君，並於三年後（西元四四二年）登道壇接受符籙。自此之後各代皇帝即位，都會舉行這個儀式。寇謙之作為太武帝的政治顧問，也相當活躍。太武帝對道教的尊崇導致了廢佛政策，但寇謙之本身並不贊成徹底廢佛。

顏之推（五三一～五九〇？）中國六朝末期最具代表性的學者、文士。

字介，山東瑯琊人。出身於南遷後進入東晉為官的貴族之家，《周禮》及《左氏傳》為家傳之學。父親在梁朝湘東王蕭繹底下任官，學識及草隸書法受到讚揚。顏之推的學識及文章也相當知名，曾任蕭繹的左常侍、參軍，但後來遇上侯景之亂，從此過著流浪生活。江陵淪陷後，被俘虜到關中。其後因厭惡北周的高壓政治，帶著妻小在黃河水勢高漲的時期乘小船逃亡至北齊。顏之推在北齊頗受重用，官至黃門侍郎，但這裡的胡漢對立也相當嚴重，不是適合安身立命之處。更悲慘的是北齊後來遭當初自己死命逃脫的北周所滅。其後顏之推又見證了北周至隋的改朝換代。歷盡風霜的人生體驗，流露於《顏氏家訓》的字裡行間。此外，他也是個虔誠的佛教徒。

歷史關鍵詞解說

五斗米道

二世紀末至三世紀初流傳於中國四川省至陝西省南部一帶的宗教。據說創教者張陵要求信徒在入教時須繳交五斗米，因此有了這個稱呼。張陵的孫子張魯統整其教義，建立嚴謹的宗教組織，設置相當於司教或司祭的治頭及祭酒，形成一個獨立的宗教王國。建安二十年（二一五年）投降於曹操，但其組織以天師道的名義沿襲了下來，形成道教發展上的重要基幹。其教義認為百病皆來自於自身的罪愆，因此要治癒疾病，就必須在祭酒的指導下進入靜室內，向天地水諸神懺悔禱告，並寫下絕不再犯的誓言書。參與造橋鋪路的義工勞動，也被視為贖罪的善行，信徒們爭相奉行。

屯田

魏國的曹操為了充實軍糧，於一九六年開始實施屯田。他徵調百姓開墾荒地，並設置典農中郎將、典農校尉等官管理屯田。這些官吏的體系有別於郡官及縣官，直屬於中央的司農卿。依規定，屯田農民使用官牛耕種者須繳納收成的六成，使用私牛則須繳納五成。這類屯田（民屯）皆設置於中原的沃野，成為魏國財政稅收的重要基礎。除了這些民屯之外，魏國還基於軍事上的考量而設置了軍屯，這些軍屯的地點則在淮水流域及渭水流域這類對抗吳、蜀的前線基地。魏末的二六四年及西晉初期的二六六年，典農官遭廢止，民屯也隨之廢除。

九品官人法

三國時期的魏國至隋朝初年實施的官吏錄用制度。按一品至九品的品級授予官位，因此稱為九品官人法，後來又被稱為九品中正制度。二二〇年，曹操去世後，兒子曹丕（魏文帝）在強迫東漢的漢獻帝禪讓、建立魏朝的不久前，為了讓新政府能依才能及品德吸收漢朝官吏，因此在魏王尚書陳羣（？～二三六年）的建議下實施。原本只是暫時性的政策，後來廣泛沿用在一般官吏的錄用上。

戶調式

西晉武帝平定吳國、統一天下不久後（二八〇年）公布的稅法名稱，記載於《晉書》之中。所謂的「戶調」，指的是對每一戶課徵之稅，創設於漢末曹操執政時期，按戶徵收絹及綿。這項制度取代了漢朝的人頭稅，以每戶為單位。二六四年發布的晉令中，有所謂的戶調令，由此可知這項制度是由魏傳到了晉。根據《晉書》的記載，丁男之戶每年須繳納絹三匹、綿三斤。

八王之亂

晉朝的內亂。由外戚楊、賈二氏的政權鬥爭所觸發，汝南王司馬亮、楚王司馬瑋、趙王司馬倫、齊王司馬冏、長沙王司馬乂、成都王司馬穎、河間王司馬顒和東海王司馬越，共宗室八王互相爭伐，故史稱八王之亂。二九〇年，西晉武帝去世後，外戚楊駿掌握實權，晉惠帝的皇后賈氏不滿楊氏一門的風光，於二九一年殺死包含楊駿在內的數千人，接著又殺害汝南王及楚王，奪得了政權。其後原本受到賈后信任的趙王司馬倫發兵，誅殺賈后及其黨羽，並逼迫晉惠帝禪讓。但他的施政紊亂無章，導致朝廷威望大幅下滑。齊王與成都王在這樣的局勢下起兵討伐趙王，成功逼迫趙王自殺，並讓晉惠帝復辟。但其後鬥爭情況不減反增，一直持續到三〇六年東海王（晉懷帝）即位才宣告結束。然而宗室諸王間的內亂雖然平息了，但戰亂期間諸王為了利用匈奴等諸異族的軍事力量而引狼入室，導致諸異族在華北各地形成獨立政權，終於導致西晉的滅亡。

永嘉之亂

西晉末年由蠻族所引發的戰亂。這場戰亂的中心勢力是移居至山西省一代的匈奴。早在八王之亂時期，成都王司馬穎便曾借助其軍事力量，族長劉淵眼見中原大亂，於三〇四年稱王，定國號為漢。當時他吸收了羯族的石勒及漢族流民領袖王彌等人，聲勢迅速擴張。此時的西晉政權早已因八王之亂而搖搖欲墜，僅靠著東海王司馬越苦撐大局。後來司馬越憂懼而死，石勒趁機發動攻勢，捕殺了十餘萬晉軍（三一一年）。漢軍大舉進犯洛陽，在城內燒殺擄掠，西晉至此已名存實亡。

兵戶

魏晉南北朝時代的世襲制士兵。亦稱為軍戶、兵家或士家。自東漢時期起，向一般郡縣百姓徵兵的作法逐漸式微，開始出現了兵民分離的傾向。魏晉之後的諸政權改為將流民或降民納入兵籍，使其成為世襲的軍事勞動人口。由於兵戶不同於一般郡縣良民，而是直屬於國家的戶口，因此往往會遭到輕賤。但南朝經常實施兵戶解放，使這些人回歸郡縣，兵戶制度逐漸消失。在五胡政權的北朝，士兵的身分也類似兵戶，但北方民族內士兵的地位較高，其特性後來由府兵制度繼承。

寒門

東晉時代的官吏任用制度中，鄉品受門第影響，因而產生了「門第二品」的階級。例如獲評定為鄉品二品的人，能夠以六品官起家，最後升至二品官。然而後來由於這個階級逐漸擴張，導致門第二品的人起家時也包含了七品官。另一方面，獲評定為鄉品三品以下的人，原本最終應該能升到相當於其鄉品的官品，但由於「門第二品」階級的人數太多，導致鄉品三品以下的人相對減少了升遷的機會。這些人在當時便被稱為次門、寒門等等。

《文選》

梁朝昭明太子蕭統所編的詩文集，全書共三十卷，收錄古代周朝至梁朝的代表性詩文約八百篇。這類詩文集的編纂開始於三世紀末，《文選》可說是其集大成，對唐朝之後的文學也造成相當大的影響。昭明太子所作之序中提及，選文的基準是在經書、史書、諸子以外的詩文中，選擇內容較有深度且辭藻華麗的作品。按時代區分，晉朝的作品入選最多；若以作者區分，晉朝陸機的作品最多。《文選》的注釋集中，以顯應三年（六五八年）上表的李善的《文選注》六十卷最具有劃時代的重要意義，如今依然是解讀《文選》的基本參考。

雲岡石窟

北魏時代的佛教石窟，位於山西省大同市西方約十五公里處的雲岡鎮內。北魏每當征服五胡諸國，就會將其文化轉移至平城，例如第三代太武帝時征服北涼，將當時屬於佛教先進地區的涼州文化帶至平城，以便於政治上的利用。太武帝後期雖然打壓佛教，然而到了第四代文成帝時又一改太武帝的廢佛政策，大力推廣佛教。他重用涼州僧侶師賢、玄高等人，並批准了曇曜的奏請，在雲岡開鑿石窟，這就是雲岡石窟的由來。雲岡石窟之中，曇曜開鑿的部分又被稱為曇曜五窟，可看出來自涼州及中亞文化的影響。

三長制

一種睦鄰制度。北魏太和十年（四八六年），為了強化警察及徵稅機制，由漢族官吏李沖獻策，獲得文明太后馮氏同意。其制度理念的淵源可追溯至周朝。以五家為一鄰，五鄰（二十五家）為一里，五里（一百二十五家）為一黨，分別選定首長，黨及里的名稱皆依其首長之名。不久之後，又改為一百家為一黨，京畿之內不稱「黨、里、鄰」，而改稱「族、閭、比」。後來到了北齊，又分別改為一百家、五十家、十家。到了西魏及北周時，廢除了鄰（比），成為二長制。到了隋初統一天下，廢除了這套制度。

均田制

創始於北魏，由北朝傳承至隋唐時代的土地制度。根據儒教觀念，保障「一夫百畝」的井田制是土地制度的理想狀態，但自秦漢時期之後，土地分配不均的情況越來越嚴重，朝廷曾實施過限制持有土地上限的限田制（西漢末年）、占田制（西晉）等等。此外秦漢之後的諸朝也都鼓勵農耕，例如曹操的屯田、西晉的課田制等等，都是為了確保農民能永續生產的政策。北魏實施的均田制，也是繼承了這股潮流。男子一旦成年（成丁），就可得到田地，但老死之後必須歸還。由北魏的漢族官吏李安世、李沖等人獻策，獲得文明太后與孝文帝的採納（四八五年）。配合實施戶籍登記的徹底執行、以成丁夫妻為對象進行均額課稅的租調制、依特定戶數組成單位的三長制等制度，甚至連奴婢及丁牛在制度中也是授田的對象。

龍門石窟

位於河南省洛陽南方十四公里處的佛教石窟。北魏於太和十八年（四九四年）遷都洛陽後，便開始於此地開鑿石窟。由皇帝敕命開鑿的石窟，最早開始於景明元年（五〇〇年），由宣武帝下令開鑿，作為孝文帝及其皇后的功德窟。但根據《魏書》〈釋老志〉的記載，這兩窟由於規模太大以致無法完成，正始二年（五〇五年）只好縮小其計畫的規模。另外，在永平年間（五〇八～五一二年）又開鑿了另一座宣武帝的功德窟。這三窟位於西山北方，合稱賓陽洞三窟，但其中只有賓陽中洞完成了，至於南洞及北洞，則須到隋朝至唐朝初年，才完成其本尊。賓陽中洞在開鑿時有著嚴謹的設計，是龍門石窟中規劃最周到的石窟。除了賓陽三洞之外，西山還有古陽洞（第二十一洞）、蓮華洞（第十三洞）、魏字洞（第十七洞）等等北魏末期的石窟。其中以古陽洞最為古老，其中有許多太和十八年（四九四年）之後的佛龕，繼承了雲岡石窟的風範。

北鎮之亂

北魏末年的內亂，又稱六鎮之亂。北魏在討伐了蒙古高原上的敕勒後，於陰山山脈南麓一帶設置軍鎮以抵禦北方民族的侵犯。其中六個主要軍鎮（沃野、懷朔、武川、撫冥、柔玄、懷荒）合稱六鎮，由鮮卑舊族長階層出身者定居，可說是軍鎮的核心。但北魏的門閥化情況越來越嚴重，這些人遭到時代遺忘，沒有升遷的機會，因此不滿的聲浪越來越高漲。正光四年（五二三年），沃野鎮鎮民破落汗拔陵率眾暴動，誘發了六鎮全體的叛亂，甚至蔓延至陝西、甘肅一帶。數十萬鎮民雖一度投降，但南下至河北一帶後卻再度造反，於武泰元年（五二八年）才由爾朱榮平定。這場叛亂令北魏國威掃地，其後隨之而來的軍閥鬥爭更瓦解了北魏王朝。

府兵制

西魏、北周、隋、唐諸朝採行的兵役制度。日本古代軍團制度的原型。依照中國的制度，掌握實權的將軍會開設軍府，因此在魏晉南北朝時代，中央及地方各有軍府，而其統管的士兵便稱為府兵。然而狹義的府兵制度，被視為是西魏於大統十六年（五五〇年）左右完成整編的二十四軍制度。關於府兵及府兵制度的歷史意義，各方看法不同，制度的起源也有鮮卑兵制論及中國兵制論兩種說法。府兵原本是受國家招募而從軍的人，只要立下戰功就可以升為將官。北周武帝之後，府兵得到了侍官之稱，被視為侍衛天子的名譽戰士。西魏之後的掌權者及君主都是以府兵軍總帥的身分掌握大權，因此府兵也成了中國統一的原動力。

科舉

從前中國所採行的官吏錄用資格考試。科是科目，指考試的學科；舉是選舉，指官吏的遴選。這套中國獨創的制度自隋朝沿用到清朝，長達一千三百多年。自三國時期至魏晉南北朝，中國處於貴族制度的時代，政府官吏要職遭門閥獨占，且有世襲化的傾向。隋文帝取代北周統治大半中國之後，廢除了默認門閥特權的九品官人法，舉行依個人才能錄用為官的科舉制度。據推測該年應該是開皇七年（五八七年）左右，兩年後隋消滅了南朝的陳，透過科舉制度所選拔出來的官吏被派往全國各地。

參考文獻

適合一般讀者，也適合專門研究者的文獻

（1）三崎良章，《五胡十六國　中國史上的民族大移動》（東方選書，東方書店），二〇〇二年

◆對這個時代的民族問題進行通史性剖析的近年成果。主題包含五胡十六國的興亡、十六國時代的國際關係、佛教的普及、諸民族的移動與融合等等，深入淺出地對這個時代作了整體性的介紹，是一本相當好的著作。

（2）樺山紘一等編，《中華的分裂與再生》（岩波書店，世界歷史第9冊），一九九九年

◆承襲一九六九年至一九七一年發行的《岩波講座世界歷史》之後的研究成果，在新的構想之下，針對當前研究狀況及研究焦點，由專門研究三世紀至十三世紀歷史的專家，透過種種觀點進行綜合性的論述。妹尾達彥透過「中華的分裂與再生」這個標題，以歐亞大陸規模的視野，針對中國歷史站在相對性的立場進行整體的論述。與魏晉南北朝時代直接相關的論文，則有中村圭爾的《南朝國家論》、川本芳昭的《北朝國家論》、金子修一的《皇帝祭祀的發展》等。

（3）關尾史郎，《由西域文書看中國歷史》（世界史Libretto 10，山川出版社），一九九八年

◆由魏晉南北朝時代到隋唐時代，中國透過所謂的「西域」與西方交流的現象相當熱絡。進入二十世紀後，西域敦煌、吐魯番等地出土了大量的漢文文書。本書的主旨在於論述這些古老文書與中國歷史的關聯性，簡單扼要地勾勒出了這個研究領域的全貌。

（4）松丸道雄等編，《中國史2—三國～唐—》（世界歷史大系，山川出版社），一九九六年

◆由專門研究魏晉南北朝時代的專家分工執筆，

近年才出版的網羅性通史。內容包含隋唐時代。窪添慶文探討魏晉南北朝時代的政治史，中村圭爾探討魏晉南朝的社會經濟，關尾史郎探討五胡北朝時期的社會經濟，池田溫探討魏晉南北朝時代的文化史。由於這些都是如今學界內最活躍的研究者，其中包含許多最新的研究進展及新發現史料。此外，補充說明的部分也有許多耐人尋味的見解。除了本書之外，窪添慶文另有專著《魏晉南北朝官僚制研究》（汲古書院，二〇〇三年）；中村圭爾則有《六朝貴族制研究》（風間書房，一九八七年）。

（5）福原啟郎，《西晉武帝　司馬炎》（白帝社），一九九五年

◆以司馬炎為中心，探討建立西晉王朝的司馬一族的盛衰興亡，是一本內容皆未投稿於期刊雜誌上的優秀著作。對司馬懿、司馬昭、司馬師等人的剖析相當詳實嚴謹，若想理解魏晉時代的時代精神、八王之亂的實際狀況等等，可說是必讀的一本著作。

（6）岡崎文夫，《魏晉南北朝通史》（東洋文庫，平凡社），一九八九年

◆日本第一部這個時代的通史。收錄在東洋文庫中，讓讀者們更容易取得。不僅對歷史發展的論述詳實而簡潔，對諸制度的分析也站在宏觀的角度，時至今日，仍然隨處可見作者獨到的見解。

（7）尾形勇，《東亞的世界帝國》（圖像版世界歷史第8冊，講談社），一九八五年

◆收錄許多與這個時代相關的圖像，目標是以視覺的方式理解這個時代。此外在新出土史料的介紹上也沒有馬虎。作者另有專著《中國古代的「家」與國家》（岩波書店，一九七九年）等。

（8）谷川道雄，《世界帝國的形成》（現代新書，講談社），一九七七年

◆作者自戰後到現在都是魏晉南北朝時代研究中首屈一指的人物，這本新書版通史中凝聚了所有作者觀點的精華。古代世界帝國漢朝瓦解之後，世人在混亂中摸索出了什麼？創造出了什

麼樣的新時代？胡族與漢族又是維持著什麼樣的關係歷經北魏末年的動亂，進入隋唐帝國的時代？本書針對這些問題，提出了簡單扼要的論述。

（9）川勝義雄，《中國的歷史3—魏晉南北朝—》（講談社），一九七四年。再版，講談社學術文庫，二〇〇三年

◆前一版《中國的歷史》系列，由已故的川勝義雄執筆的概論書（未投稿於期刊雜誌上）。此書作為魏晉南北朝時代的概論書，如今在許多人眼裡依然是第一首選。筆者在這本著作發行之後，也蒙受相當大的啟發，撰寫本書的過程中，也參考了許多這本著作的內容。

（10）吉川忠夫，《侯景之亂始末記　南朝貴族社會的命運》（中公新書，中央公論社），一九七四年

◆由這個時代思想史的專家針對侯景之亂的歷史，以高雅的行文風格依時間順序進行詳盡的解說。此作者除了本書之外還著有專書《六朝精神史研究》（同朋舍出版，一九八四年），以及同時代人物傳記《劉裕》（人物往來社，一九六六年）、《王羲之—六朝貴族的世界》（清水書院，一九七二年）等。

（11）川本芳昭，《中國史內的諸民族》（世界史 Libretto 61，山川出版社），二〇〇四年

◆此書探討魏晉南北朝時代的民族問題與中國史全體的歷史發展之間的關聯，以及其與漢族的形成之間的關聯。除了此書之外尚有相關著作《魏晉南北朝時代的民族問題》（汲古書院，一九九八年）。

適合專家及研究者的文獻

（12）安田二郎，《六朝政治史的研究》（京都大學學術出版會），二〇〇三年

◆對《晉書》的徹底史料批判，探討南朝本土豪族階層的貴族制度革新動向，以及陷入頹廢狀態的南朝貴族的自我改革等等，為貴族制度的研究開創了新局面。

（13）渡邊信一郎，《中國古代王權與天下秩序—從日中比較史的觀點出發》（校倉書房），二〇〇三年

◆分析中國古代對天下的認知，以及日本對天下的認知，並比較兩者的差異。作者還有許多其他著作，與魏晉南北朝相關的有《天空的玉座—中國古代帝國的朝政與禮儀》（柏書房，一九九六年）等。

（14）西嶋定生，《倭國的出現》（東京大學出版會），一九九九年

◆作者是中國古代史東亞世界論的倡導者，本書是作者在前些年過世後出版的論文集。內容探討倭國在東亞世界中崛起的方式，以及其成長的過程。作者的著作中，與此議題相關的還有《中國古代國家與東亞世界》（東京大學出版會，一九八三年）、《日本歷史的國際環境》（東京大學出版會，一九八五年）等等。

（15）谷川道雄等編，《魏晉南北朝隋唐時代史的基本問題》（汲古書院），一九九七年

◆以「中國史學的基本問題」為標題的系列叢書第二冊（全四冊）。涵蓋隋唐時代，幾乎網羅了日本所有研究魏晉南北朝隋唐時代史的專家，內容為介紹時代的整體概念及研究狀況。雖然內容的專業性較高，但對於中華一詞的認知、民族問題、西域文書、皇帝制度、律令等等這個時代的重要研究議題都有深入淺出的探討。

（16）堀敏一，《中國與古代東亞世界—中華世界與諸民族》（岩波書店），一九九三年

◆探討中國從漢至唐的中華思想、天下觀念，以及倭國、高句麗、百濟、新羅等國的國家形成、五胡諸國等等，內容相當專業，文章卻很平易近人。若要理解古代東亞世界，這本著作非讀不可。關於這個時代該作者的其他著作，還有《曹操》（刀水書房，二〇〇一年）、《東亞中的古代日本》（研文出版，一九九八年）、《中國古代史的觀點》（汲古書院，一九九四年）、《律令制與東亞世界》（汲古書院，一九九四年）、《中國古代的身分制度》（汲古書院，一九八七年）、《均田制的研究》（岩波書店，一九七五年）等等，這些都是理解這個時代的必讀之書。

（17）川勝義雄，《六朝貴族制社會的研究》（岩波書

店），一九八二年

◆本書是將前列《中國的歷史3—魏晉南北朝—》（講談社）中各論述觀點的原始論文彙整而成的論文集。本書收錄的諸篇論文，生動地勾勒出了漢朝末年反抗運動中貴族制社會的形成過程，時至今日依然對學界具有極大的影響力。

（18）越智重明，《魏晉南朝的貴族制度》（研文出版），一九八二年

◆以各方面的角度剖析日本人眼中的魏晉南北朝時代貴族制度，尤其是在魏晉南朝的研究上可說是成果豐碩。探討內容包括魏朝時代的九品官人法、晉朝的貴族制度、南朝的貴族制度等等議題的諸多面相。作者的著作相當多，與此時代相關的還有《魏晉南朝的人與社會》（研文出版，一九八五年）、《魏晉南朝的政治與社會》（吉川弘文館，一九六三年）等。

（19）宮崎市定，《九品官人法研究　科舉前史》（同朋舍），一九七四年。新版（中公文庫）一九九七年

◆由學界泰斗說明這個時代官吏制度及政治史等相關問題，可說是經典著作。任何人想研究這個時代，都必須先讀過這本書。由副標題便可得知，本書的主題在於分析九品官人法這個科舉前的官吏錄用制度。本書將各種議題提出探討並加以解析，其中有些在今日已成主流說法，如九品官人法的誕生、九品官人法的貴族化、南朝的變遷、北朝的貴族制度等等。作者的視野並不侷限於九品官人法上，更拓展至這個時代的政治趨勢，以及更普遍性的官吏制度，包含其與貴族制度的關聯、從漢朝至唐朝的宏觀概論等等，其見解不僅領域寬廣，且分析透澈。

（20）內田吟風，《北亞史研究（匈奴篇、鮮卑 柔然突厥篇）》（同朋舍），一九七五年

◆收錄這個時代與匈奴、鮮卑等族有關的歷史、制度、文物、風俗等各項主題的論文。如今有許多關於五胡的歷史具體現象都是由內田所闡明，為後來的研究學者提供了相當大的幫助。

（21）谷川道雄，《隋唐帝國形成史論》（筑摩書

房），一九七一年。增補版一九九八年刊行
◆站在探究隋唐時代根源的立場，從五胡十六國時代諸國及北魏等北朝諸國的歷史發展中尋找答案。本書的觀點對研究者造成很大的影響，直到現在依然被視為五胡北朝史研究的基礎理論。探討五胡諸國的結構、北魏的結構、北魏末年的內亂所具有的歷史意義等，掌握歷史動態變化，深入分析其核心本質。增補版還收錄了初版發行後作者執筆的府兵制度相關論文。

（22）濱口重國，《秦漢隋唐史的研究》上、下集（東京大學出版會），一九六六年
◆推薦給專門想要研究魏晉南北朝時代的研究者的經典著作。內容除了魏晉南北朝時代之外，還包含了秦漢、隋唐。倘若真的想要研究這個時代，絕對不能忽略其前後時代，也就是秦漢及隋唐時代。本書彙集了作者發表的諸篇論文，上集談的是魏晉南北朝時代的軍隊制度，下集談的是與北朝有關的諸議題。

年表

西元	年號	中國	日本、世界
一八四年	中平元年	爆發黃巾之亂。	卑彌呼在這個時期成為倭國國王。印度的僧侶龍樹在這個時期建立「空」的思想基礎。
一八九年	六年	何進遭宦官殺害。袁紹誅殺宦官。董卓控制洛陽，擁立漢獻帝。遼東太守公孫度自立。	
一九〇年	初平元年	東方諸州聯合討伐董卓。董卓自洛陽逃往長安。	
一九二年	三年	孫堅（孫權之父）戰死，兒子孫策繼任。董卓遭部將呂布殺害，關中陷入一片混亂。曹操平定並吸收青州的黃巾勢力，重新整編為青州軍。	
一九六年	建安元年	曹操將逃出長安的皇帝迎入許州。	
二〇〇年	五年	曹操在官渡之戰大破袁紹。孫策遭殺害，弟弟孫權繼任。	
二〇八年	十三年	赤壁之戰，曹操敗於劉備、孫權的聯合軍。	高句麗在這個時期定都丸都。
二一四年	十九年	劉備入成都，領益州牧。劉備與孫權因爭奪荊州而反目。	

二一六年	二十一年	曹操自魏公晉升魏王。南匈奴單于臣服於魏。	羅馬的卡拉卡拉皇帝建設大浴場。
二二〇年	延康元年	曹操去世。制定九品官人法。	卑彌呼在這個時期臣服於遼東的公孫氏。
	黃初元年	曹丕接受禪讓，建立魏朝。	
二二一年	二年	劉備稱帝，是為昭烈帝。諸葛亮為丞相。	
二二二年	三年	孫權建立吳國，改元黃武。	
二二三年	四年	昭烈帝去世，後主即位。	
二二六年	七年	曹丕去世，魏明帝即位。	
二二七年	太和元年	諸葛亮上出師表。	
二二九年	三年	孫權稱帝。	
二三四年	青龍二年	魏明帝親征吳國。諸葛亮死於五丈原。	
二三八年	景初二年	司馬懿消滅遼東的公孫淵。	
二三九年	三年	魏明帝去世，齊王曹芳即位。	卑彌呼向魏遣使朝貢，獲親魏倭王印綬。
二四〇年	正始元年	曹爽掌握魏國大權。	
二四二年	三年	吳國孫和成為太子。	

二四四年			魏將毌丘儉征伐高句麗，攻陷丸都城（隔年再征）。
二四九年	嘉平元年	司馬懿發動政變，誅殺曹爽及何晏。設置州大中正。吳國在這個時期太子黨與魯王孫霸黨對立。	
二五〇年	二年	司馬懿去世。吳國廢太子孫和，賜死魯王孫霸。	羅馬德西烏斯皇帝下令迫害基督徒。
二五二年	四年	司馬師任大將軍。孫權去世，孫亮即位。	
二五三年	五年	魏國擊敗吳國的北征軍，吳國諸葛恪遭殺害，孫峻任丞相。	
二五四年	正元元年	司馬師廢齊王曹芳，立魏文帝之孫高貴鄉公曹髦為帝。	
二五五年	二年	毌丘儉等人討伐司馬師失敗。司馬師去世，弟弟司馬昭繼任。	
二五八年	甘露三年	司馬昭平定諸葛誕之亂。吳國孫休即位（吳景帝），誅殺孫綝。	
二六〇年	景元元年	司馬昭殺死君主曹髦，改立曹奐（魏元帝）。	
二六二年	三年	「竹林七賢」之一的嵇康遭處刑。	
二六三年	四年	司馬昭任相國、封晉公。蜀國滅亡。	
二六四年	咸熙元年	司馬昭封晉王。吳景帝去世，孫晧繼位。	

二六五年	泰始元年	八月，司馬昭去世。兒子司馬炎於十二月接受魏帝禪讓，建立晉朝。	
二六六年	二年		倭國女王壹與向西晉遣使朝貢。
二八〇年	太康元年	三月，吳國滅亡，天下統一。十月，朝廷大幅削減州郡兵力，發布占田課田法（戶調式）。	
二八四年	五年		戴克里先就任羅馬皇帝。
二八九年	十年	朝廷封鮮卑的慕容廆為鮮卑都督，封劉淵為匈奴北部都尉。	
二九〇年	永熙元年	晉武帝去世，晉惠帝即位。外戚楊駿掌權。劉淵封匈奴五部大都督。	
二九一年	元康元年	賈后獨攬大權。司馬瑋遭處斬。	
二九六年	六年	氐族族長齊萬年叛亂。	
二九九年	九年	朝廷平定齊萬年的叛亂。江統的《徙戎論》沒有被採納。	
三〇〇年	永康元年	趙王司馬倫剷除賈后勢力，又誅殺張華、裴頠等名臣。	
三〇一年	二年	趙王司馬倫即位，軟禁晉惠帝。八王之亂揭開序幕。李特攻入蜀。	
三〇三年	太安二年	李特遭殺害，李雄繼任，占據益州。成都王司馬穎等人討伐長沙王司馬乂。荊州張昌作亂，石冰進攻江南。	

三〇四年	永興元年	長沙王司馬乂遭殺害，瑯琊王司馬睿自洛陽逃往封地。劉淵自稱漢王，李雄自稱成都王，各自獨立。江南豪族平定石冰之亂。	
三〇五年	二年	成都王司馬穎占據洛陽，江南陳敏作亂。	
三〇六年	光熙元年	李雄稱帝，國號大成。	
三〇七年	永嘉元年	平定陳敏之亂。瑯琊王司馬睿與王導等人前往建鄴。	
三〇八年	二年	劉淵於平陽稱帝。江南豪族支持瑯琊王司馬睿。	
三一〇年	四年	劉淵去世，劉聰即位。周玘平定江南吳興之亂。	
三一一年	五年	石勒殲滅王衍勢力，王彌攻陷洛陽，將晉懷帝俘虜至平陽。瑯琊王司馬睿擊潰周馥軍。	羅馬皇帝伽列里烏斯接納基督教。
三一三年	建興元年	劉聰殺死晉懷帝。晉愍帝即位。瑯琊王司馬睿任丞相，討伐江西華軼，王敦為總指揮。	高句麗攻陷樂浪郡。羅馬皇帝君士坦丁頒布《米蘭詔書》，承認在帝國內部有信仰基督教的自由。
三一四年	二年	以襄國為根據地的石勒消滅王浚勢力，掌控整個河北地區。前涼張軌去世，張寔即位。	高句麗攻陷帶方郡。
三一六年	四年	劉曜攻陷長安，晉愍帝投降，西晉徹底滅亡。	
三一七年	建武元年	劉聰殺死晉愍帝。瑯琊王司馬睿封晉王。葛洪著《抱朴子》。	

三一八年	太興元年	石勒消滅劉琨勢力，控制山西北部。劉聰去世。劉曜自立。瑯琊王司馬睿即位（晉元帝）。	
三一九年	二年	劉曜改國號為趙（前趙）。石勒也自稱趙王（後趙）。	高句麗敗於慕容廆。北印度笈多王朝於此時期鞏固其勢力。
三二二年	永昌元年	王敦謀反。晉元帝去世，晉明帝即位。	
三二四年	太寧二年	前涼張茂去世，張駿繼任。王敦去世。	
三二五年	三年	晉明帝去世，晉成帝即位。庾太后攝政。	羅馬皇帝君士坦丁於尼西亞召開大公會議。
三二七年	咸和二年	蘇峻、祖約叛亂。	
三二八年	三年	石勒與劉曜戰於洛陽，最後劉曜遭到殺害。蘇峻攻陷建康。	
三二九年	四年	石勒消滅前趙，掌控華北。陶侃等人平定蘇峻之亂。	
三三〇年	五年	石勒於襄國稱帝。	
三三三年	八年	慕容廆去世，慕容皝繼任。石勒去世，石弘即位。	
三三四年	九年	陶侃去世。庾亮接管西府。石虎殺死石弘，自稱居攝天王。	
三三五年	咸康元年	後趙遷都於鄴。佛圖澄成為國師。	
三三七年	三年	石虎殺太子石邃。慕容皝自稱燕王（前燕）。	羅馬皇帝君士坦丁去世。羅馬帝國因諸子而分裂。

三三八年	四年	成李壽改國號為漢。鮮卑拓跋部的拓跋什翼犍成為代王。	
三三九年	五年	王導、郗鑒去世。	燕王慕容皝攻打高句麗。
三四〇年	六年	庾亮去世。	
三四一年	七年	東晉實施土斷政策。	
三四二年	八年	前燕遷都龍城。晉成帝去世，晉康帝繼位。	前燕攻入高句麗首都丸都。
三四三年	建元元年	成李壽去世，兒子李勢繼位。	
三四四年	二年	前燕消滅宇文部。晉康帝去世，晉穆帝繼位。褚太后攝政。	
三四五年	永和元年	前涼張駿自稱涼王。庾翼去世，桓溫接管西府。	百濟於這個時期建國。
三四七年	三年	桓溫消滅成漢，蜀地歸於晉。	
三四八年	四年	佛圖澄去世。慕容皝去世，兒子慕容儁繼位。桓溫任征西大將軍。	
三四九年	五年	石虎稱帝後不久病逝。後趙陷入嚴重混亂。冉閔屠殺胡族。	
三五〇年	六年	冉閔建立魏國。前燕南下，遷都於薊。中原持續混亂。	
三五一年	七年	氐族族長苻健入長安，自稱天王大單于（前秦）。殷浩與桓溫對峙。	
三五二年	八年	苻健稱帝。前燕殺冉閔，魏滅亡。慕容儁稱帝。	

三五三年	九年	殷浩北征失敗。王羲之舉辦蘭亭會。	
三五四年	十年	殷浩失勢，桓溫掌權。桓溫北伐。前秦打敗桓溫，掌握關中霸權。	
三五五年	十一年	前秦苻健去世，苻生繼位。前涼張祚遭殺害，張玄靚繼位。高句麗送人質至前燕。	
三五六年	十二年	桓溫北伐，收復洛陽。	
三五七年	升平元年	前秦苻堅自稱天王。前燕遷都至鄴。	
三六〇年	四年	前燕慕容儁去世，慕容暐繼位。	
三六三年	興寧元年	前涼張天錫自立。桓溫任大司馬都督中外諸軍事。	
三六五年	三年	前燕占領洛陽。晉哀帝去世，海西公司馬奕繼位。此時期敦煌開始挖鑿石窟寺院。	
三六九年	四年	前燕慕容垂於枋頭大敗桓溫。其後慕容垂逃亡至前秦。	百濟近肖古王大敗高句麗。
三七一年	六年	前秦苻堅攻陷鄴，消滅前燕。桓溫廢司馬奕，改立簡文帝。	百濟攻陷高句麗的平壤。
三七二年	咸安二年	前秦王猛任宰相。簡文帝去世，孝武帝繼位。	
三七三年	寧康元年	前秦自東晉疆土奪得蜀地。桓溫去世，政權轉移至謝安等人手上。	
三七五年	三年	王猛去世。	匈人征服東哥特王國。西哥特族渡過多瑙河，進入羅馬帝國境內。

三七六年	太元元年	前秦消滅前涼及代國，統一華北。	
三八〇年	五年	苻堅將關中十五萬戶氐族分散配置於東方。	
三八三年	八年	苻堅討伐東晉，於淝水一戰大敗。謝玄等人對抗前秦軍。	
三八四年	九年	慕容垂自立（後燕）。羌族姚萇自稱秦王（後秦）。慕容沖自立（西燕）。晉軍北伐。	
三八五年	十年	姚萇殺死苻堅。呂光於姑臧自立（後涼）。乞伏國仁自稱大單于（西秦）。謝安去世。	
三八六年	十一年	拓跋珪成為代王。四月，改代為魏。後燕定都中山，後秦定都長安。前秦苻登稱帝。	
三八八年	十三年	西秦乞伏國仁去世，弟弟乞伏乾歸繼位。謝玄去世。	
三九二年	十七年	殷仲堪接管西府。	基督教成為羅馬帝國國教。
三九三年	十八年	後秦姚萇去世，兒子姚興繼位。	古代奧林匹亞競技遭廢除。
三九四年	十九年	後燕消滅西燕。東晉由司馬道子獨攬大權。	
三九六年	二十一年	後燕慕容垂去世，兒子慕容寶繼位，但國力大減。拓跋珪稱帝（道武帝）。北魏攻打後燕。東晉孝武帝離奇過世，晉安帝即位。	高句麗廣開土王（好太王）攻打百濟。

三九七年	隆安元年	南涼、北涼獨立。北魏掌握黃河以北的中原地區。慕容寶逃往龍城，勉強維持住後燕政權。北府的王恭逼迫司馬道子進行內政改革。
三九八年	二年	北魏遷都平城，並於此時期解散部族。慕容德於滑臺獨立（南燕）。慕容寶遭殺害，慕容盛繼位。王恭因劉牢之的背叛而遭殺害。
三九九年	三年	呂光去世，後涼陷入混亂。呂纂即位。法顯自長安行陸路前往印度求法（於四一二年行海路返回山東）。爆發孫恩之亂。桓玄與殷仲堪交戰，接管西府。
四〇〇年	四年	西秦投降於後秦。西涼於敦煌獨立。南燕遷都廣固。孫恩水軍進攻建康，遭劉裕擊退。 笈多王朝於此時期達到繁榮巔峰（超日王）。
四〇一年	五年	後涼呂纂遭殺害，呂隆即位。沮渠蒙遜殺死段業，奪取北涼政權。桓玄東下攻陷建康。司馬道子遭劉牢之等人殺害。鳩摩羅什抵達長安。
四〇二年	元興元年	北魏與後秦交戰。孫恩自殺。
四〇三年	二年	後秦消滅後涼。桓玄接受禪讓，定國號為楚（永始元年）。
四〇四年	三年	鳩摩羅什成為後秦的國師。劉裕成功發動政變，殺死桓玄。

四〇七年	義熙三年	赫連勃勃建立夏國。後燕遭高句麗王的支族高雲篡奪而滅亡。	
四〇九年	五年	馮跋建立北燕。西秦再次自後秦獨立。北魏道武帝遭殺害，明元帝即位。劉裕征討南燕。	
四一〇年	六年	劉裕消滅南燕。盧循攻打建康，但遭劉裕擊退。	西哥特國王亞拉里克攻陷羅馬，「永恆之城」淪陷。
四一二年	八年	劉裕消滅劉毅勢力，實施土斷政策。	
四一三年	九年		高句麗廣開土王去世。倭國與高句麗向東晉遣使朝貢。
四一六年	十二年	後秦姚興去世。後秦大亂。劉裕任中外大郡督，北伐攻陷洛陽。	
四一七年	十三年	劉裕攻陷長安，消滅後秦。司馬休之、司馬國璠、王慧龍等人投靠北魏。慧遠過世。	
四一八年	十四年	夏國奪取長安，成為關中霸主。劉裕封宋公。	
四二〇年	永初元年	北涼攻打西涼，隔年將其消滅。劉裕接受禪讓稱帝（宋武帝）。東晉滅亡，宋國誕生。	
四二一年	二年		倭國向宋國遣使朝貢。
四二二年	三年	宋武帝去世，宋少帝繼位。	

四二三年	景平元年	北魏明元帝去世，太武帝繼位。宋國政權由徐羨之等人掌控。	
四二四年	元嘉元年	宋少帝遭廢，宋文帝即位。	
四二五年	二年	夏國赫連勃勃去世。北魏太武帝驅逐柔然勢力。宋文帝親政。	
四二六年	三年	北魏討伐夏國，占領長安。宋文帝誅殺徐羨之等人。	
四二七年	四年	北魏占領夏國首都統萬。陶淵明去世。	高句麗長壽王修築平壤城。
四三一年	八年	北魏占領整個關中地區。	以弗所大公會議。聶斯脫里遭流放。在這個時期 噠民族侵略波斯薩珊王朝。
四三三年	十年	北涼沮渠蒙遜去世。謝靈運遭處刑。	
四三六年	十三年	北魏消滅北燕。	
四三九年	十六年	北魏消滅北涼，統一華北，進入南北朝時代。	汪達爾族占領迦太基。
四四六年	二十三年	北魏打壓佛教。	
四四九年	二十六年	北魏大敗柔然。	
四五〇年	二十七年	宋北伐誘使北魏南征。元嘉之治告終。崔浩因國史事件而遭處刑，漢人士大夫也遭到打壓。	
四五二年	二十九年	太武帝遭宦官暗殺，文成帝即位。佛教復興。	

四五三年	三十年	宋文帝遭皇太子暗殺。皇子劉駿討伐太子後即位。	匈人君王阿提拉去世。
四五四年	孝建元年	宋南郡王劉義宣起兵叛亂。	
四五九年	大明三年	宋竟陵王劉誕起兵叛亂。	
四六〇年	四年	北魏開始鑿挖雲岡石窟。	在這個時期白匈奴侵略印度。
四六二年	六年	祖沖之上呈大明曆。	
四六四年	八年	宋孝武帝去世，前廢帝繼位。	
四六五年	泰始元年	北魏文成帝去世，獻文帝繼位，馮太后攝政。宋的王族劉昶投靠北魏。宋發行二銖錢，允許私鑄，導致幣制混亂。宋明帝即位。	
四六六年	二年	宋晉安王劉子勛起兵叛亂。	
四六九年	五年	北魏奪取宋領地青州。	
四七一年	七年	北魏獻文帝讓位給五歲的太子宏（孝文帝）。	
四七二年	泰予元年	柔然侵略北魏。	百濟向北魏遣使朝貢。
四七五年	元徽三年		高句麗長壽王攻打百濟，殺蓋鹵王。
四七六年	四年	北魏馮太后殺獻文帝，職掌朝政。	奧多亞塞反叛導致西羅馬帝國滅亡。

四七七年	昇明元年	蕭道成廢帝，改立宋順帝。袁粲等人討伐蕭道成，戰敗而死。	
四七八年	二年		倭之五王最後一王「倭王武」向宋遣使朝貢。
四七九年	建元元年	蕭道成（齊高帝）接受禪讓，建立齊朝。	
四八二年	四年	齊高帝去世，齊武帝繼位。	
四八五年	永明三年	北魏發布均田法。	
四八六年	四年	北魏實施三長制度。	
四九〇年	八年	北魏馮太后去世，孝文帝親政。	
四九三年	十一年	北魏決定遷都洛陽。南齊武帝去世，廢帝繼位。	狄奧多里克討伐奧多亞塞，建立東哥特王國。
四九四年	建武元年	孝文帝於鄴接見投靠自南朝的王肅。北魏廢除胡服。龍門石窟開始鑿挖。蕭鸞弒帝自立（齊明帝）。	
四九六年	三年	北魏實施姓族分定。前一年北魏首次發行五銖錢。	法蘭克王國國王克洛維接受天主教洗禮。
四九八年	永泰元年	南齊王敬則叛亂。齊明帝去世，東昏侯繼位。	
四九九年	永元元年	孝文帝去世，宣武帝繼位。南齊東昏侯施行暴政。	
五〇〇年	二年	蕭衍於襄陽起兵。	

五〇一年	中興元年	北魏大規模整修洛陽。蕭衍攻陷建康。	
五〇二年	天監元年	蕭衍（梁武帝）接受禪讓，建立梁朝，南齊滅亡。	
五〇五年	四年	梁武帝設置五經博士及學館。	
五〇八年	七年	北魏京兆王元愉叛亂。高肇殺害彭城王元勰。梁改九品的官階為十八班。	
五一五年	十四年	宣武帝去世，孝明帝繼位。靈太后胡氏攝政。大乘賊作亂。	
五一九年	十八年	爆發羽林之變。前一年，宋雲出發前往印度求法。	
五二〇年	普通元年	北魏元乂軟禁靈太后。	新羅公布律令。
五二三年	四年	爆發北鎮之亂。宋雲自西北印度歸來。梁將法定貨幣改為鐵錢。	百濟武寧王去世。
五二四年	五年	北魏改鎮為州。戰亂蔓延至全土。	波愛修斯著《哲學的慰藉》。
五二五年	六年	靈太后再度攝政。	
五二七年	大通元年	梁武帝至同泰寺捨身。	日本筑紫國造磐井於九州叛亂。聖本篤創設卡西諾山修道院。
五二八年	二年	靈太后殺害孝明帝。爾朱榮入洛陽，指責並屠殺太后、皇族及朝廷官員。	特里波尼亞努斯開始編纂《羅馬法大全》。
五三〇年	中大通二年	北魏孝莊帝誅殺爾朱榮。爾朱兆弒帝。	

五三一年	三年	爾朱一族擁立節閔帝。高歡自立，擁立廢帝。梁昭明太子（蕭統）去世，蕭綱成為太子（後來的簡文帝）。	日本繼體天皇去世。
五三二年	四年	高歡占領鄴，消滅爾朱一族的軍隊，擁立孝武帝。	
五三四年	六年	孝武帝逃離洛陽，投靠關中的宇文泰。高歡改立孝靜帝，遷都於鄴，宇文泰殺死孝武帝。	汪達爾王國遭拜占庭帝國消滅。
五三五年	大同元年	宇文泰擁立魏文帝，北魏分為東西兩邊。	
五三七年	三年	高歡攻打宇文泰，於沙苑戰敗。	查士丁尼修建聖索菲亞教堂。
五四三年	九年	邙山之戰，宇文泰慘敗於高歡。	
五四七年	太清元年	高歡去世，高澄繼位。侯景反叛。梁武帝接受侯景的歸順。	
五四八年	二年	爆發侯景之亂。	
五四九年	三年	侯景攻陷建康。梁武帝去世，簡文帝即位。	
五五〇年	大寶元年	高洋（文宣帝）接受孝靜帝的禪讓，東魏滅亡，北齊誕生。此時期西魏公布府兵制度。	
五五一年	天正元年	西魏文帝去世，兒子元欽繼位（廢帝）。侯景殺簡文帝，自稱漢帝。	
五五二年	承聖元年	王僧辯、陳霸先討伐侯景。湘東王蕭繹於江陵即位（梁元帝）。突厥的伊利可汗擊敗柔然勢力後即位。	日本的蘇我、物部兩族因佛像祭拜問題而對峙。
五五四年	三年	西魏攻陷江陵，將梁朝百官俘虜至關中，梁元帝去世。	

五五五年	紹泰元年	陳霸先殺死王僧辯，擁立蕭方智為帝（梁敬帝）。	
五五六年	太平元年	西魏實施六官制度。宇文泰去世，兒子宇文覺封周公。	
五五七年	永定元年	宇文覺接受魏恭帝禪讓，西魏滅亡，北周誕生。宇文護廢宇文覺，改立宇文毓為帝（周明帝）。陳霸先接受梁敬帝禪讓（陳武帝），陳朝誕生。	
五五九年	三年	北齊文宣帝去世，廢帝繼位。陳武帝去世，陳文帝繼位。	
五六〇年	天嘉元年	北齊常山王高演廢帝自立（孝昭帝），殺死楊愔等人。北周宇文護廢帝，改立宇文邕為帝（周武帝）。	
五六一年	二年	北齊孝昭帝去世，武成帝繼位。	
五六四年	五年	北齊擊潰北周軍隊。陳消滅福建陳寶應勢力，統一江南。	
五六五年	六年	北齊武成帝讓位給太子高緯（後主）。	在這個時期，突厥與波斯薩珊王朝合力消滅白匈奴勢力。查士丁尼大帝去世。
五六八年	光大二年	北周楊忠去世，兒子楊堅繼任。陳朝安成王陳頊廢帝，隔年正月即位（陳宣帝）。	
五七一年	太建三年	北齊瑯琊王高儼殺死和士開等人，高儼自己也遭到殺害。	
五七二年	四年	北周武帝誅殺宇文護，親政。北齊名將斛律光遭殺害。	
五七三年	五年	北齊祖珽失勢。文林館的漢族知識份子遭屠戮。	

五七四年	六年	北周武帝打壓佛教及道教。	
五七七年	九年	北周滅北齊，統一華北。	
五七八年	十年	北周武帝去世，周宣帝即位。	
五八〇年	十二年	北周由楊堅掌權。楊堅封隋王。	
五八一年	十三年	楊堅廢周靜帝，建立隋朝。	
五八二年	十四年	隋於龍首山建造新都。陳宣帝去世，後主繼位。	
五八三年	至德元年	隋遷都大興城。	突厥分裂為東西兩部。
五八九年	禎明三年	隋滅陳，統一天下。陳後主遭俘虜至關中。	

ISBN978-957-05-3131-2

中國・歷史的長河

05

中華的崩潰與擴大

魏晉南北朝

初版一刷—2018年3月
初版六刷—2023年5月
定價—新台幣420元

作者 川本芳昭
譯者 李彥樺
發行人 王春申
總編輯 張曉蕊
責任編輯 王育涵
封面設計 吳郁婷
內頁編排 菩薩蠻
地圖繪製 吳郁嫻
印刷 沈氏藝術印刷股份有限公司
出版發行 臺灣商務印書館股份有限公司
地址 23141 新北市新店區民權路108-3號5樓
電話 (02) 8667-3712
傳真 (02) 8667-3709
讀者服務專線 0800056196
郵撥 0000165-1
郵件信箱 ecptw@cptw.com.tw
網路書店網址 www.cptw.com.tw
臉書 facebook.com.tw/ecptw
局版北市業字第993號

中華的崩潰與擴大：魏晉南北朝／川本芳昭著；李彥樺譯 .-- 初版—新北市：臺灣商務，2018.3
面；14.8x21公分
ISBN 978-957-05-3131-2（平裝）

1. 魏晉南北朝史

623 107000026

廣　告　回　信
板 橋 郵 局 登 記 證
板橋廣字第1011號

免　貼　郵　票

23141
新北市新店區民權路108-3號5樓
臺灣商務印書館股份有限公司　收

請對摺寄回，謝謝！

傳統現代　並翼而翔

Flying with the wings of tradtion and modernity.

讀者回函卡

感謝您對本館的支持，為加強對您的服務，請填妥此卡，免付郵資寄回，可隨時收到本館最新出版訊息，及享受各種優惠。

■ 姓名：__________________ 性別：□ 男 □ 女

■ 出生日期：________年________月________日

■ 職業：□學生 □公務(含軍警) □家管 □服務 □金融 □製造
□資訊 □大眾傳播 □自由業 □農漁牧 □退休 □其他

■ 學歷：□高中以下（含高中）□大專 □研究所（含以上）

■ 地址：
____
____

■ 電話：(H) __________________ (O) __________________

■ E-mail：____________________________________

■ 購買書名：____________________________________

■ 您從何處得知本書？
□網路 □DM廣告 □報紙廣告 □報紙專欄 □傳單
□書店 □親友介紹 □電視廣播 □雜誌廣告 □其他

■ 您喜歡閱讀哪一類別的書籍？
□哲學．宗教 □藝術．心靈 □人文．科普 □商業．投資
□社會．文化 □親子．學習 □生活．休閒 □醫學．養生
□文學．小說 □歷史．傳記

■ 您對本書的意見？（A/滿意 B/尚可 C/須改進）
內容 __________編輯________校對________翻譯________
封面設計________價格________其他__________________

■ 您的建議：____________________________________

____

※ 歡迎您隨時至本館網路書店發表書評及留下任何意見

臺灣商務印書館 The Commercial Press, Ltd.

23141新北市新店區民權路108-3號5樓 電話：(02)8667-3712
讀者服務專線：0800-056196 傳真：(02)8667-3709
郵撥：0000165-1號 E-mail：ecptw@cptw.com.tw
網路書店網址：www.cptw.com.tw 網路書店臉書：facebook.com.tw/ecptwdoing
臉書：facebook.com.tw/ecptw 部落格：blog.yam.com/ecptw